講談社選書メチエ
743

# 『論語』

孔子の言葉はいかにつくられたか

渡邉義浩

MÉTIER

# はじめに

『論語』は、史上最も読まれてきた東アジアの古典である。

令和六（二〇二四）年から、一万円紙幣の顔となる渋沢栄一《しぶさわえいいち》は、「日本資本主義の父」と称される。その渋沢が、経営のみならず人生の羅針盤として、終生手放さなかったものが『論語』である。渋沢だけではない。『論語』は、人として生きていくうえでの規範として、今も読み継がれている。その際、「子曰く」から始まる「子」の言葉は、すべて孔子《こうし》の言葉であることが前提とされる。そのため、「子曰く」の言葉の間に矛盾があっても、それなりの理屈をつけて読まれてきた。

たとえば、『論語』の中には、春秋《しゅんじゅう》時代の斉《せい》の桓公《かんこう》を最初の覇者《はしゃ》とした管仲《かんちゅう》に対する孔子の評価が、四例収録されている。うち三例は管仲を賛美するが、一例は管仲を厳しく批判している。弟子の子路《しろ》との会話の中で、賛美している事例から掲げよう。

> 子路曰く、「桓公 公子糾を殺し、召忽 之に死するも、管仲 死せず」と。曰く、「未だ仁ならざるか」と。子曰く、「桓公 諸侯を九合するに、兵車を以てせざるは、管仲の力なり。其の仁に如《し》かんや、其の仁に如かんや」と。（『論語』憲問《けんもん》篇）

子路が言った、「桓公は公子糾《こうしきゅう》を殺し、召忽《しょうこつ》はこれに殉死しましたが、管仲は死にませんでした」と。（また子路は）「（管仲は）仁《じん》ではないのでしょうか」と言った。孔子が言った、「桓公が諸侯をしばしば集めて会合した際、武力に依らなかったのは、管仲の力である。（いったい誰が）その仁に及ぶだろうか、その仁に及ぶだろうか」と。

管仲は、桓公と君主の地位を争った公子糾に仕えていた。一緒に仕えていた召忽は、桓公に公子糾が殺されたときに殉死する。しかし、戦いの中で桓公のベルトのバックルに矢を当てるほど奮戦した管仲は、友人の鮑叔牙《ほうしゅくが》の強い推薦もあり、桓公を補佐して覇者とした。子路は、管仲の不忠を問題として、仁ではないのではないかと問いかける。だが、孔子は、桓公を覇者として尊王攘夷《そんのうじょうい》を行わせた功績を高く評価し、管仲の仁に及ぶものはない、とするのである。

一方、孔子は管仲の人となりを次のように批判している。

子曰く、「管仲の器は小なるかな」と。或るひと曰く、「管仲は倹なるか」と。曰く、「管氏 三帰有り、官の事は摂《か》ねず。焉んぞ倹なるを得ん」と。曰く、「然らば則ち管仲は礼を知るか」と。曰く、「邦君は樹《た》てて門を塞ぐ。管氏も亦た樹てて門を塞ぐ。邦君は両君の好を為すに、反坫有り。管氏も亦た反坫有り。管氏にして礼を知らば、孰《たれ》か礼を知らざらん」と。（『論語』八佾《はちいつ》篇）

孔子が言った、「管仲の器は小さいな」と。ある人が言った、「管仲は節倹（であるということ）ですか」と。（孔子は）言った、「管氏は（陪臣《ばいしん》であるのに諸侯のように）三人の女を娶って、家臣に仕事をかけ持ちさせない（で職務ごとに人を置いている）。どうして倹約といえよう」と。（ある人は）言った、「それでは管仲は礼を心得ていたのですか」と。（孔子は）言った、「国君は塀を立てて門を目隠しする。管氏も（陪臣でありながら）また塀を立てて門を目隠しした。国君が国君同士で修好する際には、反坫《はんてん》（酒杯を反す台）を設ける。管氏もまた反坫を設けた。管氏であっても礼を知っていたのであれば、誰が礼を知らないというのか」と。

冒頭で管仲の器が小さいと述べた孔子は、管仲が倹約であることも礼を知ることも否定する。全面的な管仲否定である。

孔子の矛盾した管仲評価については、古来から整合的な解釈が試みられている。だが、どう読んでも同一人物の主張としては、不自然である。しかも、前者で言えば、管仲を仁《じん》と称することは、管仲に対する評価だけではなく、『論語』の他の章《しょう》（「子曰く」から始まることの多い、ひとまとまりの文章）とも矛盾している。孔子は、顔回《がんかい》（顔淵）はもちろん、自分のことも仁であるとは認めない。『論語』に収められた孔子の言葉とされるものは、すべて実在の孔子の言葉なのであろうか。

『論語』は、多くの人々により、長い期間をかけて、異なる思想的状況の中で著されてきた。『論語』に載せられている孔子の言動は、すべてが孔子本人のものとは考えがたい。津田左右吉《つだそうきち》の研究によれば、約五百章ある『論語』の文の中で、孔子その人の言葉や行動を伝えるものは、半分にも満たないという。『論語』の章の過半数は、編纂者たちの思想を孔子に仮託したものなのである。学而《がくじ》篇から始まる『論語』の全二十篇において、後の篇になればなるほど、一篇の中でも後の章になればなるほど、孔子に仮託する言辞が多くなる。

しかも、孔子の言動が、孔子、あるいは複数と想定される執筆者の意図どおり伝わったのかについても、疑問は大きい。『論語』の解釈の差異によって、孔子の言動は異なったものとなる。このため、『論語』から孔子という一人の思想家の姿や思想を確定的に捉えることは難しい。

本書は、東アジアの古典となった『論語』において、孔子の言葉がいかにつくられたのかを論じるものである。こうした問いは、これまで重視されてこなかった。日本をはじめ東アジアでは、『論語』は、朱熹《しゅき》（朱子《しゅし》）の『論語集注《ろんごしっちゅう》』の解釈に従って読むことが当然だったからである。もちろん、本書で触れる荻生徂徠《おぎゅうそらい》や伊藤仁斎《いとうじんさい》のように、朱子の解釈を疑い、朱子とは異なる孔子像を『論語』に模索する者たちも多かった。しかし、かれらもまた、朱子の『論語』解釈の体系を前提として、自らの思想を磨き、新たな解釈を生み出している。東アジアでは、あくまでも朱子の『論語』解釈が中心なのである。

これに対して、本書が扱うものは、『論語』の形成過程と、朱熹の『論語集注』が成立するまでの解釈史である。しかも、そこで明らかになることは、『論語』とは、孔子の「ありがたい」言葉が収められているものではなく、長い歴史の中で、思想家たちの意図のもと孔子の言動はつくられてきた、という事実である。

それでは、『論語』を読むことに意味はないのか。そうではあるまい。『論語』などの古典は、時代や個人に応じて受け取られ方が異なるからこそ、時代を超えた普遍性を持って読み継がれてきた。『論語』も、それを手にした一人ひとりの思いに基づいて読まれてきた。

それでも、それぞれの時代で、『論語』がどのように受容されてきたのか。あるいは、そもそも『論語』はどのように成立したのか、という『論語』の成立と解釈による受容の過程を把握することが必要なのではないであろうか。

本書は、新型コロナウイルス感染症が拡大するなか、早稲田大学のオンライン授業のために用意した原稿をまとめたものである。先の見えない時代の中で、わたしは学生と向き合いながら、古典を読んだ。それをどう活かすかは、学生次第である。

かつて『儒教と中国——「二千年の正統思想」の起源』（講談社選書メチエ、二〇一〇年）を出版した直後に、『論語』の本を書きましょうと約束をした。『「三国志」の政治と思想——史実の英雄たち』（講談社選書メチエ、二〇一二年）を出版したのち、二〇一四年には、集中的に『論語』の論文を書いて、この本の準備をした。しかし、後に触れる『斉論《せいろん》』が出土したことで、研究は中断した。今回ようやく踏ん切りがついて、原稿をまとめることができた。すでに二冊の本を出していただいている青山遊さんには、たいへんなご迷惑をかけた。長年の約束を果たして、肩の荷が少しだけ軽くなった気がしている。

二〇二〇年八月一五日　勝浦　下町丸竹都寿司にて

渡邉義浩

目次

第三章 孔子は『易』を読んだのか
――『論語』の形成と「三論」――

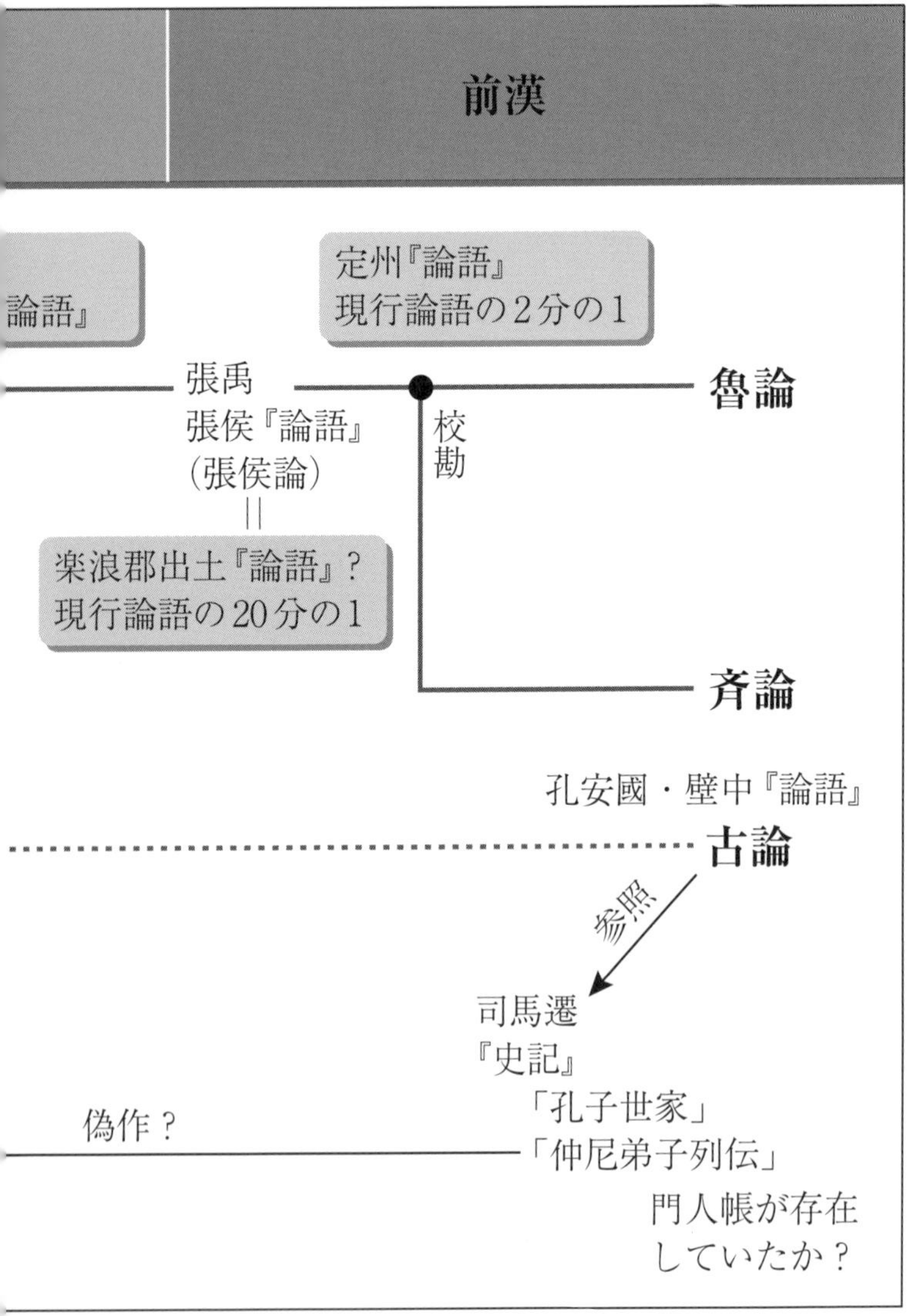
前漢
論語』
定州『論語』
現行論語の2分の1
張禹
張侯『論語』
(張侯論)
楽浪郡出土『論語』？
現行論語の20分の1
校勘
魯論
斉論
孔安國・壁中『論語』
古論
参照
司馬遷
『史記』
「孔子世家」
「仲尼弟子列伝」
偽作？
門人帳が存在
していたか？

語のテキスト情報

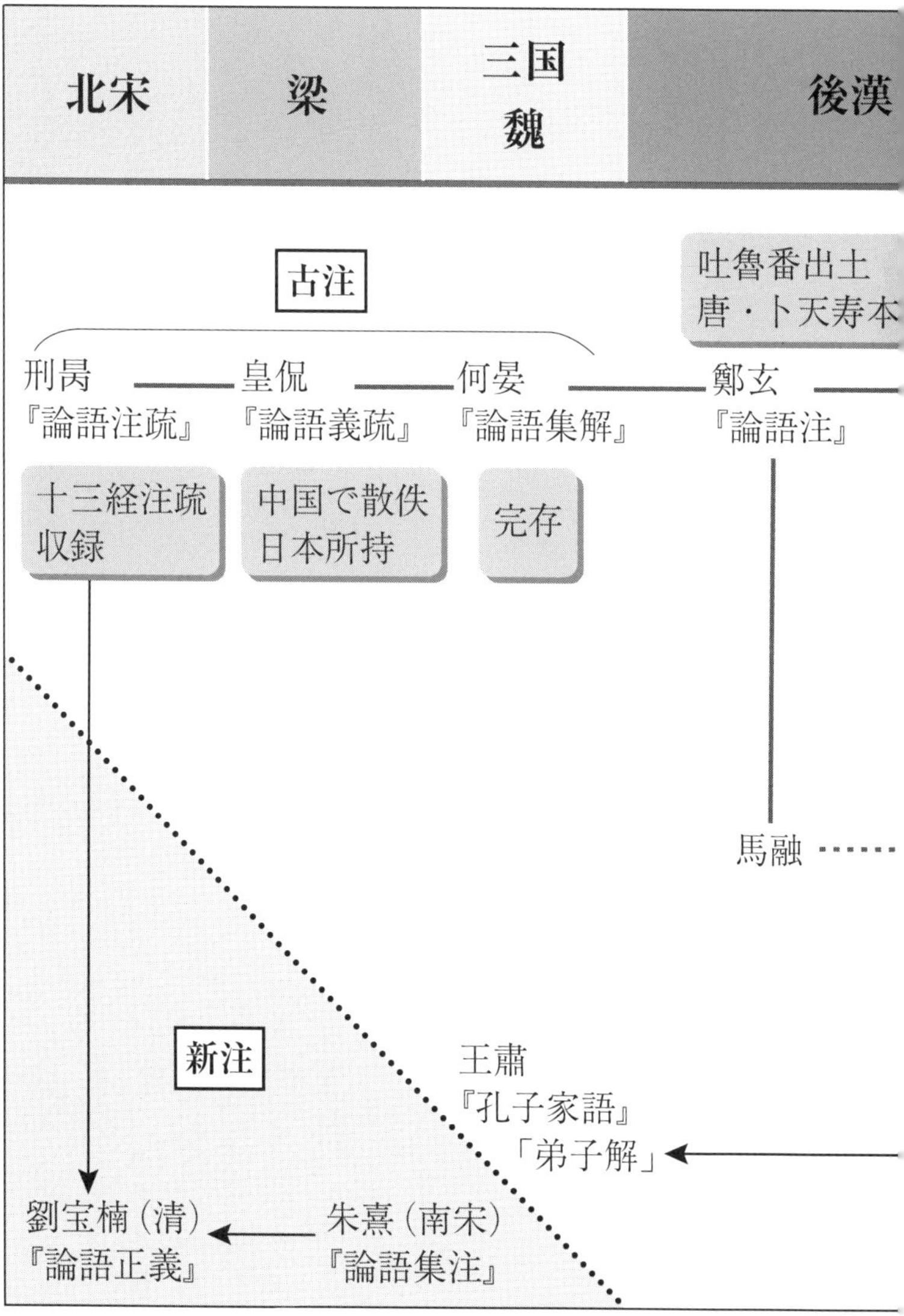

論語三論の系譜と関連文献
は現存する論

第一章

# 『論語』はいつできたのか

## ――成立過程の謎を追う

# 1. 素材と解釈

## 『論語』の素材

『論語』は、孔子(前五五一~前四七九年)一門の言行録で、全二十篇より成る。孔子の言葉や行動を弟子たちが書き留めたことは、他ならぬ『論語』衛霊公篇《えいれいこう》に記されている。

子張 行なはれんことを問ふ。子曰く、「言忠信《ことば》、行《おこなひ》篤敬《とくけい》なれば、蛮貊《ばんぱく》の邦《くに》と雖《いへど》も行なはれん。言 忠信ならず、行 篤敬ならざれば、州里と雖も行なはれんや。立ちては則ち其の参として前に於けるを見、輿《くるま》に在りては則ち其の衡《こう》に倚《よ》るを見るなり。夫《そ》れ然る後に行なはれんや」と。子張諸《これ》を紳《しん》に書す。

(弟子の)子張《しちょう》が(われわれの道が世で)行われる方法について尋ねた。孔子が言った、「言葉が忠実で信用がおけ、行動が真面目で鄭重であれば、野蛮な国であっても行われる。言葉が忠実でなく信用がおけず、行動が真面目でなく鄭重でなければ、(国内の)州や里でも行われようか。立っているときにはそれがちらちらと目の前にあるように見え、車中にいるときにはそれが軛《くびき》(車の前の横木)に寄り掛かっているように見える。まあそのくらいになれば行われよう」と。子張はこの言葉を紳《しん》(大帯)に書き留めた。

紳は、今も紳士服という言葉に残る。もともとは、礼服に用いる大きな帯のことである。礼服を着ることができる身分の高い君子《くんし》、それが紳士である。紳士服のお店でＴシャツや短パンがあまり売られていないのは、このためである。紳は、腰に巻いたあと、その余りの布を垂らして飾りとした。子張は、そこに孔子の言葉を書き留めたのである。

こうした記録が、『論語』のもとになったと考えられている。これが『論語』の素材である。

## 古注と新注

このように、たとえば「紳」について、二千年以上前のことを見てきたように説明ができるのは、『論語』には「注」と総称される解釈が付けられているからである。注は、『論語』で用いられている字句の意味を記し、内容を説明する。説明される内容は、時として自分の主義・主張に基づく解釈になっているものも多い。こうした「注」により『論語』は読まれてきた。古今の「注」を集めると、その種類は三千にも及ぶという。

『論語』の注の中で、最も有名なものは、南宋《なんそう》の朱熹《しゅき》（朱子、一一三〇～一二〇〇年）の注である。本文と朱子の注をあわせた本を『論語集注《ろんごしっちゅう》』（『論語集註』とも表記）という。これを「新注」と呼ぶのは、朱子が乗り越えようとした「古注」が存在したためである。

「古注」の基本とされたものは、曹魏《そうぎ》の何晏《かあん》（?～二四九年）が著した『論語集解《ろんごしっかい》』である。これが最古の完存する『論語』でもある。「集解」（注を集めて、解釈を施す）という言葉に表れるように、何晏の『論語集解』は、それまでの注を集めたものである。

故郷の山東《さんとう》省高密《こうみつ》市にある鄭公祠《ていこうし》。鄭玄の魂は、この近くの湖を鎮めているという。

何晏以前の注として最も重要なものは、後漢《ごかん》の鄭玄《じょうげん》（一二七～二〇〇年）の『論語注』（『論語註』とも表記）である。鄭玄の学問の深さは、何晏を超える。

孔子より以降、最も重要な儒者を二人挙げるとすれば、それは、奇しくも千年の時を超えて亡くなった鄭玄と朱子である。二人は、『論語』だけではなく、様々な儒教経典に注を付けており、それぞれわたしの定義する「古典中国」（漢～唐）、「近世中国」（宋～清）を代表する儒者である。「古典中国」とは、自らの生きる国家や社会が限界を迎えたとき、中国が「古典」とした「中国像」のことである。鄭玄が集大成した「古典中国」の儒教経義《けいぎ》に対して、朱子は国家や社会の変容を背景に新たな「近世中国」の像を経典解釈により示した。前近代の中国は、鄭玄と朱子がそれぞれ構築した国家モデルを有していた。そのため、農民反乱により国家が崩壊しても、前の国家と似たような国家が再生産されたのである。鄭玄も朱子も、国家や社会のあり方の規範を示すために、『論語』を含めた多くの経典に注を付け続けた。当然、注に示される解釈は異なる。

## 注による解釈の違い

鄭玄と朱子の注のすべてが、解釈を異にする訳ではない。しかし、先に掲げた事例でも、細かな解釈の違いはある。たとえば、「州里《しゅうり》」について、何晏の『論語集解』に引用される鄭玄の『論語注』は、「一万二千五百家を州となし、五家を隣《りん》となし、五隣を里となす」と説明する。一家は五人で構成されるのが、鄭玄の生きた後漢《ごかん》の常識なので、鄭玄は、州を六万二千五百人、里を百二十五人と考えていることが分かる。これに対して、朱子の『論語集注』は、「二千五百家が州である」と説明する。すなわち、州は一万二千五百人となる。里は同じ解釈である。

「州里」と言ったとき、鄭玄説では、六万二千五百人と百二十五人の住むところ、朱子説では、一万二千五百人と百二十五人が住むところとなる。比べると、差があまり大きくない朱子説の方が、妥当に見える。鄭玄説は、州と里の数が開き過ぎているからである。朱子もそう考えて『周礼《しゅらい》』という儒教経典に基づき、州を二千五百家としたのであろう。あまりに離れるため、安井息軒《やすいそくけん》の『論語集説《ろんごしゅうせつ》』は、『論語集解』が伝写される中で、誤って一万が加えられたとしている。

しかし、ここには時代背景の違いがある。鄭玄が生きた後漢では、州—郡—県—里という行政区分を用いていたので、州と里とはかけ離れた印象を持つ。これに対して、朱子が生きた南宋では、州—県—里という行政区分を用いていたので、そのくらいの人数差の感覚なのであろう。それでは、孔子が生きた春秋時代末期の魯《ろ》の国の行政区分は、どうか。春秋時代は、漢の郡国制や宋の州県制のような中央集権制度を採用しておらず、地方分権的な封建制度が行われていた。行政区分に、州—郡—県

――里のような体系性はない。すなわち、どちらの注も、絶対的に正しいとは言えないのである。

そうしたとき、翻訳者は、文の構造から字句の意味を考える。「州里」という字句は、「野蛮な国」(原文は、蛮貊之邦《ばんぱくのくに》)という、遠くの異民族の大きい国という字句と対句で用いられている。対句であれば、「州里」は、「蛮貊之邦」の反対となるはずで、(国内の)を補って、州と里との間にも行政区分があることを示すために「州や里」とわたしは訳した。

以上、一見して分かることを執拗に説明したのは、三つの理由がある。第一に、『論語』に多くの「注」が付けられている理由が分かるからである。『論語』の読者は、鄭玄にせよ朱子にせよ、そして翻訳者のわたしにせよ、自分が生きている時代の常識を前提として、『論語』を解釈しようとする。したがって、常識の数だけ解釈は生まれる。第二に、使われている字句を集積して分析すれば、書かれた時代が分かる可能性を見出し得るからである。もし、『論語』で地域を指す言葉が常に「州里」であれば(残念ながら、そうではないが)、州里という言葉が成立した時代を定められれば、いつ『論語』がまとめられたのかを理解できる可能性がある。第三に、孔子の言葉が、そのまま伝わっていないであろうことも推測される。話すときに、対句を意識する人は多くない。対句は、暗誦し易くするため、文章を整えるために用いる。この孔子の言葉は、加工されている。章の中には、書き下し文はもとより現代語訳で読んでも、韻を踏んでいることが分かる章もある。

## 素材のまとめられ方

韻の踏み方が分かるように、原文から掲げよう。

有子曰、信近於義、言可復也。恭近於礼、遠恥辱也。因不失其親、亦可宗也。

「義」(gī)と「礼」(leī)、「復」(fukū)と「辱」(jokū)が、交互に韻を踏んでいることは日本語の音でも分かる。しかも、「言可復」「遠恥辱」だと、四字句が崩れてしまうので、「也」という虚詞《きょし》（単独では意味をなさない文字）を入れ、四字句に揃えている。日本で発明された中国古典語の直訳法である漢文訓読《かんぶんくんどく》では、こうしたときに韻を踏むことと四字句で揃えられたことを尊重して、「也」を読まない場合もある（高校漢文では「置き字」として扱う）。

有子曰く、「信　義に近ければ、言　復す可きなり。恭　礼に近ければ、恥辱に遠ざかる。因《した》しむところ其の親とするところを失はざれば、亦た宗《たふと》ぶ可きなり」と。（『論語』学而篇）

有子《ゆうし》が言った、「信が義に近ければ、（その）言葉は繰り返すことができる。恭が礼に近ければ、恥辱から遠ざかる。親近する相手がその親近する者を失っていないことは、また尊ぶことができる」と。

因を「したしむ」と読むのは、何晏の『論語集解』が、「因、親也」（因は、親しいという意味である）と注を付けたためである。ちなみに、朱子の『論語集注』は、「因、猶依也」（因は、依るというような意味である）と注をつけ、異なる解釈をしている。

『論語』が、よしんば孔子の言葉を伝えているとしても、それは孔子が話した生の言葉ではない。暗誦し易く対句に整えられ、場合によっては韻を踏むように編集し直されているのである。

なお、ここでは、『論語』を訓読した書き下し文で掲げた。これには批判もある。外国の古典を学ぶには、その国の言語で行うことが当然である。したがって、中国古典も、中国語音で学ぶべきとする主張である。しかし、この時代の中国語音と現在使われている中国語音は、とても離れている。日本語の音読みの方が、近い場合もある。しかも、中国古典に関する限り、われわれの祖先は、訓読という直訳法を発明し、語学の助けなしに中国古代の叡知を享受してきた。さらに、漢文訓読は、日本語の骨格をつくり、贅肉を削りとる働きも持った。訓読を失うことは、われわれの祖先の文化遺産を否定することに繋がらないであろうか。

しかも、世界の主流である中国語音で学ぶ「中国古典」の研究に対して、訓読で学ぶ「日本における中国古典」研究は、これまで遜色ない成果を挙げてきた伝統を持つ。わたしは、後者の継承者である。本書が原則として訓読で『論語』の文章を示す理由である。もちろん、読者に親切であるために現代語訳を付け、末尾に『論語集解』抄訳を附して、本書で扱った『論語』の書き下し文と現代語訳を整理することにした。

## 各篇の概要

孔子の言葉や行動は、何回も何回も編集されながら、口承で、あるいは竹簡・木簡（紙が実用化されるのは、何晏が生きた三国時代を統一する西晋《せいしん》のころ）などに書かれて伝わった。そして、内容ごとに、緩やかなまとまりを持たされていく。また、孔子だけではなく弟子たちの言動が加えられ、さらに、他の学派に対抗するため孔子に仮託される言動も加えられていく。そうして編纂しながら継承されてきたものが、学而《がくじ》篇第一から尭曰《ぎょうえつ》篇第二十までの二十篇となって伝わった。

二十篇の各篇名は、初めの文字などを取った便宜的なものである。篇の内容も、簡単で断片的な章の寄せ集めに見える。少なくとも、孔子あるいは複数の編者が、明確な意図の下に、その思想を体系的に伝えようとしたものではない。ただし、篇ごとのまとまりが現在のように分かりにくくなったのは、伝承のうちに章が足されるなどの変容を受けたためで、本来は現行の里仁《りじん》篇のように、ある程度のまとまりは持っていたであろう。篇ごとに特徴があるので、表として整理しておいた。

表を見ると、『論語』が二十篇の後半になるにつれ、前半と趣を変えることが分かる。季氏《きし》篇は、「孔子曰く」として、他にも「子」がいるような書き方である。陽貨篇は、他書との重複が多い。微子篇は、儒家とは反対の立場を取る隠者が賛美される。子張篇は、孔子の言葉が記録されない。尭曰篇に至っては三章しかなく、いかにも作りかけである。

江戸時代に、『論語古義《ろんごこぎ》』を著した伊藤仁斎《いとうじんさい》（一六二七～一七〇五年）は、『論語』二十篇を前半十篇の「上論《じょうろん》」と後半十篇の「下論《かろん》」に分け、前者の成立が古く、後者はその補遺であるとした。武内《たけうち》義雄《よしお》（一八八六～一九六六年）は、同様の見解を持つ清の崔述《さいじゅつ》（一七四〇～一八一六年）の説も継承しながら、『論語』二十篇の成立以前の原形について斬新な仮説を提示する。

これに対して、津田左右吉《つだそうきち》（一八七三～一九六一年）は、篇ごとのまとまりを想定することは無理であると考えた。そして、『論語』にみえる孔子の言葉も、孔子自身のものであるかを大きく疑い、各章ごとに分解して詳細に検討する。そこには、江戸時代の荻生徂徠《おぎゅうそらい》（一六六六～一七二八年）が

| | |
|---|---|
| 学而《がくじ》第一 | 学問についての方針を示す。孔子の根本思想がここにあると朱子はいう。 |
| 為政《いせい》第二 | 政治の根本は孝友、ことに孝を社会全体に広げることにある。 |
| 八佾《はちいつ》第三 | 礼と楽の尊重を説く。礼の精神が仁である。 |
| 里仁《りじん》第四 | 仁の重要性を説く。君子は仁の体得者。まとまりの良い篇。 |
| 公冶長《こうやちょう》第五 | 弟子の品評を中心とする。顔回と子路を重んじる。 |
| 雍也《ようや》第六 | 弟子の品評を中心とする。仁と知の論が目立つ。 |
| 述而《じゅつじ》第七 | 孔子自身の言葉や容態、行動に関した記述が多い。 |
| 泰伯《たいはく》第八 | 曾子の言葉を連載。孔子の理想が周公から尭・舜、文王へ。 |
| 子罕《しかん》第九 | 箇条書きの叙述が多い。比較的後世の文とされ、たとえば利を説く。 |
| 郷党《きょうとう》第十 | 孔子の行動。何晏は全体で一章、朱子は十八章に分ける。 |
| 先進《せんしん》第十一 | 弟子の人物評論。孔門十哲に曾子を入れず、魯鈍と評する。 |
| 顔淵《がんえん》第十二 | 仁と政を論ずる。仁の実践方法として復礼を説く。 |
| 子路《しろ》第十三 | 前半は政治、後半は善人・道徳を論ずる。 |
| 憲問《けんもん》第十四 | 管仲を賛美（八佾篇では貶す）。仁・知・勇を並列。 |
| 衛霊公《えいれいこう》第十五 | 仁を恕とする（里仁篇は忠恕）。 |
| 季氏《きし》第十六 | この篇だけ「孔子曰」から始まる。後人の追加が多い。 |
| 陽貨《ようか》第十七 | 箇条書き多し。『荀子』や『韓詩外伝』、『孟子』と一致する語が多い。 |
| 微子《びし》第十八 | 箇条書き多し。隠者を称賛。『荘子』と同じ文もある。 |
| 子張《しちょう》第十九 | 孔子の言行はなく、弟子の言行だけを記録。子貢を評価。 |
| 尭曰《ぎょうえつ》第二十 | 尭・舜から孔子に至る道統を示すものか。 |

『論語徴』で、『論語』の言葉を「孔子の語り口そのものとは限らない」と述べたことの影響を指摘してもよい。

武内と津田の学説は、『論語』の成り立ちの解明に大きく踏み出したものであるため、後に詳しく検討しよう。

## 2.『論語』成立の伝承

### 『論語』は、いつまとめられたのか

『論語』が、いつ、誰によって編纂されたのかは明らかではない。鄭玄は、弟子の仲弓《ちゅうきゅう》（冉雍《ぜんよう》）、子《し》夏《か》（卜商《ぼくしょう》）たちが編纂したと言う。また、注釈書の『論語義疏《ろんごぎそ》』を著した梁《りょう》の皇侃《おうがん》（四八八～五四五年）は、「七十弟子《ていし》の門徒」の共編という。「七十弟子」とは、『史記』孔子世家《こうしせいか》で七十二人（『史記』仲尼弟子《ちゅうじていし》列伝では七十七人）いたという孔子の弟子のことで、その「門徒」であるから、孫弟子にあたる。

孔子の「子」とは、先生という意味の敬称である。『論語』には、曾子《そうし》（曾参《そうしん》）・有子（有若《ゆうじゃく》）や冉《ぜん》子《し》（冉求《ぜんきゅう》あるいは冉有《ぜんゆう》）・閔子《びんし》（閔子騫《びんしけん》あるいは閔損《びんそん》）という四人の弟子が、敬称を付けられている。そのため、かれらの弟子、つまり孔子の孫弟子がまとめたという主張には一理ある。

唐中期の文人である柳宗元《りゅうそうげん》（七七三～八一九年）は「論語弁《ろんごべん》」で、『論語』の編者を曾子・有子の弟

子に限定する。また、荻生徂徠の弟子の太宰春台《だざいしゅんだい》（一六八〇〜一七四七年）は、『論語古訓外伝《ろんごこくんげでん》』で、弟子の一人称で始まる章の存在に着目し、「牢曰く」の章を含む「上論」を琴牢《きんろう》、「憲、恥を問ふ」の章を含む「下論」を原憲《げんけん》の編纂とした。

しかし、先秦《せんしん》以前の著書について、作者を限定することは、積極的な意味がない。近年、相継いで発見された出土資料により、たとえば、『老子《ろうし》』が現行のそれと大きく異なる原形から、次第に書き改められ、変更を加えられていくことが明らかになった。このころの書物は、学派の共有物であり、学派の主張する説の展開によって、書き換えられていくものなのである。

『論語』の中に、雑多な思想が同居しているのは、ある特定の個人が編纂したのではなく、孔子を学祖と仰ぐ学派（儒家《じゅか》）が、長い期間をかけて次第に『論語』を編纂したことによる。『論語』の編纂者の中に、弟子や孫弟子がいなかった、と言っているわけではない。最も古い素材を提供したのは、かれらであろう。しかし、孔子の弟子や孫弟子の編纂によってもまだ、『論語』が完成しなかったことは、『孟子《もうじ》』に『論語』にはない孔子の言葉が引用されることからも明らかである。弟子や孫弟子、さらにはその後学たちを含めた儒家という学派により、長い期間をかけて編纂されてきた書物が、『論語』なのである。

それでは、『論語』という書名は、いつごろできたのであろうか。書名の確定は、その書の内容をある程度の範囲に固定する。『論語』という書名が定まっていれば、その内容を大きく変えることは、その本を『論語』でなくしてしまう。

「論語」という言葉は、『史記』の仲尼弟子列伝の「太史公《たいしこう》曰く」で次のように用いられている。「太史公」とは司馬遷《しばせん》（前一四五ころ～前八六年？）、「太史公曰く」とは本紀《ほんぎ》や列伝《れつでん》などの最後に附され、その内容を司馬遷（あるいは父の司馬談《しばだん》）が評する部分である。

太史公がいう、「学者は（孔子の弟子の）七十子たちを評価するとき、誉める者は実態以上に言い、貶《けな》す者は真実を見ていない。これを評価するのに、その容貌すら見ていないのである。そのさい論言《ろんげん》と弟子籍《ていしせき》は、孔氏の（旧宅の壁の中から出た）古文であり真実に近い。わたしは弟子の姓名の文字を、ことごとく論語と弟子問《ていしもん》から取り、順序立ててこの一篇（仲尼弟子列伝）をつくり、疑わしいものは欠けたままとした。

この訳は、弭和順《ゆはずかずより》の「『史記』所見「論語」小考」（『中国哲学』二四、一九九五年）という論文に基づいている。弭和順が批判的に継承した金徳建《きんとくけん》の「論《史記》〝論言弟子籍〟〝論語弟子問〟即指《論語》」（『司馬遷所見書考』上海人民出版社、一九六三年）が出るまでは、傍線部の「論言」は、前に続けて読まれていた。

分かりにくいので、少し前から原文と訓読で示そう。「鈞之未覩厥容貌則論言弟子籍出孔氏古文近是」という原文の「論言」の後に句点をつけて、「之を鈞《きん》するに未だ厥《そ》の容貌を覩《み》ざるに則ち論言す。弟子籍は孔氏の古文より出で、是《ぜ》に近し」と読んでいた。この後の文にある「論語弟子問」という字句を「『論語』の弟子問」と読んでいたからである。「論語」と書いてあれば、それを書名と予断していた、と言い換えてもよい。

もちろん、『論語』に弟子問篇などはなく、「弟子問」という言葉すら『論語』には用いられない。したがって、「論語弟子問」は、「論語と弟子問」と読むことが正しい。すると、「鈞之未覩厥容貌。則論言弟子籍出孔氏古文近是」の「論言弟子籍」も「論言と弟子籍」と読むことが正しく、この文の句点は「容貌」の後につく。

弥和順は、波線部を「『論語』の弟子問」と読むこと、および傍線部の「論言・弟子籍」と波線部の「論語・弟子問」とは同一書で『論語』を意味する、という金徳建の説を批判する。そのうえで、司馬遷は、「論言」・「論語」と表現される『論語』と「弟子籍」・「弟子問」と表現される門人帳を材料として、仲尼弟子列伝を執筆した。また、波線部の「論語」は、未だ固有名詞ではなく、「論じたことば」という意味の普通名詞として用いられている、と主張する。納得できる見解といえよう。

このように『史記』を著した司馬遷が生きた前漢武帝期には、『論語』という書名は、未だ成立していなかった。前漢末の元帝期に生きた褚少孫《ちょしょうそん》（?〜?）が補筆した部分を除くと、『史記』において「論語」という言葉が用いられる箇所は、先に掲げた波線部の「論語」だけである。後述するように、司馬遷の『史記』には、『論語』の章が多く引用されている。だが、司馬遷はそれを『論語』と明言して引用することはない。『論語』の各章は、「伝に曰く」という形で引用される。仲尼弟子列伝の賛では、「論言」「論語」と呼ばれていた、孔子一門の言行録が、『論語』という書名を持つのは、少しく遅れるのであろう。

後漢章帝《しょうてい》期の班固《はんこ》（三二〜九二年）が著した『漢書』の藝文志《げいもんし》には、『論語』の名称の由来が、次のように記されている。

『論語』というものは、孔子が弟子やその時々の人に答えたり、あるいは弟子が互いに語ったり孔子から聞いたりした「語」である。その時々に弟子は、それぞれ「記」（メモ、素材）を持っていた。孔子の没後、それらを門人が集めて「論篹《ろんせん》」（篹は、撰。論じて選ぶこと）したものなので、『論語』という。

ここでは、『論語』という書名の由来が、丁寧に説明されており、『漢書』を著した班固は、『論語』を書名として明確に認識している。それでも、『漢書』の宣帝紀《せんていき》、元帝紀などに残る詔《みことのり》（皇帝の命令書）では、『論語』に見える孔子の言葉は、「伝に曰く」として引用されている。歴史家は、詔などの皇帝の文章に手を加えることを許さないためである。

さらに、『漢書』藝文志は、『論語』の伝承について、次のように伝えている。

漢が興ると、（『論語』について）斉《せい》と魯の「説」（解釈）があった。『斉論《せいろん》』を伝えた者は、昌邑《しょうゆう》中尉《ちゅうい》の王吉《おうきつ》、少府《しょうふ》の宋畸《そうき》、御史《ぎょし》大夫《たいふ》の貢禹《こうう》、尚書令《しょうしょれい》の五鹿充宗《ごろくじゅうそう》、膠東《こうとう》の庸生《ようせい》であり、ただ王陽《おうよう》、（王吉の字は子陽、）だけが「名家」（名前を持った一家の学）であった。『魯論《ろろん》』（を伝えた者）は、常山都尉の龔奮《きょうふん》、長信少府《ちょうしんしょうふ》の夏侯勝《かこうしょう》、丞相《じょうしょう》の韋賢《いけん》、魯の扶卿《ふけい》、前《ぜん》将軍の蕭望之《しょうぼうし》、安昌侯《あんしょうこう》の張禹《ちょうう》であり、みな「名家」であった。張氏は（これらの中で）最も後で（その説が）世に行われた。

ここでは、『論語』に『斉論』と『魯論』という二種があり、それぞれ伝承されたことが記されている。そして、『漢書』藝文志は、目録部分において、古文（古い文字）で書かれた『古論《ころん》』があったことも記載する。すなわち、前漢の後半には、『斉論』『魯論』『古論』という三種類の『論語』が存在していた。そして、それぞれを継承していく中で、張禹の『論語』が最も有力であったというのである。なぜであろうか。

## 『論語』の原形

『論語』の原形となったものは、漢の安昌侯である張禹（?〜前五年）が編纂した『論語』（以下、『張侯論《ちょうこうろん》』と略称）である。『張侯論』について、『漢書』張禹伝は、その成立過程を次のように述べている。

> 張禹は成人になると、長安に至って学び、沛郡《はいぐん》の施讎《ししゅう》について『易《えき》』を受け、琅邪郡《ろうやぐん》の王陽、膠東郡の庸生に『論語』を問うた。やがてみなよく習得して、弟子を持つようになると、郡の文学（という官職）に推挙された。甘露《かんろ》年間（前五三〜前五〇年）、諸儒が張禹を推薦したので、太子《たいし》太《たい》傅《ふ》の蕭望之《しょうぼうし》に詔《みことのり》して問わせると、張禹は『易』と『論語』の大義を答え、望之はこれを良しとした。……初元《しょげん》年間（前四八〜前四四年、元帝は）、皇太子（のちの成帝《せいてい》）を立て、……詔して張禹に皇太子へ『論語』を授けさせた。……張禹は帝師になると、成帝がしばしば経義を問われるので、『論語』の章句（解釈）をつくり、これを献上した。……張禹は先に王陽に仕え、後に庸生

に従い、（その文義の）安定したものを採用し、最後に（自分の『論語』を）出して尊重された。諸儒はこのため「『論語』をやりたいのであれば、張の文を唱えよ」と諺《ことわざ》を作った。これより学者は多く張禹に従い、他の説は次第に衰えた。

『張侯論』は、『漢書』藝文志で分類されるように、本来『魯論』に属する。そのうえで、張禹は、『斉論』を伝える王陽と庸生から『論語』を受けており、『斉論』を『魯論』に対校《たいこう》（比較して良い方の文を取る）した。しかも、「張の文」を唱えよとあり、張の「章句」（解釈）をと言わないように、張禹は、『論語』の「章句」だけではなく、『論語』の「文」（テキスト）そのものを改変している。年少の成帝（在位：前三三〜前七年）に『論語』を教授する中で「文」を整えたのであるから、『論語』を分かり易く改めたのであろう。

『張侯論』をもとに、漢を代表する経学者である鄭玄は『論語注』を著した。この『論語注』により、現行の『論語』の姿は定まった。しかし、『論語注』は、宋代には散佚《さんいつ》する。日本でも長く読まれた朱子の『論語集注』が普及したためである。

それでは、それらの『論語』の注釈書のうち、代表的なものについて、概観しておこう。

## 古注と新注

『論語』の注釈は、二系統に大別できる。先述したとおり朱熹以降の「新注」とそれ以前の「古注」である。古注は、訓詁《くんこ》学《がく》に基づき、経文の解釈に重点を置く。訓詁とは、先に掲げた「因は、親なり」のように、言葉の意味を解釈することを基本とする。

古注として最も思想性の高いものは、鄭玄の『論語注』である。『論語』の解釈の中に「鄭玄学」が盛り込まれているのである。そのため『論語注』は難解であり、もともと幼少の皇帝のためにまとめた何晏の『論語集解』が、古注を代表することになった。

何晏の『論語集解』にさらに注をつける形で著された梁の皇侃が著した『論語義疏』は、中国では失われた。しかし、日本には残っていたので、清《しん》代に中国に逆輸入された。皇侃の『論語義疏』が散佚した理由は、北宋の邢昺《けいへい》（九三二〜一〇一〇年）の『論語《ろんご》注疏《ちゅうそ》』（『論語正義《せいぎ》』ともいう）が、「十三《じゅうさん》経注疏《けいちゅうそ》」に収録されて「古注」を代表したこと、および朱子の『論語集注』が圧倒的に読まれたことによる。なお、「漢学」（漢代の学問）を尊重する清代には、漢魏の注釈を伝える古注が尊重された。清の劉宝楠《りゅうほうなん》（一七九一〜一八五五年）の『論語正義』は、朱子の『論語集注』と古注のそれぞれ良いところを取り、潘維城《はんいじょう》の『論語《ろんご》古注集箋《こちゅうしゅうせん》』（一八八一年）は、古注を集めたものである。

これに対して、新注は、儒教の精神を理論的に追究するものである。朱子の『論語集注』が「新注」を代表する。朱子学を官学とした明代には、永楽帝の勅命を受けた胡広《ここう》らにより『論語《ろんご》大全《たいぜん》』（一四一五年）が編纂された。清代には簡朝亮《かんちょうりょう》（一八五一〜一九三三年）の『論語集註述疏《しっちゅうじゅつそ》』が著されている。

朱子の『論語集注』は、先に掲げた「因は、猶ほ依るのごときなり」のように、実は訓詁も重視している。だが、『論語集注』は、訓詁に止まらず、朱子の個人的思想を表明する側面を強く持つ。そうした朱子の姿勢は、日本にも継承され、江戸時代には伊藤仁斎の『論語古義』、荻生徂徠『論語徴』

が著された。

伊藤仁斎は、朱子学者であったが、やがて反朱子学の立場を取るようになる。『論語』を「最上至極宇宙第一の書」と尊重する『論語古義』は、仁斎の体系的な思想に基づき、反朱子学の姿勢が一貫して示される。また、荻生徂徠は、反朱子学であり、反仁斎学の立場を取る。『論語徴』には、朱子や仁斎の主張に対する執拗な攻撃が見られる。

土田健次郎《つちだけんじろう》『論語集注』(平凡社、二〇一三～一五年)によれば、朱子は、理《り》と気《き》によって宇宙論、人生論、道徳論を一貫させ、宇宙に根拠づけられた道の完全な体現者として孔子を見る。これに対して、伊藤仁斎は、宇宙的原理を排除し、個人が踏み行う日常道徳に全関心を集中し、その姿勢の持つ意味を闡明《せんめい》し、また体現した存在を孔子であるとする。荻生徂徠は、朱子の説く宇宙的原理でも、仁斎の説く日常道徳でもなく、先王が制作した天下全体の統治の道こそが儒教の道であるとし、孔子は先王と異なり、その制作には関与しないが、そうした道を後世に伝えたことが偉大であったとする。

これら三者の思想を同時に見るため、三人の注を集めて本文に附したものに、松平頼寛《まつだいらよりひろ》(一七〇三～六三年)の『論語徴集覧《ろんごちょうしゅうらん》』がある。題目に示されるように、三者の中では『論語徴』を尊重するため、徂徠の主張のみに句読が切られ、出典を示す頭注が附されている便利な書籍である。

本書ではこれから、こうした『論語』の諸解釈の中から、「古注」の展開を検討していく。このため、末尾の『論語集解』抄訳は、訓読も解釈も何晏の『論語集解』に従っている。ただ、「古注」の展開を検討する前に、『論語』の形成過程について画期的な学説を出した武内義雄と津田左右吉の主張から見ていくことにしよう。

## 3．武内義雄の仮説

### 重複章に注目

武内義雄（一八八六〜一九六六年）は、京都帝国大学で狩野直喜《かのなおき》に師事し、懐徳堂《かいとくどう》（中井甃庵《なかいしゅうあん》が一七二六年に開く。大阪大学の源流の一つ）の講師を務めたのち、東北帝国大学の支那学第一（中国哲学）講座を開いた。王引之《おういんし》など清朝考証学の影響を受けた訓詁学・校勘学に、富永仲基《とみながなかもと》の加上説を採り入れて、『論語』と『老子』の成立の研究を行った。

武内義雄の『論語』研究は、江戸漢学の流れを継ぐ。伊藤仁斎は、『論語』二十篇を前半十篇の「上論」と後半十篇の「下論」とに分け、前者の成立が古く、後者はその補遺として続輯されたとしていた。武内は、それを踏まえながらも、『論語』の重複章を手掛かりに、『論語』の成立過程についての仮説を立論する。

重複章とは、『論語』の約五百章の中に同一の文が重複して現れる章のことで、武内は七つの重複を検討した。そのなかには、次のような有名な章も含まれる。

子曰く、「巧言令色、鮮《すくな》きかな仁」と。

孔子が言った、「言葉を巧みにして顔つきを飾る人には、少ないものだな仁は」と。

この章は、学而篇の第三章と陽貨篇の第十七章に重複して載せられている。ただし、日本に伝わる『論語集解』（正和本《せいわぼん》）と『論語義疏』は、陽貨篇にこの章を欠く。重複を知って記述しなかったのであろうか。次の章も有名である。

哀公　問ひて曰く、「弟子　孰《たれ》か学を好むと為す」と。孔子対《こた》へて曰く、「顔回なる者有り、学を好めり。怒りを遷さず、過ちを弐《ふた》びせず。不幸　短命にして死せり。今や則ち亡《な》し。未だ学を好む者を聞かざるなり」と。

（魯の）哀公は（孔子に）尋ねた、「（あなたの）弟子の中でだれが学問を好むのですか」と。孔子は答えた、「顔回という者がおり、学問を好みました。怒りを（理から）移さず、過ちを繰り返しません。（しかし）不幸にも年若くして死にました。（なので）今ではいないでしょう。学問を好む者（がいること）を聞いておりません」と。

雍也《ようや》篇の第三章となっているこの文章は、先進《せんしん》篇の第六章では、次のように伝えられる。

季康子問ふ、「弟子孰か学を好むと為す」と。孔子対へて曰く、「顔回なる者有り。学を好めり。怒りを遷さず、過ちを弐びせず。不幸　短命にして死せり。今や則ち亡し。未だ学を好む者を聞かざるなり」と。（『論語義疏』と『論語注疏』は、「不遷怒、不弐過」を欠く）。

季康子《きこうし》が（孔子に）尋ねた、「（あなたの）弟子の中でだれが学問を好むのですか」と。孔子が答えた、「顔回という者がおり、学問を好みました。怒りを（理から）移さず、過ちを繰り返しません。（しかし）不幸にも年若くして死にました。（なので）今ではいないでしょう。学問を好む者（がいること）を聞いておりません」と。

比べてみると、孔子に問う者が、哀公から季康子に変わっている。津田左右吉によれば、孔子と会話する者は、編纂が後になるほど地位が上になるという。哀公は魯の君主、季康子は臣下の卿《けい》である。津田の仮説に従えば、雍也篇の成立が遅れる。

哀公と季康子が孔子に同じことを問い、孔子が同じことを答えて、それが記録されたという可能性はゼロではない。あるいは、弟子が質問者を思い違いした可能性もある。しかし、武内は、こうした重複章の存在について、『論語』の編纂者が複数のグループおり、それぞれの編纂した原『論語』が、合わせられて現『論語』になった際に、削りきれなかったことを理由にすると考えた。もちろん、『論語』に重複する章があることは、古来より知られていた。前漢にまとめられた『春秋繁露《しゅんじゅうはんろ》』は祭《さい》義《ぎ》篇で、「孔子曰く、「書の重なれる、辞の復せる。嗚呼、察せざる可からざるなり。其の中に必ず美《よ》き者あり」と」と述べている。孔子が、重複部分は良いことを述べたところである、と説明したと言うのである。武内は、これを乗り越えるために古伝承を用いた。

### 王充の『論衡』

後漢初期の王充《おうじゅう》（二七〜?年）が著した『論衡《ろんこう》』には、次のような文章がある。

（前漢の）武帝が孔子の旧宅の壁の中から古文を取り出し①二十一篇、斉魯二、河間七篇、三十篇を得た。②昭帝に至って始めて二十一篇を読むようになった。宣帝は太常博士《たいじょうはくし》に下したが、この書は解りにくいというので、この書を伝《でん》と呼んだが、その後隷書《れいしょ》で書き写させて伝誦《でんしょう》した。初め孔子の子孫の孔安国《こうあんこく》は魯人《ろひと》の扶卿《ふけい》に教えたところ、官は荊州刺史《けいしゅうしし》となったが、初めて『論語』と称した。いま『論語』と言われるものは二十篇であるが、また③斉魯、河間九篇を失っている。もとは三十篇であったが、散佚して二十一篇となった。篇目に多少の違いがあり、文章の誤りもある。

武内に従って訳してみたが、本当はこのようには読めない。武内は、文字を改変しているのである。そもそも宋以前の中国の古典は、抄本《しょうほん》（写本）として手書きで伝わったので、「魯魚の誤り」と言われる文字の書き間違いは防げない。このため、本の系統を考えて善本を定め、他書と比較して文字を直す校勘学《こうかんがく》が、中国学の根本に置かれている。

王充の『論衡』は、後漢ではあまり読まれておらず、善本も多くないので、そのままでは読めないところは他にもある。ここも、①は「得二十一篇斉魯二河間九篇三十篇」という原文の「九」を「七」に改めないと、③「斉魯河間九篇」と呼応しない、と武内は考えた。①の「斉魯二」の「二」を活かすためである。もちろん校勘の方法としては、「二」を衍字《えんじ》（本来なかった余計な文字）と考え、①の方を「斉魯河間九篇」と直すこともできる。というよりは、篇の字で区切って、「二十一篇、斉魯河間九篇、（のあわせて）三十篇を得た」と読む方が、後半の文章とは適合する。この部分はこれ以外にも読めないところが多く、たとえば②「昭帝に至って始めて」の原文は「至昭帝女」である。これでは「昭帝の娘が（二十一篇を読むに）至った」という訳になる。このため、武内は「女」を「始」に直したのである。

このように、『論衡』の読めない箇所に武内が惹《ひ》かれたのは、一つは王充の読書環境にあろう。王充の師は、『漢書』を著した班固《はんこ》の父である班彪《はんぴょう》（三～五四年）である。班彪の家には、伯父の班斿《はんゆう》が皇帝から下賜された、秘書《ひしょ》（宮中に秘蔵された書物）の副本（写し。秘書全体の写しなので、膨大な量にのぼる）があった。王充は、班彪の家で実見した様々な種類の『論語』を見て、この文章を書いたはずなのである。

もう一つは、斉魯「二」が、武内には魅力的であった。すでに述べたように、前漢の後半には、『斉論』・『魯論』・『古論』という三種類の『論語』が存在していた。『古論』が王充の『論衡』のいう二十一篇である。ちなみに『斉論』は二十二篇、『魯論』が二十篇である。王充が「いまの『論語』は二十篇」と言っているのは、『魯論』を継承する張禹《ちょうう》の「張侯論《ちょうこうろん》」が『論語』のスタンダードになっていたからである。それでは、散佚した斉魯「二」、河間「七」とは何か。武内は、このような思考を経たのではないであろうか。

## 四段階成立論

武内義雄『論語之研究』（岩波書店、一九三九年）は、『論語』の成立について、現在の『論語』の二十篇は、「河間七篇本」、「斉論語七篇」、「斉魯二篇本」、後出の「子罕篇」・「季氏・陽貨・微子三篇」という順序で成立した、という仮説を提出する。

第一の「河間七篇本」は、魯人の曾子を中心とした『論語』で、為政第二・八佾第三・里仁第四・公冶長第五・雍也第六・述而第七・泰伯第八の七篇より成る。これは、曾子十篇（『大戴礼記《だたいらいき》』に収録）、子思子四篇（『礼記』の中庸《ちゅうよう》・表記《ひょうき》・坊記《ぼうき》・緇衣《しい》の四篇）、『孟子』七篇と類似の章節が多く、曾子・孟子の学派の伝えた孔子語録であり、おそらく『論語』の最も古い形であろう、という。

第二の「斉論語七篇」は、子貢《しこう》を中心とした『論語』で、先進第十一・顔淵第十二・子路第十三・憲問第十四・衛霊公第十五・子張第十九・尭曰第二十の七篇より成る。これは、「孔門十哲」に曾子を入れず、曾子を「魯鈍」と評する章を含むことなどから、子游《しゆう》・子夏派の所伝と考えられ、斉人の伝えた孔子語録である、という。

第三の「斉魯二篇本」は、孔子の言行録で、学而第一（言葉を集成）・郷党第十（行動を集成）の二篇より成る。これは、斉と魯の儒学、すなわち子貢派と曾子派とを折中した学派の集成に出るものであり、孟子が斉に遊び、斉・魯の学派が一所に集まった時代の編纂である、という。

第四のうち「子罕篇」（第九）は、後人が種々な材料から孔子の言葉を拾い集めて「河間七篇本」に附加したもので、たとえば利を説くなど、比較的後世の章から成る。「季氏・陽貨・微子三篇」（第十六～第十八）は、「斉論語七篇」に後人が追加したもので、最も新しい部分の成立は、戦国時代末にまで下る、という。

武内は、以上のように四つに分類する『論語』の各部分が、現在の形になる経緯については、次のように説明する。すなわち、「斉魯二篇本」と「河間七篇本」が合わされ「子罕篇」の補足されたものが「古論」（『漢書』藝文志に、「論語古二十一篇、孔子の壁中より出で、両《ふた》つの子張あり」と著録される『論語』）の「上論」であり、その篇末を修正して郷党篇を最後にまわしたものが「魯論」（『漢書』藝文志に、「魯二十篇、伝十九篇」と著録される『論語』、このほか「斉二十二篇、問王《もんおう》・知道《ちどう》多し」と著録される「斉論」がある）の「上論」である。

そうした「上論」の後に、「斉論語七篇」とその補足である「季氏・陽貨・微子三篇」を合わせて十篇としたものを「下論」として付け加えたものが、現行の『論語』二十篇である、と武内は説いたのである。

武内仮説のように『論語』が成立したと考えると、重複章の存在が説明できる。すなわち、重複している章は、武内の四つの区分にそれぞれ収まることになり、四つの区分内部では重複しないのである。また、親孝行の権化のような曾子が「魯鈍」と批判され、「孔子十哲」にすら選ばれず、子貢が孔子以上の評価を受けているような印象を持つ章があることも、武内仮説によれば納得できる。それぞれの篇の特徴も、武内説までに言われてきていたことではあるが、それを編纂段階ごとに整理した手際の良さは見事というほかない。

しかし、これで『論語』の成立が解き明かされたと万人が納得しないところが、古典研究の醍醐味である。武内仮説に対峙するかたちで、津田左右吉の仮説が提示される。

## 4．津田左右吉の仮説

## 諸子百家という枠組みから疑う

津田左右吉（一八七三～一九六一年）は、わたしが所属する早稲田大学の東洋哲学コースの開祖であり、『日本書紀』・『古事記』を史料批判の観点から研究したことでも有名である。津田の中国思想研究の特徴は、文献学に基づく徹底的な史料批判により、漢代に至るまでの中国古代思想を解体し、それを再編成したところにある。それは、清朝考証学的な文字面《づら》を追うだけの資料考証とは質を異にする。

津田左右吉（1873～1961年／毎日新聞社）

津田左右吉『論語と孔子の思想』（岩波書店、一九四六年）は、前漢末の劉向《りゅうきょう》・劉歆《りゅうきん》が「七略《しちりゃく》」によって組み上げ、後漢の班固の『漢書』藝文志で確立された「諸子九流」の枠組みを退ける。儒家・墨家《ぼくか》・法家《ほうか》・道家《どうか》などの諸子百家という区別は、本人たちが自覚的に唱えたわけではない。劉向・劉歆が、宮中の図書を整理する中で、分類した区分に過ぎない、としたのである。事実、諸子の文献は、相互に複雑に絡み合う。孔子の言葉を載せる本は、儒家に止まらず、墨家・法家・道家に及んでいる。

そして津田は、聖典化されていた個々の儒教経典や諸子の書籍の中に混在している、時代と系統を異にするいくつかの思想的要因について、自らの主体的な近代的合理主義により分析し、比較考察することで、それぞれの文献の成立年代を推定したのである。

## 『論語』の成立は漢代

津田は、他人の学説を論評するためには、その人と同じような研究を辿《たど》らなければならない、として他者と積極的に論争することはなかった。しかし、他者の研究を読み込んでいたことは、早稲田大学図書館の「津田文庫」に遺された蔵書の書き込みに明らかである。なかでも、武内義雄の著書には、津田の書き込みが多く残り、武内の研究に津田が注目していたことを知り得る。

武内義雄が、あくまでも篇ごとのまとまりを尊重して、それを基準に『論語』の原形を考えようとしたことに対して、津田は、篇ごとのまとまりを考えることは無理である、という。津田は、『論語』を篇単位ではなく、一章ごとに分解する。そして、『論語』に収められる孔子の言葉を『孟子』『荀子』などに見える孔子の言葉と一つ一つ対応させて、比較検討した。

その結果、『論語』は、孔子の言葉をそのまま記録したものでなく、後代の文献から拾われて再編集されたものを中心に構成される。したがって、『論語』にみえる孔子の言葉は、孔子自身のものではないものが多数を占める、としたのである。こうした主張には、荻生徂徠が『論語徴』で、『論語』に収める孔子の言葉について、孔子の語り口そのものとは限らない、と述べたこととの近接性を指摘してもよい。

津田は、『孟子』『荀子』など先秦の思想的諸著作にみえる思想や言葉を基準として、各章を思想的に位置づけていく。

たとえば、『論語』憲問篇には、次のような孔子の言葉がある。

子曰く、「古の学者は己《おのれ》の為にし、今の学者は人の為にするなり」と。

孔子が言った、「昔の学者は自分のために学問し、今の学者は人のために学問する」と。

この言葉は、『荀子』勧学篇にもあり、『荀子』では、これを孔子の言葉としていないことに注意を促す。そして、『荀子』が『論語』から孔子の言葉を引用した可能性を検討して、『荀子』が孔子の言葉を引用するときには、「孔子曰く」と記していることを確認する。したがって「孔子曰く」がついていない、憲問篇の言葉は、文脈上、荀子自らの言葉であるとする。すなわち、『荀子』に収められた荀子の言葉が、『論語』の中では孔子の言葉に変えられている、というのである。

津田の主張どおりであれば、この部分の『論語』の成立は、荀子の活動時期である戦国末期よりも遅れる。事実、津田は、『論語』の最終的な成立を漢代と考えている。

## 中国古典研究の方法論

こうした仮説を証明するため、津田は、孔子の言葉を『論語』との関係の有る無しにより、二つに分ける。そして、孔子の言葉が時代と共に追加されてきたことを考証し、現行の『論語』のすべてが孔子の思想とは言えないことを確認する。さらに、前漢における『論語』の伝承から遡り、戦国においては、未だ『論語』の形に纏《まと》められない孔子の言葉が伝承されていたことを論証していく。

こうして津田は、『論語』における孔子の言葉のすべてが、孔子の思想を表現するわけではないと定めると共に、孔子の言葉が『論語』に纏められる前に、ある程度のまとまりを持った言行録に整理されていた、と予言したのである。

予言と呼ぶのは、近年の新出資料により、『論語』に纏められる前の孔子の言行録の存在が明らかとなったことによる。一九九四年に上海博物館が香港の骨董市場から購入した「上博楚簡《しゃんはくそかん》」に含まれる、『論語』の言葉と関わりを持つ儒家系文献がそれである。湯浅邦弘《ゆあさくにひろ》『竹簡学――中国古代思想の探究』(大阪大学出版会、二〇一四年)は、それらを検討して、『論語』は一時期に孔子の言葉を集めて直ちに完成体に向かったのではなく、弟子たちによって保有されていた孔子の言葉が、複数の文献に記録され、微妙に言葉を異にしつつ伝承されていった後に、最終的に『論語』として編纂された、としている。津田の予言どおりと言えよう。

このように、伝世した書籍以外に、複数多様な言葉や思想が重層的に存在していたことに思いをいたすことが、津田の中国古典研究の方法論の第一の特徴である。

また、津田は、篇ごとに『論語』の編纂過程を考えるのではなく、儒家思想の歴史的変化に照らし合わせて、編纂過程を考えるべきであるとした。そのためには、儒家思想の記される様々な書物の作られた時代を一つ一つ定めなければならない。しかし、それが分かるものは少ないので、逆に儒家思想の全体の歴史的変化の有り様を知ることで、その書物の作られた時代を決めねばならない。

他の書物に引いてある所により、元の書物の本文を推し量るようなことは、危ない方法である。後の学者、たとえば劉歆の「七略」を継承する『漢書』藝文志や鄭玄の記述などを頼りに、それによって知られる異本の照らし合わせをし、そうして元の本文を決めようとすることには、少なからぬ無理がある、というのである。直接的な批判ではないが、『論衡』の文から『論語』の四段階成立論を創作した武内を批判していることは明らかである。

異本の本文のどれに従うべきかは、本文そのものに、言わばその内部に、拠り所を求めなければならない。その文章によって何らかの思想が表現されているかどうか。言い換えると文章として意義をなしているかどうかを見ることが何よりも大切な点である。文章の解釈がまず成されて、それによってその解釈に当てはまる本文が正しいとされねばならない、としたのである。史学を修めている津田らしい内的史料批判の主張である。

このように、劉歆が創造した「諸子九流」の枠組みを前提とせず、諸子の相互影響を考慮しながら、記される思想内容によって文献の成立を追究することが、津田の中国古典研究の方法論の第二である。

これらの二つの方法論に基づいて、『論語』の成立を考察した津田は、『論語』の章の中に、孟子以降になって付け加えられたと思われる部分と、孟子以前にできていたと思われる部分とがあることから、『論語』の成立過程に迫っていく。

## 『孟子』と『論語』

宇野精一《うのせいいち》『孟子』（集英社、一九七三年、のちに講談社学術文庫）によれば、『孟子』において孔子の言葉は二十九条引かれるが、『論語』と一致するものは八条、「孔子曰く」とは書いてないが『論語』に見えるものは二条、文章は違うが全く同趣旨のもの二条があるに止まる。その他十七条は『論語』と無関係である。宇野は、こうした事情は、孟子が『論語』を見ていなかった証拠である、という。武内説の存在を根底から揺るがす主張である。

それでは、『孟子』における孔子の言葉を具体的に見ていこう。津田によれば、『孟子』と『論語』に見える孔子の言葉は、第一に『論語』の言葉を『孟子』が取り入れたもの、第二に『孟子』の言葉を『論語』が取り入れたもの、第三に『論語』も『孟子』も別の書から取ったもの、の三通りが考えられる、という。

第一に、『論語』の言葉を『孟子』が取り入れていると津田が考える事例から掲げよう。

①孔子曰く、「仁に里《を》るを美《よ》しと為す。択びて仁に処《を》らずんば、焉《いづく》んぞ智あるを得ん」と。夫れ仁は、天の尊爵なり、人の安宅なり。之を禦《とど》むる莫くして不仁なるは、是れ不智なり。不仁・不智・無礼・無②義は、人の役なり。（『孟子』公孫丑《こうそんちゅう》章句《しょうく》上、なお『孟子』は巻の代わりに章句を用いる）

孔子が言った、「仁に居るのがよいことである。（自ら）選んで仁に居らなければ、どうして智があるとできようか」と。そもそも仁は、天の尊い爵位《しゃくい》であり、人の安んじて居るところである。仁に止まらず不仁であるのは、智ではない。仁がなく、智がなく、礼がなく、義がないのは、人に使われる者である。

『孟子』に引用される①孔子の言葉は、次のように『論語』とほぼ同文である。ただし、『孟子』は後漢の趙岐《ちょうき》の注で読み、『論語』里仁篇は何晏《かあん》の注で読むため、「里」の解釈が「里《を》る」と「里《さと》」で異なる。

子曰く、「里《さと》に仁あるものを善と為す。択びて仁あるに処《を》らずんば、焉《いづく》んぞ智あるを得ん」と。

孔子が言った、「里に仁者がいるのがよいことである。（自ら）選んで仁者の居るところにいなければ、どうして智があるとできようか」と。

『孟子』は、『論語』を引用したうえで、「仁」と「智」、そして「礼」と②「義」が無ければ人に使役されるようになる、と述べている。すなわち、ここでは『孟子』は、孔子の「仁」を踏まえたうえで、「義」をも尊重する自らの主張を展開している。『孟子』の文の方が、思想内容として新しいことは明らかであろう。こうした例は他にもある。

第二に、『孟子』の言葉を『論語』が取り入れていると津田が考える事例を『孟子』から掲げよう。

堯は舜を得ざるを以て己が憂と為し、舜は禹・皐陶《かうえう》を得ざるを以て己が憂と為す。……孔子曰く、「①大なるかな、堯の君為《た》るや。惟だ天を大なりと為す。惟だ堯　之に則る。蕩蕩乎《たうたうこ》として、民　能く焉《これ》を名づくること無し。②君なるかな舜や。巍巍乎《ぎぎこ》として、天下を有《たも》ちて而も与《あづか》らず」と。堯・舜の天下を治む、豈《あ》に其の心を用ふる所無からんや。亦た耕すに用ひざるのみ。（『孟

子』滕文公《とうぶんこう》章句上）

尭《ぎょう》は舜《しゅん》を得られないことを自分の憂いとし、舜は禹と皐陶《こうよう》を得られないことを自分の憂いとした。……孔子が言った、「偉大だな、尭の君主としてのさまは。ただ天だけを偉大とした。ただ尭はこの天道に則った。（尭の布いた徳は）広遠であり、民草はそれを名づけようもなかった。君主であるな、舜は。高大であり、天下を治めてそれでいて（自分から天下を）求めなかった」と。

『孟子』は、中国の伝説的な聖王である尭・舜の理想的な政治を論ずる際に、「孔子曰く」として、①尭・②舜に対する孔子の評価を掲げている。この孔子の言葉が、『論語』泰伯篇の二つの章に、①尭と②舜・禹に対する評価として次のように収録されている。

子曰く、「大なるかな、尭の君為《た》るや。(1)巍巍乎として、唯だ天を大と為し、唯だ尭之に則る。蕩蕩乎として、民能く焉《これ》を名づくること無し。(2)巍巍乎として、其れ成功有り。煥乎《かんこ》として、其れ文章有り」と。

孔子が言った、「偉大だな、尭の君主としてのさまは。（その徳は）高大であり、ただ天だけを偉大とし、尭はこの天道に則った。（尭の布いた徳は）広遠であり、民草はそれを名づけようもなかった。（その統治は）高大であり、功績があった。輝かしく、文化と制度を立てた」と。

①尭への評価として『論語』は、『孟子』では舜に用いていた(1)「巍巍乎として」という表現を尭

にも加えているが、これは僅かな相違に過ぎない。しかし、最後に、(2)「巍巍乎として、其れ成功有り。煥乎として、其れ文章有り」という字句を加えて、尭の功が成り、文を立て制を垂れたと総括することは、重要である。これは、尭の政治内容を具体的に論ずるもので、『孟子』の孔子の言葉に比べて、思想的に新しい内容が加わっている。

このように、『論語』の孔子の言葉が、『孟子』のそれよりも後出であることは、『論語』泰伯篇の次の文章からも明らかとなる。

子曰く、「巍巍乎たり、舜・禹の天下を有つや。而して与《あづか》らず」と。

孔子が言った、「高大なことだな、舜と禹が天下を治めたのは。それでいて(自分から天下を)求めなかった」と。

舜への評価について、『孟子』では②舜だけが臣下に政治をまかせて自らは関与しない政治を行っていたとする。これに対して、『論語』は、舜だけではなく禹《う》も、臣下に政治をまかせて自らは関与しない政治を行っていたと述べ、禹を加えている。

津田左右吉「儒教成立史の一側面」(『史学雑誌』三六—六、一九二五年)は、湯《とう》・武革命(殷の湯王と周の武王が前王朝に代わったこと)を中心とする物語は、戦国初期または戦国に近いころに成立したものであり、尭・舜の禅譲《ぜんじょう》説話(尭が自分の子ではなく臣下の舜に帝位を譲ったこと)は、さらにその後の成立であり、禹の物語はまた、尭・舜とは別系統の思想である、としている。

したがって、舜の政治内容に禹を加えた『論語』のこの章は、『孟子』滕文公章句上よりも思想的に新しく、『孟子』の孔子の言葉を踏まえて著されたと考えられるのである。このように、『論語』が『孟子』の孔子の言葉を踏まえる事例は、『論語』子罕篇　六章（公孫丑章句上を踏まえる）、『論語』憲問篇　三章（滕文公章句上を踏まえる）、『論語』泰伯篇　十九章（滕文公章句上を踏まえる）などにも見られる。

第三の『論語』も『孟子』も、別の書に依拠した事例については、津田も分からぬ場合が多いという。津田の時には、まだ出土資料が存在しなかったためである。そこで、津田の『論語と孔子の思想』の紹介から離れて、『論語』・『孟子』が第三の書籍から共に引用した事例ではなく、『孟子』に記されながらも『論語』とは関わらない「孔子曰く」と、それが他の書籍といかなる関係を持っているのかを追究していこう。

## 「孔子の言葉」の湖

『孟子』に記された「孔子曰く」から始まる孔子の言葉のうち、『論語』との関係を持たない『孟子』独自のものには、『春秋《しゅんじゅう》』の制作と孔子を関わらせるもの、『孟子』の主張の正統性を保証する言葉を孔子が語るものなどがある。

『孟子』には、孔子の『春秋』制作が次のように語られる。

世衰へ道微《かす》かにして、邪説・暴行有《ま》た作《おこ》る。臣にして其の君を弑《しい》する者之《こ》れ有り。子にして

其の父を弑する者 之れ有り。孔子 懼《おそ》れて、春秋を作る。春秋は、天子の事なり。是の故に孔子曰く、「我を知る者は、其《そ》れ惟《た》だ春秋か。我を罪する者も、其れ惟だ春秋か」と。(『孟子』滕文公章句下)

世は衰え道は微かになり、曲がった議論や乱暴な行為がまた生じてきた。臣下でありながらその君主を弑殺《しいさつ》する者があった。子でありながらその父を弑殺する者があった。孔子は(世の行く末を)恐れて、『春秋』を制作した。『春秋』(を制作すること)は天子のなすべきことである。このため孔子は、「わたしを知ってもらえるものは、ただ『春秋』だけであろう。わたしを罰するものも、ただ『春秋』だけであろう」と言った。

『論語』の中には、孔子が『春秋』を編纂したことはもとより、『春秋』という言葉すら存在しない。ここでの「孔子曰く」は、『孟子』が創作した孔子の言葉と考えてよい。それは、『春秋』と孔子を強く結びつける思想が、『孟子』から始まるためである。『孟子』では、孟子が『春秋』と孔子との関係を次のように述べている。

孟子曰く、「王者の迹 熄《や》みて詩 亡ぶ。詩 亡びて然る後に春秋 作《おこ》る。晋《しん》の乗《じょう》、楚《そ》の檮杌《とうごつ》、魯の春秋は、一なり。其の事は則ち斉桓・晋文、其の文は則ち史なり。孔子曰く、「其の義は則ち丘竊《ひそ》かに之を取れり」と」と。(『孟子』離婁《りろう》章句下)

孟子は言った、「王者の活動が終わり『詩経』は滅んだ。『詩経』が滅んだその後に『春秋』が制作された。晋の「乗」(と呼ばれる年代記)、楚の「檮杌《とうごつ》」(と呼ばれる年代記)と、魯の「春秋」は、同じ(年代記)である。書かれていることは斉の桓公・晉の文公のこと、書かれている文は史官の文章である。孔子は言った、「春秋の義は丘《わたし》が秘かに（「春秋」の記載から）取った」と」と。

このように、もともと「晉の乗《じょう》、楚の檮杌《とうごつ》」と同じように年代記に過ぎなかった魯の「春秋」が、孔子により「義」を加えられることで、『春秋』という経書《けいしょ》になったと主張することは、『孟子』の思想なのである。したがって、ここに引用される「春秋の義」を自らが秘かに加えたと述べる孔子の言葉も、『孟子』の創作と考えてよい。ちなみに儒教の経典を「経書」と呼ぶのは、経書の「経」が縦糸、すなわち人として生きる道筋という意味を持つためである。

このように、自らの学説を権威づけるために、孔子の言葉を捏造する者が多かったことは、『孟子』も認めている。『孟子』に、次のようにある。

咸丘蒙　問ひて曰く、「①語に云ふ、「盛徳の士は、君も得て臣とせず。父も得て子とせず。舜　南面して立つや、堯　諸侯を帥《ひき》ゐ、北面して之に朝す。瞽瞍《こさう》も亦た、北面して之に朝す。舜　瞽瞍を見るに、其の容　蹙《いた》める有り。孔子曰く、「斯の時に於てや、天下殆《あやふ》いかな。岌岌乎《きふきふこ》たり」と」と。識らず。此の語　誠に然るか」と。孟子曰く、「否。②此れ君子の言に非ず。斉の東の野人の語なり。……」と。（『孟子』万章《ばんしょう》章句上）

咸丘蒙《かんきゅうもう》が尋ねて言った、「語には、「盛徳の士は、君主も臣下とできない。父も子供とできない。舜が（天子になり）南面して立つと、堯は諸侯を率いて、（臣下として）北面してこれに朝した。（舜の父の）瞽瞍《こそう》もまた、（臣下として）北面してこれに朝した。舜が瞽瞍を見ると、その容貌は落ち着かなかった。孔子は、「このとき、天下は（君臣・父子の秩序が乱れかけて）危うかった。危険であった」と言った」とあります。分かりません。この（孔子の）言葉は本当なのでしょうか」と。孟子は、「違う。これは君子（孔子）の言葉ではない。斉《せい》の東の野人《やじん》の言葉である。……」と。

咸丘蒙が引用する「孔子曰く」を含む①「語」は、節略ながらも、『墨子』非儒篇・『韓非子』忠孝篇に見える。異なる字句に傍線を附しながら、『墨子』より掲げよう。

孔某其の門弟子と与に閒坐して曰く、「夫れ舜瞽叟を見るに、孰然たり。此の時、天下圾乎たり」と。（『墨子』非儒篇）

孔某《なにがし》がその門弟と座談をして言った、「舜は（父の）瞽叟（が臣下であること）を見るのに、落ち着かなかった。このとき、天下は危うかった」と。

『墨子』非儒篇は、上篇が散佚しており、ここの文章も、この直後に周の封建制度を創設した周公旦《しゅうこうたん》の事例を引くなど、話の繋《つな》がりがあまり良くない。それでも、この箇所が『孟子』の①「語」と関係のあることは窺《うかが》うことができる。これに対して、『韓非子』は、引用の意図が明確である。

記に曰く、「舜瞽瞍を見るに、其の容造焉有り。孔子曰く、「是の時に当たりてや、危ふきかな。天下 岌岌たり。有道の者は、父固《まこと》に得て子とせず、君 固に得て臣とせざるなり」と」と。臣曰く、「孔子 本より未だ孝悌・忠順の道を知らざるなり。……」と。（『韓非子』忠孝篇）

記に、「舜が瞽瞍《こそう》を見ると、その容貌は憂いを帯びていた。孔子は、「このときには、危うかった。天下は危険であった。有道の者は、父はまことに子とせず、君はまことに臣としないのである」と言った」とある。臣《わたし》は、「孔子はもとから孝悌・忠順の道が分かっていないのである。……」といった。

『韓非子』忠孝篇は、法家として忠孝をいかに位置づけるのかという目的によって著されている。ここで「記」の中に挙げられている「孔子曰く」は、「臣曰く」以降に展開される「孔子はもとから孝悌・忠順の道が分かっていないのである」という自らの主張を正統化するための否定すべき見解として引用される。

このように対立する諸子においても、①「語」あるいは「記」として纏められていた孔子の言葉が、さまざまな源流から流れ込み、湖のように溜められ、共有されていたことを理解できよう。

そして、『孟子』は、この「語」を②「此れ君子の言に非ず。斉の東の野人の語なり」とする。すなわち、これは偽作された孔子の言葉である、と主張するのである。「斉の東の野人」は、後漢の趙岐の注によれば、斉で田野を耕作する人、朱子の『孟子集注』によれば、斉の東辺の野人である咸丘蒙となる。いずれにせよ、述べられているものは、孔子自らの言葉ではない。

『孟子』は、自らもその中の一つであるような、孔子の言葉を偽作するものの存在を自覚し、孔子の権威の奪い合いをしている。『孟子』があえて、自己に不都合な「孔子曰く」を引用し、それを否定するのは、『孟子』独自の思想である尭・舜革命、中でも舜への評価と、孔子のこの言葉とが大きく異なっていたことによる。『孟子』は、孔子の言葉を自分たち儒家だけで、囲い込もうと試みているのである。

## 書籍は一度に完成しない

孔子の言葉は、これまで『論語』を編纂したと言われている弟子や孫弟子、あるいは孟子など儒家の専有物ではなかった。それは、『論語』と『孟子』の影響関係が双方向的であったように、『論語』・『孟子』が、ある特定の一時期に一挙に完成した書籍ではないことを理由の一つとする。比較をすれば、『孟子』よりも早い時期に編纂が始まり、そして重層的に複数制作された原「論語」も、一人の著作とされることもあった原「孟子」も、孔子や孟子の言葉や行動、あるいはかれらに仮託された言動を次第に積み重ねながら、長い時間をかけて編纂されていった。

その際、たとえば孔子の言葉であれば、原「論語」の孔子の言葉は、孔子の言葉が集められた複数の孔子言行録に、あたかも湖に流れ込む川のように言葉を流し込み、その湖に溜まった孔子の言葉は、他の諸子にも利用される。そしてまた、新たなる原「論語」にも吸収されていく。

このような繰り返しの中で『論語』が形成されたのであれば、篇ごとのまとまりには、それほど大きな意味はなく、一つ一つの章がどのような来歴を持つのかが重要となる。津田が武内を批判する理由である。

かなり専門的な話になった。古文献の研究において、何が正しいのかを知る方法は、迂遠で複雑である。ただし、真理に近づく方法は、他者の学説を評論することではない。先人と同じように、自分白身が古典に正面から向き合うしかない。孔子のことを知るためには、それが伝承であることを頭に置きながらも、まず司馬遷の『史記』に描かれた孔子世家《せいか》と仲尼弟子列伝を読んでいくしかない。それが現存で最も古く、まとまった孔子に関する伝記資料だからである。

第二章

# 孔子の生涯と弟子たち

# 1．『史記』孔子世家

## 司馬遷と『史記』

孔子の生涯と思想を知ることは難しい。生涯の基本となる『史記』孔子世家《せいか》も、思想を窺うべき『論語』も、どこまで孔子の真実を伝えるのか、疑問が多いためである。

『史記』は、前漢武帝期の司馬遷が著した中国最初の通史で、黄帝《こうてい》（伝説上の最初の帝王）から前漢の武帝までを紀伝体で記した。本紀《ほんぎ》（十二巻）は、王・皇帝（秦・漢）の年代記で、政治史を中心とし、表（十巻）は系図と年表、書（八巻）は文化史、世家（三十巻）は諸侯の歴史である。列伝（七十巻）は臣下の伝記で、列伝第七十太史公自序《たいしこうじじょ》では、『史記』を書いた意図をそれぞれについて説明する。

孔子世家について、太史公自序は、次のように述べている。

> 周室はすでに衰《おとろ》え、諸侯は行動を恣《ほしいまま》にした。仲尼《ちゅうじ》（孔子）は、礼《れい》が廃《すた》れ楽《がく》が崩《くず》れたことを悼《いた》み、経術を修めて、王道に達し、乱世を匡《ただ》し、これを正に戻そうとした。その言葉を見ると、天下のために儀法を制し、六藝《りくげい》の大本と綱紀を後世に残したと言える。（それを記すために）孔子世家を作り、第十七（世家とする）。

司馬遷は、孔子が天下のために王道の達成と経術により乱世を正し、六藝（六経《りくけい》。詩・書・礼・楽・易・春秋）の大本と綱紀を後世に残したことを評価する。そのため、本来は諸侯の歴史を記すべき世家の基準から逸脱し、孔子を世家に記して、高く評価する。

それは、司馬遷が儒教の中でも「春秋公羊学《しゅんじゅうくようがく》」を専門とする董仲舒《とうちゅうじょ》を師とすることに起因する。『春秋』は、『孟子』が初めて孔子と関係づけた魯《ろ》の国の年代記である。春秋学は、『春秋』で用いられる文字の違いや微妙な表現に、孔子の「義」（正しさの規範）を見いだす学問である。そうした孔子の規範を解説した「伝」（解釈）には、公羊伝《くようでん》・穀梁伝《こくりょうでん》・左氏伝《さしでん》の「三伝」があり、董仲舒は、このうち公羊伝を専門とする学者であった。

春秋公羊学では、孔子素王《そおう》説を説く。素王とは、王として即位していないが、王の徳を備え、それを世に示した人のことである。孔子は、王でも諸侯でもないが、素王と位置づけられるために、司馬遷は世家に孔子の伝記を書いたのである。

## 十有五にして学に志す

司馬遷は、孔子と弟子の言行録である『論語』の言葉を中心に、『孟子』『左氏春秋《さししゅんじゅう》』『国語』などに伝わる孔子伝説を集大成しながら、孔子の生涯を記録した。司馬遷の著した孔子の伝記には、すでに成立し始めていた孔子伝説が含まれているのである。そこで、『史記』孔子世家に依りながら、伝説と分かるものは指摘しつつ、孔子の生涯を追っていこう。

孔子は、魯国の昌平郷《しょうへいきょう》の陬邑《すうゆう》で生まれた。名は丘《きゅう》、字は仲尼。その祖先は宋国の孔防叔《ぼうしゅく》で、防叔が伯夏《はくか》、伯夏が叔梁紇《しゅくりょうこつ》を生んだ。紇は顔氏のむすめ（徴在《ちょうざい》）と野合して、魯の襄公《じょうこう》二十二（前五五一）年に、孔子を生んだ。孔子が十七歳のとき、魯の大夫である孟釐子《もうきし》は病気で臨終をむかえると、嗣《あとつぎ》である孟懿子《もういし》を誡《いまし》め、「孔丘は、聖人の末裔で、（その家はかつて）宋で滅ぼされた。聖人の末裔は、世の中で高位についていなくとも、必ず達者（大いなる徳をなすもの）になるという。いま孔丘は、年少であるが礼を好んでいる。おそらく達人となろう。吾《わたし》が没した後には、おまえは必ずこれを師とせよ」と言った。釐子が卒すると、懿子は魯の人の南宮敬叔《なんきゅうけいしゅく》と一緒に（孔子のもとに）行き、礼を学んだ。

このように『史記』は、孔子が十七歳のときに、すでに礼に通じていた、と伝える。そうなのであろうか。孔子の若いころのことは、『論語』為政篇に、「十五歳で学問を志し、三十歳で学問により身を立てられた」と語られる程度にしか分からない。

子曰く、「吾 十有五にして学に志す。三十にして立つ。四十にして惑はず。五十にして天命を知る。六十にして耳順《みみしたが》ふ。七十にして心の欲する所を縦《ほしいまま》にするも矩《のり》を踰《こ》えず」と。

孔子が言った、「わたしは十五歳で学問を志した。三十歳で（学問を）打ち立てた。四十歳で疑い惑うことがなくなった。五十歳で天命を知った。六十歳で言葉を素直に聞くようになった。七十歳で思うがままにあっても規範から外れないようになった」と。

この章は、孔子の生涯を記したものとして、有名である。十五歳の「志学《しがく》」、三十歳の「而立《じりつ》」、四十歳の「不惑《ふわく》」、五十歳の「知命《ちめい》」は、人生の節目となる年齢を表現する言葉として、日本語でも用いられている。

## 三十にして立つ

『史記』孔子世家は、その後の孔子について、次のように伝える。

孔子は、貧しく身分が低かった。成長して季氏《きし》の役人となった孔子は、公平を称され、牛馬を飼育する役人として家畜を繁殖させた。だが、そのうちに魯を去り、斉《せい》で排斥され、宋・衛《えい》で追われ、陳《ちん》・蔡《さい》の間で困難にあった。そうして魯に帰った。孔子は長《みのたけ》九尺六寸（約二・一六メートル）で、人はみな「長人《ちょうじん》」と呼んだ。

孔子が様々な仕事をしたことは、『論語』子罕篇にも、「吾少《わか》くして賤し、故に鄙事に多能なり（わたしは若いころ卑賤であったため、細々とした仕事に多能となった）」と記されている。魯を去ったのち斉で排斥され、宋・衛で追われ、陳・蔡の間で困難にあったことは、『論語』にも言及される。

こののち『史記』孔子世家は、三十歳で斉の景公《けいこう》から覇者について問われたとする。だが、王者と覇者の区別は、『孟子』から始まる。『論語』顔淵篇では、孔子は景公に下克上を否定し、微子篇では、景公に出処進退を明らかにしている。景公には会ったのであろうが、この会話は疑わしい。それでも、孔子が「三十にして立」ったことを示さなければならない司馬遷は、景公との会話を次のように記している。

魯の昭公の二十（前五二二）年、孔子はおそらく三十歳のときであろう。斉の景公が（宰相の）晏嬰《あんえい》を伴なって魯にやって来た。景公は孔子に、「むかし秦の穆公《ぼくこう》が、国は小さく土地は僻地《へきち》にもかかわらず、覇者となったのはなぜか」と尋ねた。（孔子は）答えて、「秦は、国は小さいながらも、その志が遠大でした。土地は僻地ながらも、行ないが中庸で正しいものでした。（穆公）みずから（才能を見抜いて）五羖《ごこ》（百里奚）を登用し、大夫の爵《しゃく》を与え、縲絏《るいせつ》（罪人）の中から起用して、ともに語ること三日、これに国政を委ねました。これによって穆公を考えれば、王者になることもできたでしょう。覇者になったことは小さいぐらいです」と言った。景公は（この返答に）満足した。

『史記』の注釈書として最も優れる滝川亀太郎の『史記会注考証』も、学問によって大国である斉の景公に、孔子が称えられたこの記事を偽作としている。

## 五十にして天命を知る

ようやく五十二歳になって、孔子が政治を動かした、と『史記』孔子世家はいう。孔子はすでに「知命」の歳を過ぎていた。少し長いが、有名な場面なので引用しよう。

定公《ていこう》十（前五〇〇）年春、（魯は）斉と和睦した。夏、斉の大夫である黎鉏《れいしょ》は景公に言って、「魯は孔丘を任用しております。その勢いは斉を危うくするでしょう」とした。そこで（斉は）使者をおくり、魯と（親睦の宴である）好会《こうかい》を催し、夾谷《きょうこく》で会いたいと告げさせた。魯の定公は、（平時の）車に乗って無防備なまま行こうとした。

孔子は相《しょう》（儀典長）の代行であった。そこで、「臣《わたし》は聞いております。文のことがある場合にも必ず武の備えをし、武のことがある場合にも必ず文の備えをするものであると。むかし諸侯は国境を出る際には、必ず（文武の）官を備えて随行させました。どうか左右の司馬を随行させてください」と申し上げた。定公は、「よろしい」と言った。（そこで）左右の司馬を随行させた。（魯の定公は）斉侯（景公）に夾谷で会見した。壇位《だんい》をつくり、土の階段は三等とし、（めぐり逢ったときに行う簡単な）会遇《かいぐう》の礼により互いに見て、揖譲《ゆうじょう》して登った。献酬《けんしゅう》の礼が終わると、斉の役人は小走りに進み出て、「どうか四方の楽を演奏させてください」と申し上げた。景公は、「よろしい」と言った。そこで（竿の先端に五音の切り羽をつけた）旍旄《せいぼう》・（羽と彩りの絹をつけた）羽《う》祓《ふつ》・矛・戟《げき》・剣《けん》・（大きな盾である）撥《ばつ》を持った舞楽の一隊が、鼓をならし大騒ぎをしてやってきた。（暗殺を恐れ、無礼に怒った）孔子は小走りに進み出て、急いで階段を登り、最後の一段で踏みとどまると、袂《たもと》を振り上げて、「わが両君が好会をされておりますのに、夷狄《いてき》の楽とは何たることでしょう。どうか役人に命じて（止めさせて）ください」と申し上げた。役人は孔子を退けようとしたが、（孔子は）その場から去らなかった。さらに（孔子は）左右に（宰相の）晏子《あんし》と景公を見つめた。景公は心中恥ずかしく感じて、手で指図して舞人を去らせた。しばらくして、斉の役人が小走りに進み出て、「どうか宮中の楽を演奏させてください」と申し上げた。景公は、「よろしい」と言った。（そこで道化役の）優倡《ゆうしょう》や侏儒《しゅじゅ》（小人）が、戯《たわ》むれながら出てきた。（見下されたことを怒った）孔子は小走りに進み出て、急いで階段を登り、最後の一段で踏みとどまると、「賤しい匹夫の身で諸侯を惑わすとは、その罪は死罪に当たります。どうか役人に命じて（処刑して）ください」と申し上げた。役人は法に照らし、手足をばらばらにし（て処刑し）た。

景公は懼《おそ》れて動揺し、義としてとても及ばないことを知った。（斉に）帰ったのちも大いに恐れ、その群臣に告げて、「魯は君子の道によりその君主を輔《たす》けた。ところがお前たちは夷狄の道を寡人《わたし》に教え、魯君に対して（非礼の）罪を犯すことになった。これをどうすればよいのだ」と言った。役人は進み出てお答えし、「君子は過失があれば、謝罪するときには実質を伴い、小人は過失があれば、謝罪するときには文飾のみで済ませます。わが君がもしあのことを悼《いた》まれるのであれば、謝罪に実質を伴わせるべきです」と申し上げた。そこで斉侯は（これまでに）侵略した魯の鄆《うん》・汶陽《ぶんよう》・亀陰《きいん》の田地を返し、過失を謝罪した。

孔子は、魯の定公十年春、魯が斉と和睦した際、武力で魯君を脅迫する斉を叱咤して圧倒した。それによって、鄆・汶陽・亀陰の田地を取り返し、斉に謝罪させたというのである。見事な外交である。もちろん、『論語』では、このように現実政治に活躍する孔子は描かれない。

これは『春秋』では、「夾谷の会」と呼ばれる有名な外交場面で、『春秋左氏伝』『春秋公羊伝』『春秋穀梁伝』のすべてに記されている。『春秋』という書名が『論語』に見えないことはすでに述べた。「夾谷の会」は、『孟子』の流れを汲みながら、『春秋』という儒教経典を共有する学派により創作された、と考えられよう。司馬遷の師である董仲舒は、その学派から現れた。司馬遷が、この孔子伝説を「史実」として『史記』に記すことは、必然なのである。

さらに『史記』は、孔子が内政において、魯で専権を振るう臣下の「三桓《さんかん》」（叔孫《しゅくそん》氏・季孫《きそん》氏・孟孫《もうそん》氏という卿《けい》〈大臣〉の家、魯の君主桓公の子孫）の都城を破壊しようとした、それには失敗したものの、孔子の徳による教化によって、民が道に落ちているものを拾わなくなるほどの政治が行われた、と記す。だが、これも『論語』には見えない。これは、『春秋左氏伝』の定公 伝十二年に記されている。司馬遷が、董仲舒から学んだ孔子伝説では、孔子はすでに内外の事情に精通した優れた政治家としての姿を持っていた。

こののち『史記』は、孔子の政治力を恐れた斉が女楽《じょがく》を贈り、それを機に孔子は魯を去ったと描く。これは、『論語』微子篇に記されている。

### 文への自負

魯を去った孔子は、諸国に教えを説いて廻る。まず衛に赴くが、霊公に失望して去る。『史記』は、その理由を孔子への中傷に求めているが、『論語』衛霊公篇は、戦陣について聞かれたためとする。そして、陳に向かう途中に匡《きょう》を通ると、魯の陽虎《ようこ》と間違えられて包囲される。このとき、孔子が述べたとされる言葉は、『論語』子罕篇にも掲げられる。

子 匡に畏れ、曰く、「文王 既に没するも、文 茲《ここ》に在らずや。天の将に斯《こ》の文を喪《ほろ》ぼさんとするや、後死の者は斯の文に与《あず》かるを得ざるなり。天の未だ斯の文を喪ぼさざるや、匡人 其れ予《われ》を如何せん」と。

孔子は匡の地で危難に遭遇し、（次のように）言った、「文王はすでに亡くなったが、（周の）文はわたしの身にあるではないか。天がこの文を滅ぼそうとしているのであれば、後世のわたしはこの文に関与できなかったはずだ。（つまり）天がこの文を滅ぼそうとしていないのだから、匡人がわたしをどうできようというのか」と。

孔子としては珍しく強い調子で、「天の未だ斯の文を喪ぼさざるや、匡人 其れ予を何如せん」と述べた、と『論語』は記す。孔子は、ここで自らの使命感と「文」に対する自負心を述べる。文とは、直接的には、周の文王の遺した文章のことで、聖徳を持つ文王は、これにより天下を教化した。そこから敷衍して、文とは周の文化と制度全般のことをいう。東周の末、春秋時代の後期を生きた孔子は、衰退しつつある周に代わって、その文化と制度により天下を教化することを自らの使命とした。その使命感が強く現れる文章であるため、ここで用いている「斯文《しぶん》」という言葉は、やがて儒教そのものを示すようになる。

大成殿（湯島聖堂）

ちなみに、江戸幕府は、儒教の振興を図るために湯島に孔子を祭り、そこに昌平坂学問所を作った。高等師範学校、すなわち筑波大学の前身である。現在も残る湯島の孔子廟（湯島聖堂）を管理する、岩《いわ》倉具視《くらともみ》が谷干城《たにたてき》らと創った斯文会は、『論語』のこの章を典拠に名付けられている。

危機を脱した孔子は衛に戻り、蘧伯玉《きょはくぎょく》のもとに身を寄せ、霊公の夫人の南子《なんし》に会ったと『史記』はいう。『論語』雍也篇には、弟子の子路にこれを非難された孔子が、「予《わ》れに否なる所あらば、天　之を厭《す》てん（わたしに後ろ暗いところがあれば、天がわたしを見捨てるであろう）」と言い訳をした、と伝わる。

こののち孔子は、曹《そう》から宋、そして鄭《てい》から陳へ行き、魯の哀公《あいこう》十二（前四八三）年、六十九歳で魯に帰国した。その後は経書を整理しながら、弟子の育成に専念して、魯の哀公十六（前四七九）年に、七十三歳で没した、とされている。

## 2. 孔子の思想

### 経典の編纂

司馬遷は、孔子による経典の編纂について、孔子が、『尚書《しょうしょ》』『書経』の伝えを順序立て、また三千篇あまりの詩の中から『詩経《しきょう》』三百五篇を選んだとする。書も詩も本来、儒家に限定されない民族の古伝承であった。たとえば、『墨子』は、『詩経』や『書経』を自在に引用する。孔子がそれを儒家の経典として尊重していることは、『論語』に繰り返し説かれる。二書は、こうして儒家の専有する経典となっていく。司馬遷の継承した孔子伝説では、それを孔子による書の編纂と詩の删修《さんしゅう》として表現した、と考えてよい。

現在では、『書経』の中でも新しい部分は、秦の始皇帝の中国統一以降に書かれたと考えられ、『詩経』はもともと三千篇も存在しなかったと指摘されている。漢・唐の訓詁学（古典解釈学）ではきわめて重視されていた『詩経』・『書経』よりも、宋・明の理学（儒教哲学）では、朱子が「四書」と総称する『論語』・『孟子』・『大学』・『中庸』を尊重するのは、こうした成立事情にも原因がある。『詩経』・『書経』は、孔子により尊重されたが、孔子が手を入れ、そこに自らの思想を反映させた、というのは伝説である。

また、司馬遷は、孔子が礼と楽《がく》を整えたことを記したのち、晩年『易《えき》』を好み、韋編《いへん》（竹簡・木簡をまとめる革）が三回も切れたとする（韋編三絶《さんぜつ》）。しかし、後述するように、これは疑わしい。そして、司馬遷は最後に、孔子が魯の史官の記録によって『春秋』を編纂したことを特筆し、「後世、丘《わたし》を知る者は『春秋』によってであり、丘を罪する者も『春秋』によってであろう」と孔子が言った、という『孟子』滕文公《とうぶんこう》章句の記事を重視する。それは、自らの著した『史記』が、『春秋』を継承する営みであったことによる。

『史記』は、今でこそ史書として扱われるが、『漢書』藝文志では「六藝略《りくげいりゃく》 春秋」に分類される。『史記』は事実を記すだけではなく、「君子《くんし》曰く」で義を示す『春秋』を受け継ぎ、「太史公曰く」により事実の是非を論ずる思想書であった。このため、司馬遷は、自らの『史記』の規範とした『春秋』について『孟子』の説、そして師の董仲舒の説を継承し、孔子が最も尊重した経書であると主張する。もちろん、『論語』に一言も触れられない『春秋』と孔子との関係も伝説である。

このように、孔子に関する最古の伝記である『史記』孔子世家は、多くの伝説を含んでおり、孔子の生涯をそこから明示することは容易ではない。それでも、わたしなりに伝説を排除していくと、孔子の生涯と思想は、次のように纏《まと》められると考えている。

## 孔子の生きた時代

孔子は、周の封建制度を創設した周公旦（周公）の子が封建された魯国に生まれた。そのため、孔子は周公および周王朝を自らの理想に据えていた。『論語』述而篇には、次のような有名な言葉が残る。

孔子像（北京国子監）

子曰く、「甚だしきかな、吾の衰へたるや。久しきかな、吾 復た夢に周公を見ざるなり」と。

孔子が言った、「甚だしいな、わたしが衰えたことも。久しいな、わたしはもはや夢に周公を見なくなった」と。

授業中に居眠りをしていたので怒ると、「周公に会いに行っていました」と答える学生がいた。おしゃれな言い訳である。それに対して、孔子の「わたしも年老いたものだ。夢に周公を見なくなった」という言葉には、孔子の周公への思慕だけではなく、周公の理想を実現できそうにない焦りや切迫感が感じられる。

孔子が生きた春秋末期は、礼を基礎に置く周の礼政一致の封建制度が、崩壊の危機を迎えていた。単なる理想主義者ではない孔子は、下克上の風潮の中で、弱体化していく周の一族の国家である母国魯を建て直すため、政治に関与したともされる。『春秋』や『史記』が華々しくその活躍を描くような外交の場ではない。孔子が目指したことは、迂遠《うえん》な方法であった。

子路曰く、「衛君 子を待ちて政を為さば、子 将に奚《いづれ》をか先にせんとす」と。子曰く、「必ずや名を正さんか」と。子路曰く、「是れ有るかな、子の迂《う》なるや。奚《なん》ぞ其れ正さん」と。子曰く、「野なるかな、由や。君子は其の知らざる所に於て、蓋し闕如たり。名 正しからざれば則ち言 順ならず、言 順ならざれば則ち 事 成らず、事 成らざれば則ち礼楽 興らず、礼楽 興らざれば則ち刑罰 中《あ》たらず、刑罰中たらざれば則ち民は手足を錯《お》く所無し。故に君子 之に名づくれば必ず言ふ可きなり。之を言へば必ず行ふ可きなり。君子 其の言に於て、苟《いやし》くもする所無きのみ」と。

(『論語』子路篇)

子路が言った、「衛の君主が先生を遇して政事を行うことになったとしたら、先生はまず何からなさいますか」と。孔子は言った、「きっと(あらゆるものの)名を正すであろう」と。子路が言った、「これですからね、先生の迂遠さは。どうして正そうとするのですか」と。孔子は言った、「分かっていないな、由《ゆう》(子路)は。君子は知らないことについては、そのままにして何も言わないものだ。名が正しくなければ言葉は順序立たず、言葉が順序立たなければ政事は達成されず、政事が達成されなければ礼楽は興らず、礼楽が興らなければ刑罰は適切に行われず、刑罰が適切に行われなければ民は手足を置く所もな(く安心できな)い。だから君子は名づければ必ず明言できる。明言すれば必ず実行できる。君子はその言葉について、いいかげんにすることはない」と。

孔子が政治の手段として掲げたことは、「正名《せいめい》」である。「君は君として、臣は臣として、父は父として、子は子として」という名を正すことが、下克上を防ぐことに繋がる。子路に迂遠と批判されながらも、孔子は大義名分を正すことで、社会秩序の回復を試みようとしたのである。そのためには、為政者自身が有徳者でなければならない。

子曰く、「政を為すに徳を以てすれば、譬《たと》へば北辰の其の所に居りて、衆星の之に共するが如し」と。(『論語』為政篇)

孔子が言った、「政治をするのに無為を方法とすれば、たとえば北極紫微星がその場所にありながら、多くの星がそれに敬意を表わすかのようである」と。

孔子は、政治を行う際に「徳」によってすれば、北極星のまわりを衆星がむかうように統治できると、徳治を主張した、とよく説明される章である。しかし、訳は「無為」である。本書は「古注」、なかでも何晏の『論語集解』に従って読んでいるためである。何晏は、ここに「徳というものは、無為である」という後漢の包咸《ほうかん》の解釈を注記する。前漢の武帝期まで、国政は無為を尊重する黄老思想に基づき運営されていた。後漢初期を生きた包咸には、黄老思想に対抗して、かれらが主張の根幹に置く「無為」は、すでに孔子が『論語』の中で「徳」として、その重要性を説いている、と主張する必要性はなかった。包咸のときにすでに伝わっていた解釈を継承したのであろうか。著作権の無い時代である。注は、前の注を断りなく引用するので、その解釈は重層性を帯びる。

何晏がここで包咸の注を引用したのは、何晏の創始した玄学《げんがく》(儒教の枠組みの中で、老荘思想を復活する学問）では、政治は無為を尊重するためである。したがって、この解釈は突飛な解釈であり、皇《おう》侃《がん》『論語義疏』・邢昺《けいへい》『論語注疏』の「古注」はもとより、朱熹《しゅき》の『論語集注』も、『礼記《らいき》』楽記《がくき》篇に基づいた、「徳は、得なり」という伝統的な訓詁に基づく解釈を行う。ただし、それぞれの「徳」のイメージには微妙な相違がある。『論語義疏』は「万物の性を得ること」とし、『論語注疏』は「物が生じられること」とし、『論語集注』は「心に得て失わないこと」としている。なお、朱熹の『集注』は、「共」を「向」と解釈して、徳に基づく政治をするとすべての星が北極星を「向く」ように、教化されるとこの章を理解する。

いずれにせよ、為政者が有徳者であるためには、孔子が尊重する最高の徳目である「仁」を備えればよい。それでは、「仁」とはどのようなもので、どうすれば身につくのであろうか。

## 仁とは愛

仁とは、人を愛することである。

樊遲　仁を問ふ。子曰く、「人を愛す」と。智を問ふ。子曰く、「人を知る」と。樊遲　未だ達せず。子曰く、「直きを挙げて諸を枉《まが》れるに錯《お》けば、能く枉れる者をして直からしむ」と。樊遲　退き、子夏を見て曰く、「嚮《さき》に吾れ夫子に見《まみ》えて智を問ふ。「子曰く、直きを挙げて諸を枉れるに錯けば、能く枉れる者をして直からしむ」と。何の謂ひぞや」と。子夏曰く、「富めるかな是の言や。舜　天下を有《たも》ち、衆より選びて、皐陶を挙ぐれば、不仁の者は遠ざかれり。湯　天下を有ち、

衆より選びて、伊尹を挙ぐれば、不仁の者は遠ざかれり」と。(『論語』顔淵篇)

樊遅《はんち》が仁について尋ねた。孔子は、「人を愛することである」と答えた。智について尋ねた。孔子は、「人を知ることである」と答えた。樊遅はまだよく分からなかった。孔子は言った、「正直の人を起用して邪佞《じゃねい》の人(の代わり)におけば、邪佞の人を直にすることができる」と。樊遅は退出して、子夏に会って言った、「先ほどわたしは先生にお会いして智をお尋ねした。先生は「正直の人を起用して邪佞の人(の代わり)におけば、邪佞の人を直にすることができる」とおっしゃった。どういう意味であろうか」と。子夏は、「偉大なお言葉ですね。舜が天下を保っているとき、大勢の中から選んで、皐陶《こうよう》をひきたてたところ、仁でない者は遠ざかりました。湯王《とうおう》が天下を保っているとき、大勢の中から選んで、伊尹《いいん》をひきたてたところ、仁でない者は遠ざかりました」と言った。

智の部分が長いが、これは、孔子に聞いたことを樊遅が、年少だが優秀な子夏に解説してもらったためである。仁については、孔子は、「人を愛することである」と、きわめて簡単に答えている。樊遅というあまり出来の良くない弟子に対して、孔子は優しい。できることから簡単に教えていく。

## 克己復礼

これが最も優れた弟子である顔回に対してであると、孔子の「仁」の定義も異なってくる。『論語』顔淵篇の有名な章である。

顔淵　仁を問ふ。子曰く、「己を剋《つつし》みて礼に復《かへ》るを仁と為す。一日　己を剋みて礼に復れば、天下仁に帰す。仁を為すは己に由る。人に由らんや」と。顔淵曰く、「請ふ其の目《もく》を問はん」と。子曰く、「礼に非ざれば視ること勿かれ、礼に非ざれば聴くこと勿かれ、礼に非ざれば言ふこと勿かれ、礼に非ざれば動くこと勿かれ」と。顔淵曰く、「回　不敏なりと雖も、請ふ斯の語を事とせん」と。

顔淵が仁について尋ねた。孔子は言った、「自分自身を慎んで礼にかえることを仁とみなせる。一日でも自分自身を慎んで礼にかえれば、天下（の人々）は仁に帰す。仁を行うのは自分による。どうして他人によろうか」と。顔淵は、「その条目をお聞かせください」と言った。孔子は、「礼に外れたことは見てはならない、礼に外れたことは聞いてはならない、礼に外れたことは言ってはならない、礼に外れたことはしてはならない」と言った。顔淵は、「回《わたし》は愚かではございますが、このお言葉に専念させていただきます」と言った。

「克己復礼」を「自分自身を慎んで礼にかえる」と解釈するのは、何晏の『論語集解』に基づくからである。日本で有名なものは、「我欲に打ち勝って礼に戻る」という、朱子の『論語集注』に基づく解釈である。朱子の注に従って訓読すると、「己に克《か》ちて礼に復《かへ》る」となる。なお、『春秋左氏伝』昭公　伝十二年には、「仲尼曰く、「古に志有り、「己を克《つつし》みて礼に復るは仁なり」と。信《まこと》に善きかな」と」とある。ここでは「克己復礼」は、孔子の言葉ではなく、むかしからあった古い言葉とされている。「志」は記録という意味である。

朱子のように「克」を「つつしむ」と解釈しない読み方は、皇侃『論語義疏』に引く范寧《はんねい》の説にすでに見える。東晉の范寧は『後漢書』を編纂した范曄《はんよう》の祖父である。范寧は、「尅は、責である。礼に復るとは、自分が礼を失ったことを責めることである。仁者でなければ自分自身を責めて礼に復《かえ》ることはできない。そのため自分で自分自身を責めて礼に復れば、仁となるのである」と述べる。これによれば、「己を尅《せ》めて礼に復《かへ》るを仁と為す」と読んで、「自身の過失を責めて礼にかえることは仁とみなせる」という意味になる。

邢昺『論語注疏』に引く隋の劉炫《りゆうげん》の説になると、「克己復礼」について、「克は、勝という意味である」と読むようになる。「己とは、身のことである。身には欲望があり、礼義によってこれを整えなければならない。欲望と礼義とが戦い、礼義をその情欲に打ち勝たせることで、身は礼に戻ることができ、そうであれば仁となるのである」とある。これによれば、「己に克《か》ちて礼に復《かへ》るを仁と為す」と読んで、「自身の欲望に打ち勝って礼にかえることは仁とみなせる」という意味になる。では、朱子の解釈は、劉炫のままなのかというとそうではない。

朱熹『論語集注』には、「克は、勝である。己とは、自分の身にある私欲をいう。復は、反である。礼とは、天理に則った人間の秩序である」とある。劉炫の解釈に比べると、朱子は己を私欲と明示すること、そして私欲に打ち勝って依るべき礼を、「天理に則った人間の秩序」とすることに特徴がある。朱子は、天をも貫く「天理」が人間の秩序となったものが「礼」である、という宇宙論的な解釈を示すとともに、「性即理」（人間の本来的なあり方は理である）という朱子学の中心学説に基づいて、仁という最も重要な孔子の概念を規定しているのである。

仁という最重要徳目に関する章であるため、日本の注の解釈も挙げておこう。

伊藤仁斎『論語古義』は、「克は、勝である。己とは、他人に対する呼称である。復は、反復である。己に克つとは、自己を捨てて人に従うという意味で、自己をもたないことをいう。自身に打ち勝つことができれば、広く人々を愛することになる。礼を反復すれば、節度をもてるようになる。広く人々を愛して、また節度をもつときは、仁が行われる」とする。これによれば、「己に克《か》ちて礼を復《ふく》するを仁と為す」と読み、「自己に打ち勝って礼を反復することは仁とみなせる」という意味になる。朱子学とは、異なる解釈と言えよう。また、仁という最高徳目に日常道徳を反復することで到達できるとする主張には、日常道徳に全関心を集中する仁斎の学問の特徴が明確に表れている。

　これに対して、荻生徂徠『論語徴』は、「克己」は、何晏の『論語集解』と同じく、その身を慎むことをいうとし、「復」は、践であるという。これによれば、「己を克《つつし》みて礼を復《ふ》むを仁と為す」と読み、「自分自身を慎んで礼を践《ふ》み行うことは仁とみなせる」という意味になる。先王が制作した天下全体の統治の道を実践していくことを重視する徂徠の立場が明確に表れている。

　また、江戸時代後期の折衷学派の儒学者である猪飼敬所の『論孟考文』は、「一日」を「一曰」の誤りとみて、その下の九字を異本の校語とする。これは面白い。たしかに、「一日」程度、礼に返ったところで、「天下 仁に帰す」かは怪しいところである。

　これに対して、津田左右吉の『論語と孔子の思想』は、他の「一日」の事例を挙げて、猪飼の説を一蹴する。そして、後半の「子曰、非礼勿視……」に注目する。『荀子』勧学篇に、「目をして是に非ざれば見るを欲すること無からしめ、耳をして是に非ざれば聞くを欲すること無からしめ、口をして是に非ざれば言ふを欲すること無からしめ、心をして是に非ざれば慮るを欲すること無からしむ」という類似の記述があるからである。津田は、この章が『荀子』勧学篇、あるいはそれに類似した文章に基づいて後半部を追加したことを主張する。たしかに顔回が孔子に聞き返すことは珍しく、後半から前半の「克己復礼」の意味を演繹できないように、前後半の繋がりは悪い。

## 注釈の重要性

このように孔子の中心思想である「仁」を最高の弟子である顔淵に説明した文章ですら、古注か新注か、あるいはそれを超えて注釈者により解釈は異なる。最も重要な概念だからこそ、多くの解釈が乱立すると考えてもよい。いずれにせよ、孔子の本来の思想を求めるためには、注釈者たちがどのような社会背景のもとで、どのような思想体系を持ち、何を材料として、『論語』を解釈したのか、を理解しなければ、学問的にそれぞれの注釈者の解釈を正確に把握し、孔子の思想に近づいていくことはできない。

もちろん、処世訓として『論語』を読むのであれば、自分の好きな解釈をして、「孔子の思想」と称して自らの指針とすればよい。しかし、学問の対象として、孔子の思想を扱うのであれば、まず『論語』を正確に読まなければならず、そのためには注釈者の生きた社会背景や思想状況を知らなければならないのである。

## 孝と礼

親を愛する孝の実践は、仁の根本に置かれる。この愛の及ぶ範囲を次第に拡大することにより、仁は、終極的には人類愛へと到達する。それを実践するための心がけは、「忠恕《ちゅうじょ》（思いやり）」（『論語』

里仁篇）である。「自分の望まないことは人に仕向けない」（『論語』顔淵篇）ことは、その具体的な現れである。

そして、孔子は人間が社会的存在であることから、礼を仁の外見的な現れとした。「自分自身を慎んで礼にかえること」（克己復礼）を仁とする理由である。ただし、礼が仁を超えることはない。「孔子が言った、「人であって仁でなければ、礼も何になろう。人であって仁でなければ、楽も何になろう」と」（『論語』八佾篇）。そこで、人々は仁を求め続けなければならない。「孔子が言った、「仁は遠いものであろうか。わたしが仁を求めると、そこに仁はやってくる」と」（『論語』述而篇）。こうして、仁を中核に礼を重視する儒学の教えの基本が定まったのである。

## 人間として生きる

孔子は天命と鬼神《きしん》を語らなかった。敬遠という言葉の語源は、次の章である。

樊遲　知を問ふ。子曰く、「民の義を務め、鬼神を敬して之に遠ざく。知と謂ふ可し」と。仁を問ふ。子曰く、「仁者は難を先にして獲を後にす。仁と謂ふ可し」と。（『論語』雍也篇）

樊遅が知を尋ねた。孔子が言った、「民（の教導）のためにすべきことに務め、鬼神については恭敬して疎遠にする。知と言ってよい」と。（樊遅は）仁を尋ねた。（孔子が）言った、「仁者は面倒事を先にやって（功績を）得るのは後にする。仁と言ってよい」と。

「鬼神」を敬するものの遠ざける態度は、古い呪術信仰を乗り越えようとした孔子の立場を象徴する。西欧でいう宗教との距離は遠い。また、孔子の天への態度も、鬼神へのそれに似る。孔子にとって天命とは、人間の力の彼方にあるものであった。孔子は、道徳と政治など明瞭に把握できる人間・社会の事象と、人間の力では把握できない事象に分けて世界を認識した。天命は後者であった。

しかし、それは人間と関係のないものではない。孔子は「わたしを知る者は、天であろうか」(『論語』憲問篇)と天を信じ、「天が徳を予《わたし》に授けたのだ。桓魋《かんたい》ごときが予《わたし》をどうしようというのだ」(『論語』述而篇)と、天が自分を守ってくれると考えていた。このため、孔子にとって天は、畏れつつも知るように努めなければならない対象だったのである。

こうした認識の中で、孔子は人が人として懸命に生きることを説いた。「まだ生ということも分からないのに、どうして死のことが分かろうか」(『論語』先進篇)と述べた孔子は、人として生きていくために必要な日常道徳に関わる金言も『論語』の中に多く残した。清の袁枚《えんばい》(一七一六〜九七年)の言葉を借りれば、孔子は「最高の常識人」なのである。

## 3．『史記』弟子列伝

### 弟子たち

孔子は、悲しい人生を背負い続けた、と考える人がある。就職に恵まれず、理想を実現できず、子供の孔鯉《こうり》、最愛の弟子である顔回、そして子路にも先立たれたと。わたしは、そうは思わない。数多《あまた》の弟子の就職難に苦しみながらも、それでも孔子は、孜孜《しし》として学を習い続けた。その楽しみの表現されたものが、『論語』劈頭《へきとう》の「学んで適切な時期にこれを復習する、喜ばしいことではないか。朋《とも》がおり遠方から訪ねてくる、楽しいことではないか。人が（自分を）知らなくとも慍《いきどお》ることがない、君子ではないか」（『論語』学而篇）という孔子の言葉である。

孔子が学び続けて倦《う》まなかったのは、その資質によろう。ただ、学問の楽しみには、弟子の存在が大きかった。その筆頭は顔回である。しかし、孔子は、顔回だけがいれば、学問が楽しかった訳ではあるまい。むしろ、顔回は、後述するように、自分の学問の役には立たないとまで孔子は言う。すべてを理解してしまうからである。

孔子が求めていたのは、理解できずに煩悶《はんもん》し、自らを深めていくことであった。孔子は自らの教育法を次のように述べる。「（心が）憤って奮い立たなければ教えず、（言い表せなくて）口がいらいらするようでなければ説きあかさず、一つの隅《すみ》をあげて示すと（残りの）三つの隅をあげて返答するほどでなければ、わたしはもう教えない」（『論語』述而篇）。孔子は、厳格な教師である。学び覚えるのではなく、それを考えることを求める。「孔子が言った、「学んでも（その意味を）思索しなければ、物事の道理が分からない。思索するだけで学ばなければ、疲れてしまう」と」（『論語』為政篇）。

こうした教育方法を取る孔子に、多くの弟子が従った。孔子の弟子には、「四科十哲《しかじってつ》」（孔門十哲）と総称される優れた十人の弟子がいた。「徳行に（優れた者に）は、顔淵・閔子騫《びんしけん》・冉伯牛《ぜんはくぎゅう》・仲弓《ちゅうきゅう》がおり、言語（弁舌の才）に（優れた者に）は、宰我《さいが》・子貢がおり、政事に（優れた者に）は、冉有《ぜんゆう》・季《き》路《ろ》がおり、文学（学問の才）に（優れた者に）は、子游《しゆう》・子夏《しか》がいる」（『論語』先進篇）。なお、親孝行で有名な曾子がこれに含まれない理由については、すでに見た武内義雄の説のほかにも、多くの説がある。『論語』の中に最も多く登場する弟子は子路、次いで子貢、そして顔回、若手の双璧である子夏・子張と続く。本書では、『史記』により顔回、子路、子貢という順でみていこう。

**顔回**

司馬遷の『史記』仲尼弟子列伝は、七十七名の弟子のうち、事績が残る者三十五人の伝記を載せ、四十二名の名と字《あざな》を附す。弟子の姓名や言葉は、すべて『論語』の孔子と弟子の問答から取り、疑わしいものは除いて採録しなかった、という。

孔子は言った、「（わたしの門人で）学業を受け（六藝に）通暁するものは、七十七人であるが、みな際立った才能の士である」と。「徳行に（優れた者に）は、顔淵・閔子騫・冉伯牛・仲弓があり、政事に（優れた者に）は、冉有・季路があり、言語に（優れた者に）は、宰我・子貢があり、文学に（優れた者に）は、子游・子夏がある」と。「師（子張）は辟《へん》（へんくつ）であり、参（曾参）は魯《ろ》（遅鈍）であり、柴《さい》（子羔《しこう》）は愚（愚直）であり、由（子路）は喭《がん》（粗野）である」と。参《しん》（曾参）は魯《ろ》……

「回（顔淵）は（貧困で）しばしば食べるものがなかった。賜《し》（子貢）は仕官しないで蓄財をして、予想すればしばしば的中した」と。

この紹介も、先に掲げた「孔門十哲」をはじめ、『論語』先進《せんしん》篇の四つの章を並べたものである。その筆頭に掲げられるのが、顔回《がんかい》（顔淵）である。

顔回という人は、魯の出身である。字を子淵といい、孔子より若いこと三十歳である。顔淵が、仁について尋ねた。孔子は、「自分自身を慎んで礼にかえることを仁とみなせる」と言った。孔子が言った、「賢であるなあ顔回は。少しの飯に、少しの飲み物で、むさ苦しい路地に暮らしている。（普通の）人であればその憂いに堪えられないのに、回はその楽しみを改めようとはしない。賢であるなあ顔回は」と。「顔回は愚者のようである。（しかし、顔回が対坐の席から）引き下がってからその私生活を観察すると、わたしの話を発展して啓発《けいはつ》されるものがある。回は愚者ではない」と。（孔子が顔淵に向かって言った）「（君主が）登用するのであれば出向き、捨てるのであれば隠棲する。（これは）わたしとおまえだけができることだ」と。

ここでも、司馬遷は、四つの章を並べて、顔淵の人となりを叙述する。おもしろいのは、三つ目の章であろう。『論語』為政篇に次のようにある。

子曰く、「吾 回と言ふこと終日、違《たが》はざること愚の如し。退《しりぞ》きて其の私を省《み》れば、亦た以て発するに足れり。回や愚ならず」と。

孔子が言った、「わたしは顔回と話すこと終日、（顔回は）疑問に思って質問することがなく（黙っていて）愚者のようであった。（しかし、顔回が）退いてから個人的に朋友と会話しているのを観察すると、わたしの話を十分に明らかにしている。回は愚者ではないのだ」と。

何晏の『論語集解』は、「違はず」とは、疑問に思って孔子の言葉に質問することがないことである。黙ってこれを理解している様子は、愚者のようであった。だが、顔回が退き戻り、他の門人達と道義を解釈し合い、その大要を引き出しているのを見ると、かれが愚者ではないことがわかる、と解釈している。

これに対して、朱子の『論語集注』は、「私」を一人で寛《くつろ》いでいるときとし、孔子の前から退いて一人で寛いでいるときを見ると、日々のあらゆる起居動作が、みな孔子の道を明らかに理解していることを示していた、と解釈する。日々の修養を重視する、朱子学に引きつけた解釈である。

わたしが興味を持つのは、孔子の学問への方法論である。ギリシアのソクラテスたちも対話を重視したように、孔子は自らの話に疑問を感じて質問しない者を「愚」と捉えた。他者の話を批判的に受け止め、自らの見解を主張することを求めたと言い換えても良い。いま流行のインタラクティブな講義である。だが、顔淵は、そのレベルを超えて、自らの見解を師に示し、それを再批判されながら認識を深めていく、という過程を経なくても、すでに孔子の導きたいところに達していたというのである。恐るべし。

顔回は、自分が口を挿《はさ》むことにより、師の話す時間が短くなるのを恐れるように、終日、孔子の言葉を聞いていた。先進篇には、「回や、我を助くる者に非ざるなり。吾が言に於《おい》て説かざる所無し」

とある。何晏の『論語集解』は、顔回はわたし（の進歩）を助ける存在ではない。孔子《わたし》を啓発しさらに深めることは無い。顔回は、孔子の言葉で理解しないことが無いからである、と解釈している。

こうした存在であるため、すでに見たように、孔子は顔回だけを学を好むものとした。司馬遷は、顔回の死に対する孔子の反応を次のように記す。

顔回は二十九歳で、髪はすべて白くなり、若死にした。孔子は哭泣《こくきゅう》して身をふるわせた。「わたしは回を得てから、門人はますます（わたしに）親しんだ」と言った。魯の哀公が（孔子に）尋ねた、「（あなたの）弟子の中でだれが学問を好むのですか」と。孔子は答えた、「顔回という者がおり、学問を好みました。怒りを（理から）移さず、過ちを繰り返しません。（しかし）不幸にも年若くして死にました。（なので）今ではいないでしょう。学問を好む者（がいること）を聞いておりません」と。

孔子が、顔回の死に際して慟哭《どうこく》したことは、礼に反する。司馬遷が基づくものは、『論語』先進篇の次の章である。

顔淵死す。子 之を哭して慟す。従者曰く、「子 慟せり」と。子曰く、「慟すること有るか。夫《か》の人の為めに慟すに非ずして誰《たれ》が為めに慟せん」と。

顔淵が死んだ。孔子はこれを哀哭《あいこく》して号泣した。従者が言った、「先生は号泣されておりました」と。孔子は言った、「号泣していたか。あの人（顔淵）のために号泣するのでなければ誰のためにするというのか」と。

哭は、死者を哀惜して大声で泣くことで、『儀礼《ぎらい》』士喪礼篇《しそうれい》に見える。孔子は、礼としては、哭すべきところを慟した。慟は、哀悼のあまり身を震わせて前後不覚に泣くことである。『孟子』離婁《りろう》章句下は、「孔子は極端なことをしなかった」と述べる。宇野精一が『孟子』は『論語』をみていない、と言うことも頷《うなず》ける。

何晏の『論語集解』に引く孔安国注《こうあんこくちゅう》は、「自分で自分の悲哀が度を越していることを分からなかったのである」という。朱子の『論語集注』は、自らの考えと異なるためか、古注を踏襲するだけである。伊藤仁斎は、聖人は人情を否定せず、それが節度を持つことを求めた。それを朱子たちは『大学』をもとに、聖人は静虚であり無欲であり明鏡止水《めいきょうしすい》であるとした。もしそうであれば、孔子は本章のように慟哭したであろうか。このことからも『大学』が孔子の真意を伝えていない書物であることが分かる、と述べて、朱子および朱子学が尊重する『大学』を批判する。四書のうち、『大学』と『中庸』は、漢代に成立した『礼記』の一篇である。『論語』の描く孔子とは、別の孔子像を創造している。

日本で出版される『論語』の本のほぼすべてが朱子の「新注」に基づくなか、わたしが「古注」に惹かれるのは、朱子学に歪められる前の孔子の姿が、「古注」に伝えられているのではないか、と考えるためである。また、この章を読むと、いつも大学一年の終わりを思い出す。わたしは、親友を事故で失った。かれの先生は徳の高い僧侶で、葬儀で自らお経を読んだ。その最後のあたりで、親友の名前を読もうとしたとき、先生は涙を流してお経が読めなくなった。「自分で自分の悲哀が度を越していることを分からなかったのである」。

孔子は、それほどまでに顔回の死を悼《いた》んだ。司馬遷は、「不幸 短命にして死せり。今や則ち亡《な》し。未だ学を好む者を聞かざるなり」という孔子の言葉を最後に載せて、孔子が顔回の死で痛んだ心の傷が、癒えなかったことを表現したのである。

## 子路

『論語』の中で、最も多く登場する弟子、それが子路である。

仲由《ちゅうゆう》は、字を子路という。（魯の）卞《べん》の人である。孔子より九歳の年少であった。子路の性格は鄙《ひ》（粗野）で、武勇を好み、志が剛直で、雄の鶏の（羽でつくった）冠をかぶり、雄の豚（の革でつくった剣飾）を佩《お》び、孔子に無礼をはたらいた。孔子は礼により、次第に子路を誘《みちび》いた。子路はやがて儒者の服を着て進物を持参し、門人の口添えで、（孔子の）弟子になりたいと申し出た。

孔子は、この粗野な乱暴者を受け入れる。勇を好んで正義感が強く、直情径行、時折り孔子に食ってかかるが、孔子はその率直さを愛した。子路を教戒する孔子の言葉には、いつも親愛の情がこもっている。

子路は、（孔子の教えを）聞いて、それを実践できないうちは、（別の教えを）聞くことをひたすら恐れた。孔子が言った、「一方の言い分（を聞いただけ）で訴訟を判決できるのは、まあ由だろうか」と。（孔子は言った）「由よ、勇敢さを好む点はわたし以上だね。（しかし桴《いかだ》の）材料を調達できないだろう」と。（孔子は言った）「由のような男は、天寿を全うできないものだ」と。（孔子は言った）「破れた綿入れ（の上着）を着ながら、狐や貉《むじな》（の毛皮）を着た人と一緒に並んで恥ずかしがらないのは、まあ由だろうね」と。（孔子は言った）「由は堂（表座敷）には上がっているのだ。まだ室（奥）に入っていないだけだ」と。

司馬遷は、ここでは六つの章を並べて子路を描く。おもしろいのは、三つ目の公冶長《こうやちょう》篇の章であるが、前半がないので意味が取りづらい。全文を掲げよう。

子曰く、「道 行はれず、桴に乗りて海に浮かばん。我に従ふ者は、其れ由なるか」と。子路 之を聞きて喜ぶ。子曰く、「由や、勇を好むこと我に過ぎたり。材を取る所無からん」と。

孔子が言った、「（わたしの理想とする）道は行われないし、（いっそ小さな）桴《いかだ》に乗って海を行こう。わたしについて来てくれる者は、由《ゆう》であろうか」と。子路はこの言葉を聞いて喜んだ。孔子が言った、「由よ、勇敢さを好む点はわたし以上だね。（しかし桴の）材料を調達できないだろう」と。

海を渡ると異国である。世の中での栄達よりも、知らない国に孔子と行くことを選ぶような者は、お前しかいないと言われたのであるから、子路の喜びはよく分かる。あまりに喜んだからであろうか。孔子が子路を窘《たしな》めた言葉、その言葉は解釈が分かれる。

何晏の『論語集解』は、鄭玄説と異説の二つを引く。鄭玄は、「子路は夫子が行きたいと望んだのを真に受けた。それで勇敢さを好む点はわたし以上だと言ったのである。材を取る所無からんとは、桴の材料を調達できないことを言うのである。子路が（孔子の）微言《びげん》を理解しなかったために、子路に戯《たわむ》れただけである」と説明する。孔子は冗談を言った、というのである。

一方の説は、「子路は孔子が海を行こうと考えていると聞き、すぐに喜んだが、（孔子の）望みについてさらに顧みることはしなかった。それで孔子は子路の勇敢さを嘆いて、「わたし以上であるね、（しかしお前を）連れて行くことは無いよ」と言った。言いたいことは行くのはただ自分だけということである。古くは、「材」字と「哉」字は同じであった」と説明する。材を哉と読むのであれば、最後は「取る所無からん哉《かな》」となる。何晏が二説を並記したのは、孔子が冗談を言ったという鄭玄の説に従い難かったためではないか。

朱熹は、さらに明確に、孔子の言葉を冗談とは捉えない。朱子は、「材」を「裁《はかる》」であるとし、「取り材《はか》る所無し」と読んで、「道理をはかり見定めて義に合致させられない」と解する。ちなみに、北宋の邢昺《けいへい》『論語注疏』は、子罕《しかん》篇に「子　九夷に居らんと欲す」とあることに基づき、「わたしの善道は、中国ではもはや行われない。そこで桴栰《いかだ》に乗って海を渡り、九夷（東方の九種の異民族の地）に暮らそうとした。（そこの）賢人であれば自分の道を行えるからである」と解釈している。

孔子は日本を目指し、子路と二人で筏を漕《こ》いで渡ろうとしたのかもしれない。「でも材木がないな」。そんな冗談を言う聖人として、鄭玄は孔子を捉える。これに対して、朱子の描く孔子は、あくまで道理を見定めて義に合わせよ、と子路を窘める。わたしには、全く魅力が感じられない。

このの ち司馬遷は、子路が隠者と出会う話を記述するが、それは後で扱うことにしよう。季氏《きし》の宰《さい》となり、蒲《ほ》の大夫《たいふ》となったのち、子路は衛の大夫である孔悝《こうかい》の邑宰《ゆうさい》となった。そこで、乱に巻き込まれる。

蒯聵《かいかい》は（姉の子である）孔悝と乱をおこし、共謀して孔悝の家に入ろうとした。蒯聵はついに兵を率い、襲って出公《しゅっこう》を攻めた。出公は魯《ろ》に亡命した。そして蒯聵は、（宮中に）入って即位した。これが荘公である。孔悝が反乱をしたとき、子路は外にいて、これを聞いて馳せ参じた。子羔《しこう》が衛の城門を出るのに出くわした。（子羔は）子路に向かって、「出公は出奔されて、門はすでに閉じられている。あなたは引き返す方がよい。わけもなく禍《わざわい》を受けることはない」と言った。子路は答えた、「俸禄を食《は》む者は主君の難を避けない」と。子羔はついに去った。子路は使者があり城に入り、城門が開いた。子路は、（使者に）随って入ることができた。蒯聵のもとに至った。蒯聵は孔悝と台に登っていた。子路は、「君はどうして孔悝を用いられるのか。どうかわたしに下げ渡してください」と言った。蒯聵は許さなかった。そこで子路は、台を燔《や》こうとした。蒯聵は懼れ、そして石乞《せきこつ》・壺黶《こえん》に命じて子路を攻めた。（かれらが）撃って子路の纓《えい》を断ちきった。子路は、「君子は死んでも冠は免《ぬ》がないものだ」と言った。こうして纓を結び直して死んだ。

孔子は衛の乱を聞くと言った、「ああ、由は死のう」と。そののち果たして死んだことが分かった。このため孔子は、「わたしは由を得てから、（わたしへの）悪言を耳に聞かなくなった」と言った。

子路が亡くなるまでの物語は、『春秋左氏伝』哀公《あいこう》伝十五年に基づく。あるいは、『春秋左氏伝』の成立が『史記』より遅れるのであれば、『史記』と現行の『春秋左氏伝』に共通する春秋時代に関する物語が存在したのであろう。『論語』は、先進篇に子路は真っ当な死に方ができまいとする孔子の言葉を記すだけである。

閔子騫　側に侍《はべ》り、誾誾如《ぎんぎんじょ》たり。子路、行行如たり。冉子・子貢、侃侃如《かんかんじょ》たり。子　楽しむ。曰く、「由の若《ごと》きは、其の死に然を得ず」と。

閔子騫は（孔子の）側に侍り、厳正な様子であった。子路は、勇猛な様子であった。冉子・子貢は、和《なご》やかな様子であった。孔子は楽しんだ。（孔子は）言った、「由《ゆう》（子路）のようでは、その死に方はまともではないな」と。

その死を聞いた孔子の様子は、中島敦《なかじまあつし》が『弟子』の中で、次のように描いている。これもまた、『論語』から派生した物語である。

魯に在って遥かに衛の政変を聞いた孔子は即座に、「柴《さい》（子羔）や、それ帰らん。由《ゆう》や死なん。」

と言った。果してその言のごとくなったことを知った時、老聖人は佇立瞑目《ちょりつめいもく》することしばし、やがて潸然《さんぜん》として涙下った。子路の屍《しかばね》が醢《しいびしお》にされたと聞くや、家中の塩漬類《しおづけるい》をことごとく捨てさせ、爾後《じご》、醢は一切食膳《しょくぜん》に上さなかったということである。

## 子貢

六十歳を越えても就職できなかった師の孔子、学問一筋の顔回、単純な子路などと比べると、最も社会性を備え、商才にも恵まれ、集団を支え、そして孔子死後の弟子たちの実質的な取りまとめ役を担った者が子貢である。

端沐賜《たんぼくし》は、衛の人であり、字を子貢という。孔子より三十一歳下であった。子貢は弁舌に巧みで、孔子はいつもその雄弁を窘めていた。孔子は「おまえと（顔）回とではどちらが勝っているかな」と。（子貢は）答えて言った、「賜《わたくし》はどうして回（のようであること）を望みましょう。回は一を聞いたなら十をさとります。賜は一を聞いて二がわかる（だけな）のです」と。子貢は学業を受けると、質問して言った、「賜はどうでしょう」と。孔子が言った、「おまえは器《うつわ》だね」と。（子貢が）「何の器でしょうか」と言った。（孔子は）言った、「（宗廟祭祀で穀物を盛るための貴重な器である）瑚璉《これん》だ」と。陳子禽《ちんしきん》が子貢に尋ねて言った、「仲尼は誰について学んだのです」と。子貢は答えた、「（周の）文王・武王の道はまだ地に堕ちておりません、人の中に伝えられています。賢者はその大きいところを知っています。不賢者はその小さいところを知っています。

文王・武王の道はどこにでもあるのです。先生は誰にでも学ばれました。そしてまた定まった師が有るのではありません」と。また尋ねて言った、「先生はどこの国に行かれても、必ずその政治の相談をお受けになります。（先生が）これをお求めになったのでしょうか、それとも持ちかけられたのでしょうか」と。子貢は言った、「先生は温《おだやか》で良《すなお》で恭々《うやうや》しく倹《つつま》しく譲《へりくだ》られるから相談をお受けになる。先生がこれを求めるのは、それは他の人の求め方とは異なるのではなかろうか」と。子貢が尋ねた、「金持ちでも奢ることがなく、貧乏でもへつらうことがないのは、いかがでしょうか」と。孔子は答えた、「まあよかろう。（しかし）貧乏でも道を楽しみ、金持ちでも礼を好む者には及ばない」と。

ここで司馬遷は、『論語』公冶長《こうやちょう》篇から二章、子張《しちょう》篇から一章、学而篇から二章を引く。内容的に興味深いのは、公冶長篇の二章目である。

子貢 問ひて曰く、「賜や何如」と。子曰く、「汝は器なり」と。曰く、「何の器ぞや」と。曰く、「瑚璉なり」と。

子貢が質問して言った、「賜《わたくし》はどうでしょう」と。孔子が言った、「おまえは器《うつわ》だね」と。（子貢が）「何の器でしょうか」と言った。（孔子は）言った、「（宗廟祭祀で穀物を盛るための貴重な器である）瑚璉《これん》だ」と。

何晏の『論語集解』に引く包咸《ほうかん》は、「瑚璉というのは、黍稷《しょしょく》（モチキビとウルチキビ）の器である。

夏では瑚と呼び、殷では璉と呼び、周では簠簋《ほき》と呼ぶ。貴重な宗廟の器である」と説明しており、子貢は大事な器に譬えられている。

しかし、引っかかるのは、『論語』為政篇に、「君子は器ならず」という有名な言葉があるためである。このため皇侃の『論語義疏』は、器というのは使い道が決まっており、瑚璉は貴い器ではあるが、やはり何にでも使えるものではない。だから江熙《こうき》は、「瑚璉は宗廟にあれば貴い器であるが、民が使用するのには適さない。お前（子貢）は弁舌の士であり、身なりを整え国政に関われば並外れて優秀とみなされるが、必ずしも雑務ができるとは限らないと言っている」として、子貢が批判されているという説を伝える。朱熹の『論語集注』は、「子貢は、特定の器であることに止まらないという君子の段階にはまだ至ってはいないが、貴重な器ではあるということであろうか」と述べる。

わたしは、子貢と孔子とは、共に実務に秀でる点で共通点があると考えている。孔子は実務ができることを若いころ卑しかったためであると述べ、「器」のように使い方が定まらないあり方こそ君子と考える。そこで想定される者は、顔回であろう。子貢が顔回に及ばない、という公冶長篇の「一を知って十を知る」の章には、司馬遷は省略しているが、続きがある。

子 子貢に謂ひて曰く、「汝と回とは孰《いづ》れか愈《まさ》れる」と。対へて曰く、「賜や何ぞ敢て回を望まん。回や一を聞きて以て十を知る。賜や一を聞きて以て二を知る」と。子曰く、「如《し》かざるなり。吾と汝とは如かざるなり」と。

孔子が子貢に言った、「おまえと（顔）回とではどちらが勝っているかな」と。（子貢は）答えて言った、「賜《わたくし》はどうして回（のようであること）を望みましょう。回は一を聞いたなら十をさとります。賜は一を聞いて二がわかる（だけな）のです」と。孔子が言った「及ばないな。わたしとお前は（ともに回には）及ばないな」と。

孔子は、自分も顔回に及ばないと言っているのである。こんなことを聖人に言われると迷惑な朱熹は、「吾は汝の如《し》かずとするを与《ゆる》す」と読み、「わたしはおまえが（回に）及ばないとした見識を認める」というスペシャルな解釈を行う。こんな読み方ができる朱熹の学力がとても高いことは認めるだが、素直に読めば、孔子は、子貢や自分が持っていないものを持つ顔回を恐れている。顔回への過度の期待は、ここから湧く。顔回はそれによく応えた。また、孔子は逆に自分に似て器用な子貢には、きつく当たるのではないか、とわたしは考えている。子貢もまた、それによく応え、自分を磨いた。

字句の違いで注目すべきは、子張篇である。孔子が誰を師として学んだのかと尋ねている者は、何晏の『論語集解』では、衛の大夫の公孫朝《こうそんちょう》である。しかし、司馬遷の『史記』は、陳子禽が尋ねたという。続く、学而篇の政治の相談を受けるのはなぜか、を尋ねているのが子禽であり、何晏の『論語集解』の引く鄭玄注は、「子禽は、弟子の陳亢《ちんこう》である」と説明している。弟子であれば、孔子は誰を師として学んだのかと聞くことはおかしいので、司馬遷の『史記』の誤りとして通常は片づけられる。しかし、後に述べるように、司馬遷が孔安国《こうあんこく》から受けた『論語』は、『古論』であり、『魯論』の流れを汲む何晏の『論語集解』とは異なる。したがって、こうした単純な違いではなく、本質的に異なる部分があるのだが、ここでは子貢に話を戻そう。

司馬遷の『史記』は、このあと子貢を大遊説家として描く。『論語』はもちろん、『春秋左氏伝』にも、遊説家としての子貢の像は描かれない。そうした子貢像が物語として創作され、それを司馬遷が収録したのは、戦国時代後半の国際政治を動かした従横家《しょうおう》への対抗であろう。儒家も、孔子が夾谷の会で活躍したように、国際政治の場で活躍できる。とくに、孔子がその雄弁を窘めるほどの子貢であれば、次のような活躍ができた、という物語である。長大であるため、最後のまとめの部分だけを掲げよう。

子貢は一たび出ると、魯を存続させ、斉を混乱させ、呉を大破し、晉を強国とし、越を覇者にした。子貢が一たび使者になると、諸国は互いに破りあい、十年で五国に変事が起こった。子貢は商売を好み、時機を見て、貨物を転売して利益を得た。喜んで人の美点を称賛し、人の過失を隠すことはなかった。かつて魯と衛で宰相となり、家に千金を積み、斉で死んだ。

子貢は、外交能力に秀でるだけでなく、魯や衛の宰相として内政に従事し、商業を得意として千金を積んだ、と司馬遷は結んでいる。

子貢が投機を得意としたことは、『論語』にも描かれる。しかし、そのほかの話柄は、儒家が他の諸子と対抗するなかで、子貢に仮託して創造した物語と考えてよい。『春秋左氏伝』にも載らない従横家としての子貢の活躍は、そうした物語の形成が、戦国時代の後期まで続いていたことを示す。

このように、儒家は、単独で自らの学説を展開したわけではない。前漢末期の劉向・劉歆により

「諸子百家」と名付けられた他学派との交流の中で、自らの思想を練り上げていったのである。続いて、『論語』から、他派への対抗のあり方を探っていこう。

## 4. 諸子百家と『論語』

儒家が、他の諸子に強い関心を持っていたことは、『論語』為政篇の次のような記述からも窺《うかが》うことができる。

子曰く、「異端を攻《をさ》むるは、斯れ害あるのみ」と。
孔子が言った、「異端を修めることは、ただ害があるばかりである」と。

何晏の『論語集解』は、異端は、帰着するところが同じでないため害があるという。目指すところが、儒家とは異なるというのである。皇侃の『論語義疏』と邢昺の『論語注疏』は、さらに具体的に「異端」を諸子百家の書と解釈する。そのとおりであろう。

これに対して、朱熹の『論語集注』は、楊朱《ようしゅ》・墨子《ぼくし》の思想、さらに程子の言葉を引用して異端は仏教である、とする。孔子のとき、仏教は中国に入っていない。そもそも仏陀と孔子は、ほぼ同時期の人と考えられている。それでも、禅宗の影響を強く受けている朱子学は、それゆえに仏教が異端であることを孔子に述べてもらう必要があったのである。

朱子が挙げる墨子は、よく「儒墨」と並称されるように、儒家に近接した主張を持ち、そのために か儒家を厳しく攻撃した。墨子は、春秋末から戦国初めの魯の人であり、「兼愛」を主張した。孔子の影響を受けながらも、墨子の兼愛は、無差別平等の愛であった。

これに対して、孔子の仁は、墨子から「別愛」と批判されたように、愛の強さが異なる。孔子が、同一の祖先を持つと考える集団である氏族を社会の基盤に置く氏族制に基づいた、周の礼政一致の封建制度を擁護したためである。孔子の仁は、その愛の強さが、氏族制の内側から外側に向かうほど弱くなる。他者よりも血縁関係を持つ者を重視するのである。すべての者を平等に愛せと説く墨家が、氏族制の軛《くびき》を断ち切り、貴賤を問わずに賢者を登用すべきと主張した「尚賢《しょうけん》」とは、反対の立場に立つのである。孔子は、周の氏族制を支えていた宗法《そうほう》（祖先祭祀、同姓不婚など宗族が守るべき規範）を礼として重視して、氏族制を擁護した。したがって、すでに始まっていた下克上の風潮を厳しく批判する。

下克上を礼に悖《もと》ると批判する『論語』の章は多いが、たとえば八佾篇の冒頭には次のようにある。

孔子 季氏を謂《い》ふ、「八佾の舞 庭に於《おい》てす。是れをも忍ぶ可くんば、孰《たれ》をか忍ぶ可からざらん」と。

孔子が季氏を批判した、「（陪臣であるのに、天子や魯君にしか許されない）八佾の舞を（家廟《かびょう》の）庭で舞わせている。これを許せるのであれば、誰が許されないというのか」と。

八佾とは、縦横に八人ずつ六十四人が舞う天子や魯公にしか許されない礼である。それを魯の大夫である季孫氏が、家廟の庭で舞わせた僭上を孔子は厳しく批判している。季孫氏は、すでに魯の君主に代わって政権を掌握していた。このように儒家は、身分の上下を維持することを礼として、墨家と対立した。

また、墨家は兼愛に基づき「非《ひ》攻《こう》」、すなわち戦争否定を主張する。ただ、それは、不戦による戦争の否定ではなく、攻撃側に非を認め、自衛策を肯定するものであった。さらに、墨家は、無駄をなくし倹約する「節用《せつよう》」を重視する。具体的には、葬礼を簡素にし、祭礼にかかる浪費を防ぐ「節葬」を説いた。祖先祭祀を重視する儒家とは、対立する主張である。儒家が、親を亡くしたときに三年（鄭玄説では二十七ヵ月）、喪に服すべきと主張することについては、『論語』陽貨篇に議論がある。

宰我 問ふ、「三年の喪は、期《き》にして已《すで》に久し。君子 三年 礼を為さざれば、礼 必ず壊《やぶ》る。三年楽を為さざれば、楽 必ず崩る。旧穀 既に没《つ》き、新穀 既に升《みの》る。鑽燧《さんすい》して火を改む。期にして可なるのみ」と。子曰く、「夫《か》の稲を食らひ、夫の錦を衣るや、女《なんぢ》に於て安からんや」と。曰く、「安し」と。「女 安ければ則ち之を為せ。夫《そ》れ君子の喪に居るや、旨《うま》きを食らへども甘《うま》からず、楽を聞けども楽しからず、居処に安からず、故に為さざるなり。今 女 安ければ則ち之を為せ」と。宰我 出づ。子曰く、「予《よ》の不仁なるや。子 生まれて三年にして、然る後に父母の 懐《ふところ》を免《まぬか》る。夫れ三年の喪は天下の通喪なり。予や、三年の愛 其の父母より有らんか」と。

宰我が尋ねた、「三年の喪については、一年でもすでに長いものです。君子が三年間礼を行わなければ、礼は必ず壊れます。三年間楽を行わなければ、楽は必ず崩れます。去年の穀物は尽きて、今年の穀物が実っております。鑽燧して火（おこしに用いる木）を新たにします（が、その種類も一年で一巡します）。一年でよろしいでしょう」と。孔子は言った、「（一年経ったら）うまい米を食べ、美しい錦を着て、お前にとって平気なのか」と。（宰我は）言った、「平気です」と。（孔子は言った）「お前が平気ならばそれをしなさい。そもそも君子が喪に服している時は、うまいものを食べてもうまくない、音楽を聞いても楽しくない、居るべき所にいても落ち着かない、だからそれをしないのだ。おまえが平気ならばそれをしなさい」と。宰我が退出した。孔子は言った、「予の不仁なことよ。子が生まれて三年経って、その後に父母の懐《ふところ》を離れる。そもそも（父母への）三年の喪は天下の（身分を）貫く喪礼である。予も三年の愛をその父母から（受けたことが）あるだろうに」と。

教科書に収録されるような章とは異なり、ここでは議論が展開されている。宰我《さいが》（名は予）の主張は、宰我その人というよりも、たとえば墨家からの攻撃の議論を宰我の口から言わせているようにも感じられる。足かけ三年も喪に服すると礼楽が崩壊するので、「期《き》」（一年）でよいと言うのである。最後は、生まれて三歳（数え歳なので、今の日本では二歳）までは、父母の懐から離れられないのであるから、その期間を喪に服さないのは不孝である、という儒家の主張が、孔子の言葉として述べられる。

このように『論語』は、宰我に墨家に近い主張を述べさせ、孔子がそれを批判するという形により、他派を批判し、自らの主張を確認している。『論語』は、単なる孔子の処世訓をまとめた著書ではなく、儒家が他の諸子に対抗するための根拠でもあったのである。

墨家に続いて、儒家に立ちはだかったものは、道家である。『老子』を奉ずる道家は、儒家の道徳を不自然な人為の産物として否定する。『老子』の根本概念は、「道《みち》」である。道は万物を生み、育み、そして消し去りながら、道そのものは生滅を超えて存在する宇宙天地の理法である、とするのである。そして、道に従って生きるためには、人為を去って無為自然に生きなければならないとした。こうした哲学に基づき、道家は、無為を尊重する政治を主張したほか、処世訓としては乱れた政治の時には世を避けることを説く。

『論語』の中にも、道家に対抗できるような「道」の重要性を主張する篇は多い。それは、何晏の『論語集解』を検討する際に扱うので、ここでは微子篇にみられる隠者に対する主張を掲げておこう。

子路 従ひて後《おく》るるや、丈人の杖を以て篠《あじか》を荷《にな》ふに遇ふ。子路 問ひて曰く、「子 夫子を見るか」と。丈人曰く、「四体 勤めず、五穀 分かたず、孰《たれ》をか夫子と為さん」と。其の杖を植《よ》りて芸《くさぎ》る。子路 拱して立つ。子路を止めて宿せしめ、雞を殺し黍《きび》を為《つく》りて之に食はしめ、其の二子を見えしむ。明日、子路 行《さ》りて以て告ぐ。子曰く、「隠者なり」と。子路をして反《かへ》りて之に見えしむ。至れば則ち行る。子路曰く、「仕へざれば義無し。長幼の節は、廃す可からざるなり。君臣の義は、之を如何《いかん》ぞ其れ廃す可けんや。其の身を潔くせんと欲して大倫を乱る。君子の仕ふるや、其の義を行ふなり。道の行はれざるや、已《すで》に之を知れり」と。

子路が（孔子に）付き従うも遅れ、杖をつき篠《あじか》を背負った老人に出会った。子路が尋ねて言った、「あなたは先生を見かけましたか」と。老人が言った、「四肢を働かせず、五穀の種まきもしない（ような男について）、誰を先生というのか」と。その杖によって草取りをした。子路は拱手して立った。（老人は）子路を引き止めて宿泊させ、鶏を殺して黍《きび》（の飯）を作ってかれに食べさせ、二人の子を会わせた。翌日、子路は立ち去って（孔子に）告げた。孔子が言った、「（その老人は）隠者である」と。子路に引き返して老人に会わせようとした。行ってみると（老人は）立ち去っていた。子路が言った、「仕えなければ（君臣の）義はありません。（ですが）長幼の節義は、棄てることができません。（それならば）君臣の義は、どうして棄てられましょうか。（ご老人は）その身を清潔にしようとして大いなる道理を乱しています。君子が出仕するのは、義を行うためです。道が行われていないことは、すでに承知しています」と。

ここも教科書が好んでとりあげるような章とは異なり、物語が展開されている。子路が出会った篠を背負った老人は、「四肢を働かせず、五穀の種まきもしない（ような男について）、誰を先生というのか」と、孔子を批判する。そのうえで、子路を自分の家に泊め、二人の子にも会わせる。翌日、子路が孔子に告げると、孔子は「隠者である」と言い、子路に自らの主張を託す。子路が訪ねると老人は留守だったので、子路は二人の子に、「仕えなければ（君臣の）義はありません。（ですが）長幼の節義は、棄てることができません。（それならば）君臣の義は、どうして棄てられましょうか。（ご老人は）その身を清潔にしようとして大いなる道理を乱しています。君子が出仕するのは、義を行うためです。道が行われていないことは、すでに承知しています」と、孔子の言葉として表現されている儒家の立場を説明した、という物語である。

ここでは、『論語』も「道」を尊重し、また「道」が行われていないことも認めている。そのうえで、父子が互いに養い合うという「節義《せつぎ》」は守りながら、君主に仕えるという「義」を行おうとしない隠者の矛盾を衝き、道家を批判するのである。道家の思想を理解したうえで、内在的に矛盾を指摘して、道家の主張を論破している。

このように『論語』は、儒家と並存した諸子の思想を受け入れ、それに対する自らの主張を述べる。弟子や孫弟子が、孔子の言葉をまとめたものを中核としながらも、儒家という学派が共有するテキストとして「伝」えてきた「語」であることを理解できよう。『論語』が「伝」あるいは「語」と呼ばれていた理由である。

やがて、「戦国の七雄」を統一する秦は、法家を尊重した。法家は、韓非子により集大成された君主の絶対的な権力と法に基づく信賞必罰を説く。少し見方を変えて、法家に対する『論語』の使われ方に注目するため、『漢書』刑法志《けいほうし》を掲げよう。

春秋時代に、王道は次第に崩れ、教化が行われなくなった。子産《しさん》は、鄭国の宰相として刑書を（記した鼎《かなえ》を）鋳造した。……軽薄な政治が、これより盛んになった。孔子はこれを傷《いた》んで言った、「法律で導き、刑罰で統制すれば、民は（罪を）免れて恥じることがない。道徳で導き、礼で統制すれば、恥じるようになり正しくなる」と。

後漢の班固が著した『漢書』の刑法志では、中国で最初に成文法を制定した子産に対して、『論語』

為政篇の次の言葉を引用している。

子曰く、「之を導くに政を以てし、之を斉《ととの》ふるに刑を以てすれば、民免《まぬか》れて恥づること無し。之を導くに徳を以てし、之を斉ふるに礼を以てすれば、恥づること有りて且《か》つ格《ただ》し」と。

孔子が言った、「法律で導き、刑罰で統制すれば、民は（罪を）免れて恥じることがない。道徳で導き、礼で統制すれば、恥じるようになり正しくなる」と。

朱熹の『論語集注』は、「格」を「至」と解釈するが、『礼記』緇《し》衣《い》篇に、「民は之を教ふるに徳を以てし、之を斉ふるに礼を以てすれば、則ち民に格心有り」と「心」が付けられているように、「格」は「正」である。朱熹は、「不善を恥じて、さらに善に向かっていく」という修養を尊重する自らの主張のために、あえて「格《いた》る」と読んでいる。

『論語』の中では、子産に三章が触れており、いずれも孔子は子産を褒めている。そこで、班固は、中国最初の成文法を制定した子産の行為に対して、法よりも礼を尊重する為政篇を引用して、孔子が子産を批判しているかのように叙述したのである。班固のように、法家の台頭に対して、儒家は『論語』のこの章を重視して反論できたであろう。

班固は、『論語』をよく読み込んでおり、『漢書』の中には『論語』が効果的に用いられている。たとえば、夏侯勝《かこうしょう》伝には、次のように用いられる。

夏侯勝と黄覇《こうは》が事件に連座して獄に繋がれていた。黄覇は夏侯勝より『尚書』を学ぶことを望んだが、夏侯勝は罪で死ぬことを理由に拒絶した。黄覇は言った、「朝《あした》に道を聞かば、夕《ゆふべ》に死すとも可なり」と。夏侯勝は、その言葉を賢として、『尚書』を黄覇に授けた。

二人は、このあと助かったので、誰かがその話を聞いたのかもしれないが、牢獄の中の会話を班固はその場にいたかのように描く。そして、死刑を前にした二人の儒者は、『論語』の孔子の言葉を励みに、牢獄の中で『尚書』を学ぶ。班固は、『論語』里仁《りじん》篇を用いることで、二人の儒者の経典への思いを見事に表現している。

後漢には、『論語』をどう用いるかの問題、すなわち解釈史へと経学の中心は移っていく。それは、鄭玄の『論語注』以降に検討していこう。その前に、『論語』の成立過程をもう少し探るため、司馬遷の読んだ『論語』について考えていこう。

# 第三章

# 孔子は『易』を読んだのか

## ——『論語』の形成と「三論」

## 1. 司馬遷の『太史公書』

### 「学びて時に習」ったもの

司馬遷は、前一四五年ごろ竜門《りゅうもん》（陝西省韓城県）に生まれた。天文・易・道家の学に詳しい父の司《し》馬談《ばだん》より、十歳で文字を教えられて古典を読み、やがて長安で、董仲舒《とうちゅうじょ》より『春秋公羊伝』を中心とする儒学を受けた。

二十歳のとき、司馬遷は、斉や魯を訪れて儒教の礼を学習し、国家の祭祀個所を訪ね、史跡の調査を行った。『史記』（『太史公書』）孔子世家に記される、そのときの見聞によれば、『論語』学而篇冒頭の章は、独自の解釈となる。

子曰く、「学びて時に之を習ふ、亦た悦《よろこ》ばしからずや。朋有り遠方より来たる、亦た楽しからずや。人知らずして慍《いきどほ》らず、亦た君子ならずや」と。

孔子が言った、「学んで適切な時期にこれを復習する、喜ばしいことではないか。朋《とも》がおり遠方から訪ねてくる、楽しいことではないか。人が（自分を）知らなくとも慍ることがない、君子ではないか」と。

学びて時に習う「之《これ》」とは何か。何晏の『論語集解』は、王肅の説を引いて「時とは、学ぶ者がしかるべき時に応じて読み学ぶことである」と解釈しているので、「之」は読めるもの、すなわち書籍、具体的には詩・書のことになろう。朱熹は、とくに言及しないので、「古注」の解釈に異論がないと考えてよい。「之」に拘《こだわ》っているのは、日本の荻生徂徠で、徂徠は本章のように「学」の対象がとくに書かれていない場合には、「先王の道」を学ぶことを指すとする。すなわち、「之」は「先王の道」であり、それは「民を安んずる道」、つまり天下統治の道なのであるという。

これに対して、司馬遷は、魯に行った際のこととして、孔子の廟堂《びょうどう》や車・服・儀式の道具などを見て、さらに儒者たちが定められた時に孔子の旧宅で礼を習っているのを見たという。訓読で示せば、「諸生 時を以て礼を其の家に習ふを観る」となり、司馬遷が『論語』学而篇を踏まえて、これを記録していることが分かる。つまり、司馬遷は「之」を「礼」と理解したのである。その根拠は、孔子が亡くなってから三百七十年ほど経っても、諸生が時に礼を習っていたことに求められる。司馬遷のこの説は、現地調査に基づく説得力のある解釈であろう。

史記一
五帝本紀第一
黄帝者　少典之子姓公孫　名曰軒轅
生而神靈弱而能言幼而徇齊　長
而敦敏成而聰明軒轅之時神農氏世衰
諸侯相侵伐暴虐百姓而神農氏弗能征於是軒轅乃習用干
戈以征不享諸侯咸來賓從而蚩尤最爲暴莫能伐
炎帝欲侵陵諸侯諸侯咸歸軒轅軒轅乃修德振兵治五
氣　蓺五種　撫萬民度四方
敎熊羆貔貅貙虎以與炎帝戰於阪泉之野　三戰
然後得其志蚩尤作亂不用帝命於是黄帝乃徵師諸侯與蚩尤
戰於涿鹿之野　遂禽殺蚩尤　而諸侯咸尊
軒轅爲天子代神農氏是爲黄帝天下有不順者黄帝從而征之
平者去之披山通道　未嘗寧居東
至于海登丸山　及岱宗西至于空桐

『史記』（明・汲古閣本）

## 太史令として

司馬遷は、仕官の後、武帝の命により四川から雲南方面の異民族を宣撫《せんぶ》して帰朝する。そのときすでに病床にあった父は、泰山での封禅の盛儀に参加できぬ無念さを込めて、明君・忠臣・義士の事績を記述すべきことを遺言する。

司馬遷は、太史令《たいしれい》になると、太初元《たいしょ》（前一〇四）年に、『太史公書』の執筆に着手した。太史令は、太常《たいじょう》の属官で官秩は六百石、その任務は天文・暦法のほか、文章・歴史を掌《つかさど》ることにあった。したがって、司馬遷は、公務の余暇に『太史公書』を執筆したのではない。太史令の職務の一環として歴史を記録した。それにも拘らず、『史記』（『太史公書』）が「私史」あるいは「私撰の書」とされるのは、後世の史館によって編纂された「正史」と比較して、個人の手により執筆されたという意味での「私史」である。

司馬遷は、皇帝の勅命を受けたわけではないが、太史令として官庁に保存された各種の公的な資料を読み、太史の官庁で、『太史公書』の執筆に当たったのである。

## 天道、是か非か

やがて司馬遷は、太史令を罷免される。匈奴に降服した李陵将軍を弁護したためである。そのころ漢は、匈奴に対して守勢となり、財政的にも困窮の度を増し、匈奴との戦争に内心では反対な公卿《こうけい》（大臣）もいた。かれらの誰かが、司馬遷が武帝の召問を受ける手続きをして、司馬遷は匈奴に降服した李陵の弁護をしたのである。

武帝が激怒したのは、司馬遷の意見の背後にあった、対匈奴戦の指揮者である将相、ことに李皇后の姻戚である李広利《りこうり》への批判、さらには匈奴政策そのものへの批判が、宮中に潜在していたためであろう。武帝は、こうした批判を封殺するため、全く予想もしなかった極刑（死刑）に司馬遷を処した。

『太史公書』は未完であった。司馬遷は、死刑を免れるために宮刑《きゅうけい》（生殖器を除去する刑罰）を受けた。司馬遷が生き延びるための唯一の術《すべ》であった。やがて武帝は、李陵が戦いに死力を尽くしたことを知り、後悔する。このため司馬遷は、受刑の後、宦官として中書令となり、『太史公書』の執筆を再開できた。『太史公書』が一応の完成を見たのは征和《せいわ》二（前九一）年、あわせて十三年に及ぶ執筆期間であった。

『太史公書』の列伝第一に置かれた伯夷列伝は、末尾の太史公自序第七十と呼応する特殊な役割を持つ。清の章学誠《しょうがくせい》は、伯夷列伝を列伝全体の「序例」であると位置づける。伯夷列伝において、司馬遷は、「天道 是か非か」と問いかける。

伯夷列伝は、通常の列伝とは異なり、司馬遷の序文から始まる。序文は、『詩経』と『書経』には、伝説の聖王である尭・舜・禹の禅譲が記される。だが、『荘子《そうじ》』は、尭が天下を許由《きょゆう》に譲ろうとしたが拒否され、禹が始祖となった夏王朝のときの務光《むこう》も拒否したと伝える、と記すことから始まる。そして、司馬遷は、許由・務光の話は、孔子が刪定《さんてい》した『詩経』・『書経』には記されず、孔子が伝えたものは伯夷・叔斉である、として『論語』を引用する。

子曰く、「伯夷・叔斉、旧悪を念《おも》はず。怨み是《ここ》を用《もっ》て希なり」と。(『論語』公冶長篇)

孔子が言った、「伯夷・叔斉は、昔の忌まわしい出来事を思わなかった。だから怨むことはほとんどなかった」と。

(伯夷・叔斉は)「仁を求めて仁を得たり。又何ぞ怨まんや」と。(『論語』述而篇)

(孔子が)言った、「仁を求めて仁を得たのだ。どうして怨むことがあろうか」と。

伯夷と叔斉は怨んでいなかった、という孔子の言葉に対して、司馬遷は疑義を投げかける。自分は、伯夷の思いを悲しみ、かれらが作った怨みの詩を見ると、孔子の言葉を怪しく思う、と言うのである。

続いて、司馬遷は、父の司馬談が尊重する『老子』の「天道は善人に味方する」という言葉も否定する。伯夷と叔斉は、周の武王が、殷の臣下でありながら紂王を討伐しようとすると、それを不忠であると批判するが無視された。殷が滅亡すると、周の穀物を食べることを恥じ、首陽山《しゅようざん》に入って薇《わらび》を食べて暮らしたが、やがて餓死する。また、顔回は早世したが、大悪党の盗跖《とうせき》は寿命を全うした。こうした事例を掲げて、そして何よりも自らの宮刑を省みて司馬遷は、問いかける。「天道は、是か非か」と。

## 記録による救済

司馬遷が、列伝の冒頭から、董仲舒・孔安国から教えを受けた孔子の言葉に疑問を記し、父の尊重した『老子』の言葉に疑義を呈するのは、穏当ではない。そこまでして、司馬遷が列伝の冒頭に述べたかった執筆意図とは何であろうか。

伯夷列伝における司馬遷の最も重要な主張は、次の『論語』を引用した後の、列伝末尾で述べられる。

君子は世を没《を》へて名の称せられざるを疾《うれ》ふ。（『論語』衛霊公篇）
君子は生涯を終えてから名が称えられなくなることを憂う。

司馬遷は、このように孔子の言葉を引用した後、孔子により伯夷・叔斉の生き方が伝えられることで、二人は名を残し、運命による悲劇は救済された、と言う。司馬遷は、自ら受けた宮刑という悲劇に鑑みて、孔子の言葉に疑義を呈した。そして、『老子』を批判しながら「天道 是か非か」と叫ばざるを得ないような、運命による人間の悲劇を救済するものとして、記録による後世への伝承を重視するのである。

このため、司馬遷は、孔子の『春秋』編纂を規範として人々の生き方を伝えようとし、さらに「太史公曰く」から始まる自らの見解も附した。すなわち、人々の生を自らの手で意義づけ、記録を後世に遺すものとして、『太史公書』を著したのである。それが、太史公自序では、「名山に蔵《かく》」して『太史公書』を後世に伝えていきたい、という思いとして表出させる。

天道に翻弄される人間の運命の儚《はかな》さは、人間の力によって乗り越えることができる。それを示すために、孔子が『春秋』で史官の記録に、「春秋の義」を加えたのと同じように、後世に伝えるべき記録に、「太史公曰く」として自らの価値判断を加えて後世に遺す。これが司馬遷の『太史公書』執筆の目的であり、また原動力でもあった。

すでに掲げたように、司馬遷は、太史公自序の中で、孔子世家を立てた理由について、孔子が天下のために王道を達成し、経学《けいがく》により乱世を正そうとして、六藝の大本と綱紀を後世に残したことに求めた。そうして司馬遷は、不遇であった孔子の運命を救いあげる。世家として孔子の伝記を書き、後世に伝えることが、孔子の「君子は世を没へて名の称せられざるを疾ふ」という言葉に対する、儒家司馬遷の答えであった。孔子の言葉を引用して疑義を提示しながらも、孔子の『春秋』を書き継ぐことで、疑義を乗り越えようとしたのである。

## 『春秋』の執筆動機

それは、司馬遷が、孔子の『春秋』執筆の動機を以下のように考えることからも明らかである。孔子と『春秋』は、本来的には無関係で、両者を結びつけることは『孟子』から始まる。しかし司馬遷は、「春秋公羊学」者である董仲舒の弟子であった。このため、孔子が『春秋』を制作した契機と執筆動機について、孔子世家に、次のように記している。

魯の哀公十四（前四八一）年の春、大野《たいや》で狩《かり》をした。叔孫氏《しゅくそんし》の車の御者である鉏商《しょしょう》が、（不思議な）獣を捕らえた。（見たこともない獣であったので）これを不吉とした。仲尼（孔子）はこれを見つめて言った、「麒麟《きりん》である」と。（孔子は）「黄河は河図《かと》を出さず、雒《らく》水は洛書《らくしょ》を出さない。わたしはおしまいだな」と言った。……孔子は、「君子は生涯を終えてから名が称えられなくなることを憂える。わたしの道は行われず、わたしは何によって後世に名を知られようか」と言った。そこで史官の記録により『春秋』を作った。遠くは（魯の）隠公に遡《さかのぼ》り、近くは哀公十四年に終わるまで、十二代の（魯）公（の記録）である。（それは）魯を基礎とし、周を親（宗室）とし、殷を過去のものとし、これを（夏・殷・周の）三代に及ぼした。その文は簡単であるがその義は広く大きい。呉と楚の君主は自ら「王」を称したが、『春秋』はこれを貶《おとし》めて「子《し》」と書いた。（晉の文公が開催した）践土《せんど》の会は、実は周の天子を召し寄せているが、『春秋』はこれを諱《い》んで、「天王（周王）が河陽《かよう》で狩をした」と書いた。こうした書き方を推し広げて、当世を正した。「毀誉褒貶《きよほうへん》の大義は、後に王者が出て、この意図を用いよう。（それにより）春秋の義が行われれば、天下の乱臣賊子は懼れよう」と言った。

孔子は、本来、聖天子の御世《みよ》を祝して世に現れるべき麒麟が、乱世に捕らえられて死んだこと（「獲麟《かくりん》」という）を見て、自分の道は窮まったと嘆いた。そして、伯夷列伝にも引用される「君子は世を没へて名の称せられざるを疾ふ」という思いから、孔子は後世に名を知られるために、『春秋』を作ったのである、と司馬遷は主張する。孔子の『春秋』執筆の意図である。

その際、孔子は、『春秋』の素材として史官の記録を用いた。この「史官の記録」と訳した原語が「史記」である。つまり、司馬遷の『太史公書』を『史記』と呼ぶか否かは、それが『春秋』を継承する思想書なのか、「史官の記録」を集めた歴史書なのか、という本質的な問題に直結しているのである。すでに述べたように、『史記』と呼ばれるのは、後漢《ごかん》末の霊帝《れいてい》期からである。すなわち、そのころから司馬遷の著作は、歴史書と見なされるようになっていくのである。

また、孔子が『春秋』を「作」る（現代語訳も作る）という表現にも、司馬遷の儒者としての立場が表明されている。『論語』述而篇には、次のような言葉がある。

子曰く、「述べて作らず、信じて古を好む。竊《ひそ》かに我を老彭《ろうほう》に比《なぞら》ふ」と。

孔子が言った、「著述するが制作せず、信じてむかしのことを愛好する。ひそかにわたし自身を老彭になぞらえている」と。

皇侃《おうがん》の『論語義疏《ろんごぎそ》』によれば、「述」は旧章を伝えること、「作」は新たに礼楽を制定することである。「制作」は聖人にしか行えない。『論語』が編纂された段階において、孔子は自らを聖人とはしていないのである。

しかし、司馬遷が董仲舒より受けた「春秋公羊学」では、孔子が『春秋』を「制作」し、礼楽・制度を整えたとする。『論語』のころよりも、孔子の地位が高められているのである。やがて後漢末の何休《かきゅう》の『春秋公羊伝解詁《かいこ》』では、孔子は『春秋』において「聖漢」の成立を予言し、そのために「春秋の義」をまとめて「王者の法」を示したとされるに至る。司馬遷が「後に王者が出て」と言っている「王者」は、漢の皇帝のこととされていく。後漢では、儒教が国教化されていたのである。

さらに、司馬遷が、具体的な事例を挙げて「春秋の筆法」を説明していることにも注目しておこう。呉の夫差《ふさ》や越の勾践《こうせん》が「王」をたとえ自称しても、『春秋』はそれを認めない。かれらは『春秋』では「子《し》」（王の下に、公―侯―伯―子―男という爵位で秩序づけられる諸侯が存在する）と書かれ、下から二番目の爵位を持つ諸侯に過ぎないとされている。ちなみに、魯は公である。それにより、かれらが「王」でなかったという「春秋の義」が示されるのである。皇帝になれなかった項羽《こうう》を「本紀」に、諸侯ではない孔子を「世家」に記すことは、歴史書としては正しくないかもしれないが、それらは、思想書である『太史公書』が示した「義」（正しいあり方、規範）なのである。

このように司馬遷の『太史公書』は、孔子の『春秋』を書き継いだ思想書なのであった。

## 獲麟で筆を擱《お》く

『後漢書』班彪伝《はんぴょうでん》に掲げられる『後伝《こうでん》』（班彪が『太史公書』を書き継いだ史書で、『漢書』の原形）の「略論」は、司馬遷が記述した記事の範囲を「上は黄帝から、下は獲麟に至るまで」と伝えている。「獲麟」について、『後漢書』に付けられた李賢《りけん》の注は、「武帝の太始《たいし》二（前九五）年、隴首《ろうしゅ》に登り、白麟《はくりん》を獲た。司馬遷は『史記』を作っていたが、（孔子が獲麟で『春秋』を擱筆《かっぴつ》したように）筆をこの年に擱いた」と説明する。

現在、司馬遷の著した武帝本紀は伝わっておらず、『史記』が太始二年の獲麟で筆を擱いているか否かを直接確認することはできない。しかし、『史記』巻一百三十　太史公自序にも、「そこでついに陶唐《とうとう》（尭）よりこのかた、麟止《りんし》までのことを論じた。その記述は黄帝より始める」とあるように、獲麟で筆を擱いたことは明記されている。また、『漢書』武帝紀にも、太始二年に獲麟の記事が載せられている。

哀公十四年、獲麟の記事で孔子が『春秋』を擱筆していることについて、『春秋公羊伝』と何休注は、獲麟を聞いた孔子が嘆き、「吾が道は窮《きわま》れり」と言ったことを記す。その後、公羊伝は、隠公に始まり哀公に終わる『春秋』がなぜ作られたのかに議論を進める。

〔伝〕君子はなぜ『春秋』をつくったのか。乱世をおさめ、これを正しきにもどすには、『春秋』より適切なものはないからである。

〔注〕獲麟の後、天は魯の端門《たんもん》に血で書かれた文書を下し、「急いで法をつくれ。聖人の孔子が没しようとしている。……（今後）秦の政《せい》（始皇帝の諱《いみな》）が起ち、胡《こ》（亥《がい》、二世皇帝）が道術を破壊して、書物は散佚してしまうであろうが（焚書坑儒《ふんしょこうじゅ》の予言）、孔子（の『春秋』）は絶えることはあるまい」とした。……孔子は仰いで天命を推し量り、伏して時変を察し、はるかに未来まで見通し、前もって永遠の彼方を理解して、漢が大乱の後を引き継ぐことを知ったので、乱をおさめるための法をつくって、漢に授けたのである。（『春秋公羊伝注疏』哀公十四年）

もちろん、何休注は後漢末期の成立であり、司馬遷が董仲舒より受けた春秋公羊学が、このままの解釈であったとは言い難い。それでも、春秋公羊学において、孔子が獲麟を機に周の滅亡を感じ、『春秋』の執筆を始めた、とする大筋は変わるまい。春秋公羊学を修めている司馬遷が、獲麟で筆を擱いたのであれば、司馬遷は漢の滅亡を予感し、孔子の『春秋』と同じように『太史公書』を後世に遺し、乱をおさめるための法を描いて、後王にそれを残そうとしたことになる。

事実、『史記』太史公自序には、次のように記されている。

凡そ百三十篇、五十二万六千五百字、これを太史公書と名付ける。……（本書は）六経《りくけい》の異伝にかない、百家の雑語を整え（たもので）、（原書は亡失せぬよう）名山に蔵《かく》し、副本は京師《けいし》に置いて、後世の聖人・君子を俟《ま》つ。

最後の「後世の聖人・君子を俟つ」は、『春秋公羊伝』哀公十四年の「春秋の義を制し、以て後聖・君子を俟つ（制春秋之義、以俟後聖）」を踏まえた表現である。もちろん、司馬遷は、自ら『太史公書』は『春秋』ではないと明言していた。『春秋』であれば、漢への誹謗となるためである。そのため、司馬遷は、司馬光の『資治通鑑』のように、『春秋』を書き継いで戦国時代から始めることも、編年体を踏襲することもなかった。それでも、「獲麟」が武帝期に起こっている以上、司馬遷は、武帝に漢の滅亡を予感させる政治がある、と考えていたことになる。

## 伝わらない武帝本紀

司馬遷が書いた武帝本紀が伝わらなかった理由については、武帝による削除説がある。武帝は、詔《みことのり》の中に『春秋公羊伝』を引用しており、春秋公羊学の内容を知っていた。武帝本紀が「獲麟」で終わる意味を理解できたのであろう。

後漢の第二代皇帝の明帝《めいてい》は、『漢書』を著す班固に、司馬遷の評価を問う詔の中で、司馬遷が『史記』を著したことは、「名を後世に揚《あ》ぐ」べきものであるが、「微文《びぶん》（春秋学に基づき間接的に批判する文）」により当世を謗《そし》ったことは「誼士《ぎし》（正しい士）」ではない、と批判している。明帝は、司馬遷が「春秋の筆法」により武帝を批判していることを的確に理解していた。

司馬遷は、伯夷列伝において、「天道是か非か」と問いかける。義人であるはずの伯夷と叔斉が、餓死という惨めな死を遂げることに対しての疑問である。この言葉は、司馬遷自身が、李陵の弁護という正しい行いをしながらも、武帝から宮刑という屈辱的な刑罰を受けたことに対しての悲痛な思いから発せられた。

司馬遷は、自らを『春秋』を著した孔子に準《なぞら》え、自分の筆によって、そのままにしておけば消えてゆく運命にある高義の士の名を後世に伝えようとして『太史公書』を著した。世の乱れを批判することで、あるべき姿を示そうとしたのである。それが、春秋家に分類される『太史公書』の本質であった。

したがって、司馬遷が『太史公書』に引用する孔子の言葉は、適当に引用されるということはあるまい。それでも、現行の『論語』と字句が異なるのであれば、司馬遷が見た孔子の言行録は、『魯論』に基づく現行の『論語』とは、異なる本であったと考えられるのである。

## 2. 孔子は『易』を読んだのか

### 『太史公書』に引用される『古論』

『漢書』藝文志によれば、司馬遷が生きた前漢武帝期は、『魯論』・『斉論』が伝承されるとともに、孔安国との関わりが説かれる『古論』という「三論」が並存していた時期である。「三論」の顕著な差異は、末尾の尭曰《ぎょうえつ》篇に現れるが、『太史公書』（『史記』）に引用される孔子言行録には、季氏《きし》篇と尭曰篇は含まれていない。それでも、『史記』に引かれる孔子言行録の特徴から、その基づく所を考えることは可能である。

司馬遷は、董仲舒から「春秋公羊学」を受けただけでなく、孔安国から「古文学《こぶんがく》」を受けていた。古文学は、漢以前の文字（古文）で書かれた経典とその解釈学である。これに対して、口承で伝えられてきた経典とその解釈のことを「今文学《きんぶんがく》」という。それらが、隷書《れいしょ》という漢代に隆盛であった文字（今文）で書かれているためである。司馬遷が古文学を修めたことは、『漢書』儒林伝に、次のように記されている。

> 孔氏（の家）には古文の『尚書』があり、孔安国は読解してこれを今文にした。そこで孔氏の家の逸書を出させて、十余篇を得た。『尚書』はこれより多くなったようである。（しかし武帝が皇太子を冤罪《えんざい》で殺した）巫蠱《ふこ》の獄が起こり、（その混乱のため古文学は）まだ学官に立てられていなかった。孔安国は諫大夫《かんたいふ》となり、都尉朝《といちょう》に（古文を）伝授した。そして司馬遷もまた孔安国に従っ

て訓詁《くんこ》（文字の解釈）を問うた。司馬遷の『太史公書』は『尚書』の尭典《ぎょうてん》・禹貢《うこう》・洪範《こうはん》・微子《びし》・金縢《きんとう》の諸篇を載せており、古文学の説が多い。

このように、『漢書』が伝えるのは、司馬遷が古文『尚書』『書経』の訓詁を問うたことであり、『古論』を学んだとは明記されない。具体的な検証が必要な理由である。それでは、『史記』に引用される孔子の言行録は、『魯論』系の『論語』に比べて、どのような差異を持つのであろうか。

## 『易』を読んだか否か

後に論ずるように、五鳳《ごほう》三（前五五）年に薨去《こうきょ》した劉脩《りゅうしゅう》の陵墓より出土した定州《ていしゅう》『論語』は、現行本の藍本《らんぽん》（祖先の本）である『魯論』系の『張侯論』の未定稿本と考えられるが、そこには、孔子が『易』を読んだことは記されない。

これに対して、何晏の『論語集解』、あるいは、その底本（基づく本）となった鄭玄の『論語注』では、孔子は『易』を読んでいる。

子曰く、「我に数年を加へ、五十にして以て易を学べば、以て大過《たいか》無《な》かる可《べ》し」と。（『論語集解』述而篇）

孔子が言った、「わたし（の年齢）に数年を加え、五十歳にして易を学べば、大きな過ちをせずにすむであろう」と。

鄭玄の『論語注』では、四十五、六歳の孔子が、『易』を好んで読み、怠《おこた》らずに学び続けるように五十歳で『易』を学べば、その義理を把握できると述べた、と解釈している。何晏の『論語集解』では、『易』は、陰陽の理を窮《きわ》め、万物の性を尽くして天命に到達する書物である。孔子は、五十歳にして天命を知り（知命《ちめい》）、天命を知る年になって、天命に到達する書を読んだため、大きな過ちをせずにすんだ、と解釈する。

これに対して、定州『論語』は、「易」の字を「亦」につくる。

……以て学べば、亦た以て大過毋《な》かる可し。

定州『論語』では、五十歳に近くなった孔子が、あと数年学ぶことができれば、大きな過ちをしなくなると述べた、と解釈することになろう。この場合、孔子は『易』を学んでいないことになる。『論語』の中で、書名として「易」の字が現れるのは、述而篇のこの箇所だけなのである。それが「易」ではなく「亦」の字であれば、孔子が『易』を学んだ可能性は消える。

唐の陸徳明《りくとくめい》『経典釈文《けいてんしゃくもん》』（経書の音義をまとめた書）は、この字句の相違について、「魯（論）では「易」を読んで「亦」とする。今は古（論）に従う」と伝える。すなわち、唐では、『魯論』は「亦」に作り、『古論』は「易」に作ることが分かっていたのである。定州『論語』が、『魯論』に『斉論』で校勘をした張侯論の未定稿本であれば、『古論』の「易」の字を用いることはない。

一方、司馬遷の『太史公書』孔子世家は、孔子が『易』を読んでいたことを次のように伝える。孔子の言葉だけ、訓読で示そう。

　孔子は晩年に易を好んだ。……孔子は易を（何回も）読んだので、（竹簡を束ねている）韋編《いへん》が三度も切れた（韋編三絶《いへんさんぜつ》）。（孔子）曰く、「我に数年を仮《か》し、是《か》くの若《ごと》くせば、我 易に於《おい》ては則ち彬彬《ひんぴん》たらん」と。

傍線部の「我に数年を仮し」が、現行の『論語』の「我に数年を加へ」と対応するため、司馬遷が見た孔子言行録では、孔子は『易』を読んでいたと考えてよい。そうであれば、『史記』に引用される孔子言行録は、のちに『古論』と呼ばれる『論語』である。

## 儒家の形而上学を担う易

秦の始皇帝は、法家思想により帝国を支配した。項羽を打倒した劉邦の建国した漢（前漢、前二〇二～後八年）は、『老子』の無為に基づき法の絶対性を正当化する黄老思想を国家支配の中核に置いていた。『老子』は、儒家が持たなかった存在論や形而上学を持つ。儒家は、それらを補足するため、『周易《しゅうえき》』を経典として採用し、「易伝《えきでん》」（易を儒教的に解釈する解説書）を編纂して、自らの思想の中に道家の「道」の哲学を取り入れていく。

たとえば、長沙国《ちょうさこく》の相（行政長官）であった利蒼《りそう》（?～前一八六年）とその妻子を葬った馬王堆漢墓《まおうたいかんぼ》から出土した帛書《はくしょ》（絹に書かれた本）『周易』の「易伝」は、現行の『易経』の彖伝《たんでん》（卦辞の注釈）の原形となっている。

このように、易は本来、占いの記録を総合・整理した書物であり、儒教とは無関係であった。それが、戦国最末期から前漢初期にかけて、儒教の経典に取り込まれていくのである。したがって、史実で言えば、孔子が『易』を経典として読んだ可能性はない。しかし、黄老思想に対抗する必要上、孔子が『易』を「韋編三絶」という故事成語になるほど熟読していたと主張することは、儒家には不可欠であった。

## 『古論』の新しさ

司馬遷の見た孔子言行録が『古論』であり、そこに孔子が『易』を読んだと記してあったことは、この箇所については、『古論』の方が儒教の展開の中で行われていく経典の整備に対応していたことを示す。『古論』であるからと言って、必ずしも『魯論』や『斉論』より、その成立が「古」いわけではない。やがて前漢末の劉向・劉歆によって世に広められていく古文学は、多くの場合、後出の優位性を生かして、出現時の政治状況に対応できる内容を備えていた。劉向・劉歆以前においても、古文学は同様の傾向を有していたと考えることができよう。

そのためか、『古論』は、『魯論』・『斉論』に比べ、テキストが異なっていた。皇侃の『論語義疏』の序によれば、『古論』の篇次は、今本で第十篇の郷党が第二篇、今本で第六篇の雍也が第三篇であったという。また、『経典釈文』に引かれる後漢初期の桓譚《かんたん》の『新論《しんろん》』によれば、『古論』と『魯論』

『斉論』の間には、「四百字余り」とされるほどの、大きな文字の差異があったという。
それでは、『史記』に引かれた孔子の言行録は、それを『古論』と言い得るだけの文字の差異を備えているのであろうか。

## 『古論』の古さ

何晏『論語集解』では、孔子に「仁」を尋ねている仲弓《ちゅうきゅう》（冉雍《ぜんよう》）は、『太史公書』の仲尼弟子《ていし》列伝では「政」を尋ね、『論語』とは一部異なる回答を得ている。仲尼弟子列伝から掲げよう（比較しやすいように、原文から掲げておく）。

仲弓問政。孔子曰、出門如見大賓、使民如承大祭。在邦無怨、在家無怨。

仲弓　政を問ふ。孔子曰く、「門を出でては大賓を見るが如くし、民を使ひては大祭を承《う》くるが如くす。邦に在りても怨まるること無く、家に在りても怨まるること無し」と。

これに対して、何晏『論語集解』顔淵篇　第二章は、これを次のように伝える。

仲弓問仁。子曰、出門如見大賓、使民如承大祭。己所不欲、勿施於人。在邦無怨、在家無怨。仲弓曰、雍雖不敏、請事斯語矣。

仲弓　仁を問ふ。子曰く、「門を出でては大賓を見るが如くし、民を使ひては大祭を承《う》くるが如くす。己の欲せざる所は、人に施すこと勿《な》かれ。邦に在りても怨まるること無く、家に在りても怨まるること無し」と。仲弓曰く、「雍 不敏なりと雖も、請ふ斯の語を事とせん」と。
仲弓（冉雍）が仁について尋ねた。孔子は言った、「家の門を出るときには大切なお客さまに会うかのようにし、民を使うときには大祭を執り行うかのようにする。自分の望まないことは人にしてはならない。（そうであれば）邦《くに》にいても怨まれることなく、家にいても怨まれることはない」と。仲弓は、「雍《わたし》は愚かではございますが、このお言葉に専念させていただきます」と言った。

仲尼弟子列伝に比べると、顔淵篇第二章は、波線部の「己の欲せざる所は、人に施すこと勿かれ」という部分が多い。そして、「己所不欲、勿施於人」という有名な字句は、何晏『論語集解』衛霊公篇にも用いられている。

子貢 問ひて曰く、「一言にして以て終身 之を行ふ可き者有るか」と。子曰く、「其れ恕か。己の欲せざる所は、人に施すこと勿かれ」と。
子貢が尋ねて言った、「一言で一生行うことができるものがあるでしょうか」と。孔子は言った、「まあ恕《じょ》だね。自分の望まないことは、人にも行うべきではない」と。

「恕」は、里仁篇においても、「忠恕」と熟して曾子《そうし》により孔子の道を「一で貫く」ものとされており、「恕」を具体的に説明した「己所不欲、勿施於人」は、顔淵篇第二章で「仁」を問われた孔子が、答える内容として相応しい。

仲尼弟子列伝では、「政」を問われていた孔子が、顔淵篇第二章で「仁」を問われているのは、顔淵篇第一章が「顔淵 仁を問ふ」、第三章が「司馬牛 仁を問ふ」と、「仁を問ふ」の章に挟まれていることと関わりがあろう。

また、仲尼弟子列伝では、「政」を問われた孔子が答える「出門」以下の政治的内容は、『春秋左氏伝』僖《き》公《こう》伝三十三年との関わりにおいて、「仁」と結びつけることが可能である。共通する部分だけ、訓読で掲げよう。

　これよりさき、(晉《しん》の)臼《きゅう》季《き》は使者として冀《き》を通り、冀《き》缺《けつ》が田畑で働き、その妻が食事の世話をするのを見かけた。互いに敬し合う様子は、主人と客の間のようであった。そこで連れ立って帰り、冀缺を文《ぶん》公《こう》に薦めて、「敬は徳の集まりです。よく敬する人は必ず徳があります。徳により民を治められます。君よ、どうか用いられますように。臣はこう聞いております、「門を出でては賓《ひん》の如くし、事を承けては祭るが如くするは、仁の則《のり》なり」と」と。

『春秋左氏伝』においては、徳政に関わる古語として引かれている「出門如賓、承事如祭」は、「仁の則」とされている。このため、これに似た字句の後に、「己所不欲、勿施於人」を加えれば、「仁を問」われた孔子の回答として相応しくなろう。

それでも、仲尼弟子列伝と比較して読むと、顔淵篇第二章は、前の十二文字と後の八文字が、「己所不欲、勿施於人」の挿入により、本来的な繋がりを断たれていることは明らかである。「己所不欲、勿施於人」を挿入して、「仁を問」われた孔子の回答とする顔淵篇第二章に対して、「政を問」われた孔子が、「出門」以下の政治的内容を答える仲尼弟子列伝の方が、古い形を残していると考えられるのである。

『史記』に引用される孔子言行録は、現行本の藍本である『魯論』系の諸本よりも、孔子が『易』を読むような新しい部分と、「原論語」に近い形を残す古い部分とをあわせ持つ。したがって、『史記』に引かれる孔子言行録と『魯論』系の論語は、一方が他方の藍本とは考えられない差異を持つ。また、ほぼ共通する多くの引用事例の存在は、『史記』に引かれる孔子言行録が、『魯論』系と同じ部分も多く持つ『論語』であることを示している。このように考えると、『史記』に引かれる孔子言行録は、『易』の事例で『経典釈文』が述べ、臧琳《ぞうりん》も説くように、『古論』なのである。

## 3. 定州『論語』と『魯論』

**定州『論語』とは**

定州『論語』は、一九七三年に、河北省定州市《ていしゅう》八角廊村《はっかくろう》の中山懐王劉脩《ちゅうざんかいおうりゅうしゅう》の陵墓から出土した抄本《しょうほん》（写本）である。これは、敦煌《とんこう》・吐魯番《トゥルファン》などから出土した鄭玄『論語注』以前の姿を伝えるもので、『論語』の伝承過程を解明するためには、貴重な資料である。しかし、盗掘の際の火災が竹簡にも延

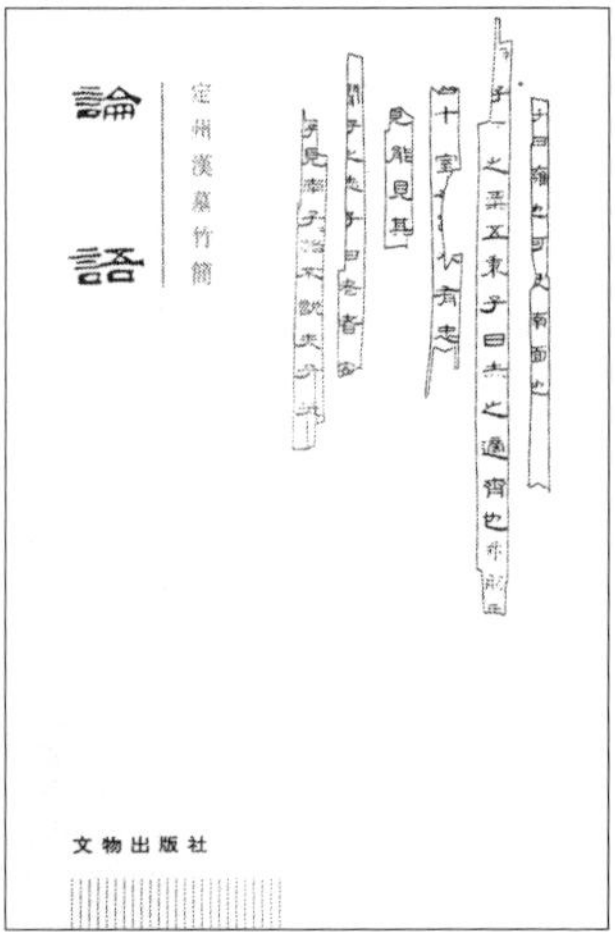

『定州漢墓竹簡 論語』

焼し、整理中に唐山《とうざん》大地震により竹簡が破損・散乱し、さらに人災も加わったためか、現物は行方不明で一部の写真が伝わるだけである。それでも正式な釈文は、河北省文物研究所・定州漢墓竹簡整理小組『定州漢墓竹簡 論語』（文物出版社、一九九七年）として公刊された。

墓主の中山懐王劉脩は、前漢宣帝《せんてい》の五鳳三（前五五）年に薨去しており、定州『論語』は、それ以前の抄本となる。報告書によれば、『論語』に関わる竹簡は六二〇枚余り、多くは前後が失われた残簡《ざんかん》である。一簡の長さは一六・二センチメートルで漢の七寸に相当し、幅は〇・七センチメートル、簡ごとに一九字から二一字の文字が記される。釈読できた文字は七五七六字で、現行『論語』の二分の一弱となる。『論語』二十篇のすべての篇が残存するが、篇によって多少があり、少ない学而篇では二〇字、多い衛霊公篇では六九四字が残り、後者は通行本の七七パーセントに当たる、とされている。

定州『論語』の系統については、『斉論』とする説、『魯論』とする説、『古論』とする説、これら「三論」とは異なる別系統の『論語』と考える説などが提唱されている。これらの中では、高橋均《たかはしひとし》『経典釈文論語音義の研究』（創文社、二〇一七年）の説く『魯論』とする説が最も説得力を持つ。わたしは、さらに進んで、魯論系の『張侯論《ちょうこうろん》』の未定稿本と考えている。

すでに述べたように、『論語』には、『魯論』二十篇、『斉論』二十二篇、『古論』二十一篇があり、やがて『魯論』に『斉論』を校勘した張禹《ちょうう》の『論語』（『張侯論』）が普及していく。『論語義疏』の何晏序に附された皇侃の疏によれば、『張侯論』に基づいて前漢の苞氏《ほうし》（包咸《ほうかん》）・周氏（名は不詳）の章句（解釈）が作られ、『経典釈文《けいてんしゃくもん》』の叙録《じょろく》によれば、後漢の鄭玄の『論語注』も『張侯論』を底本にしているという。

『張侯論』の成立時期は、最終的には、太子（のちの成帝《せいてい》）に論語を授けた初元《しょげん》年間（前四八〜前四四年）と考えてよい。太子に授けた以上、字句を動かせないためである。したがって、定州『論語』が、完成版の『張侯論』である可能性は、年代的にない。定州『論語』を『張侯論』との係わりの中で考える研究がない理由であろう。

しかし、完成以前の未定稿本である可能性は消えない。張禹は、完成版以前において、独自の「文」（テキスト）と「章句」（解釈）を創り出していた。その評判が高いが故に、甘露《かんろ》年間（前五三〜前五〇年）に、他の儒者から推薦されたのである。評判が高まったころの未定稿本が、五鳳三（前五五）年に薨去した、中山懐王劉脩の手に渡っていても、不思議ではない。評判が高く、やがて太子に進講される最も新しい『論語』を手にする地位に劉脩は居たからである。

## 系統を決定する尭曰篇

『漢書』藝文志には、「三論」の篇数の違いだけではなく、班固の自注（自分で付けた注）により、『魯論』二十篇より多い分の篇名が伝えられている。『古論』二十一篇については、「孔子の壁中《へきちゅう》より出《い》づ、両子張《しちょう》あり」と記される。孔子（の旧宅）の壁の中から発見された『古論』には、子張篇第十九のほかに、もう一つ子張篇があり、その分が『魯論』の二十篇より一篇多いというのである。また、『斉論』二十二篇については、「問王・知道《ちどう》多し」と記され、『魯論』の二十篇のほかに、問王篇・知道篇があったという。

このうち、『古論』の二つ目の子張篇は、何晏の『論語集解』序によれば、堯曰《ぎょうえつ》篇第二十の二章・三章であるという。現行『論語』の最終篇である堯曰篇は、わずか三章から成り、一章と二章との間では内容に切れ目があり、二章は「子張曰く」から始まる。

堯曰篇の第一章は、何晏の『論語集解』に従って解釈すれば、孔子が堯・舜の「二帝」、夏の禹王・殷の湯王・周の武王の「三王」を継ぐ者であることが記される。これは、『孟子』が最後の文章で、堯・舜から殷の湯王までが五百年、湯王から周の文《ぶん》王までが五百年、文王から孔子までが五百年であると述べ、孔子はかれらの「道統」を継ぐ、と述べることに似ている。しかし、孔子が、王としての徳を備えていたとしても、事実として王朝を創設した王でなかったことは、明らかである。なぜ、孔子は王としての徳を備えながらも、世俗的に成功することがなかったのであろうか。

堯曰篇の第三章、すなわち現行『論語』の最終章は、次のようにその理由を説明する。

孔子曰く、「命を知らざれば、以て君子為《た》ること無きなり。礼を知らざれば、以て立つこと無きなり。言を知らざれば、以て人を知ること無きなり」と。

孔子は言った、「天命を知らないようでは、君子たりえない。礼を知らないようでは身を立てることはできない。

言葉を知らないようでは、人の善し悪しを知ることはできない」と。

天命を知らないようでは、君子たるべきものと言えない。ここで述べられることは、「天命」の重要性である。すなわち、孔子が王になるべき徳を備えながらも、「二帝」・「三王」のような国家の創始者とならなかったのは「天命」である、と『論語』の最終章は述べる。それは、『論語』の冒頭で、「人知らずして慍《いきどほ》らず、亦た君子ならずや」と述べる孔子の言葉と呼応する。君子は、天命を知る者であるから、自分が「二帝」・「三王」の徳を継ぐ者であることを人に知られなくとも、憤ることはない、というのである。

孔子本人が聞いたら、さぞかし驚くであろう、この堂々たる議論により、『論語』は、孔子が「二帝」・「三王」を継ぐ者でありながら、「天命」により「素王《そおう》」として終わったことを伝える。なかなかよくできた終章である、とわたしには思われる。さらに言うのであれば、こうした孔子の位置づけは、『孟子』や「春秋公羊学」、すなわち斉《せい》の地方で盛んであった儒学の傾向に近い印象を受ける。それは、次のような主張が、わたしの先入観としてあるためかもしれない。

清末の康有為《こうゆうい》の『論語注』は、この第三章を『斉論』とするのである。それは、後漢末の鄭玄が、『経典釈文』に残る堯曰篇の第三章への注において、「魯論にはこの章が無い。今は古論に従う」と述べているからである。鄭玄が『古論』とすることに対して、康有為は、「命を知らざれば、以て君子為《た》ること無きなり」が、今文の『韓詩外伝《かんしげでん》』に引用されていることから、古文ではないとするのである。

## 定州『論語』の尭曰篇

定州『論語』の尭曰篇は、二章の後、二つの丸い点をつけて上章と間隔を開け、小字・双行で三章目が書かれている。しかも、三章目があるにも拘らず、章数簡には「凡《およ》そ二章、凡そ三百廿二字」というものがある。現行『論語』の尭曰第一章は百五十二字、第二章は百九十一字、あわせて三百四十三字である。ちなみにすでに掲げた第三章は二十六字である。数値の近さと篇数から考えれば、この章数簡は、尭曰第二十のものである。

すなわち、もともとの定州『論語』は、第三章を欠いている。鄭玄注によれば『魯論』となる。そして、第三章が『斉論』であれば、『斉論』からそれを転記したために、小字・双行という本来のものとは異なる書き方がされている、と考えられる。そして、『漢書』張禹伝は、『魯論』のテキストを持ち、『斉論』を修めて校勘をしたものが、『張侯論』であることを伝えている。

このように、定州『論語』は、鄭玄『論語注』・何晏『論語集解』などに近い『魯論』系の『論語』であり、末尾に『斉論』との対校により尭曰篇第三章を小字・双行で記したテキストである。事実、次に検討する『漢書』董仲舒伝や『春秋繁露《しゅんじゅうはんろ》』に引用される『斉論』系の孔子言行録と比較してみると、定州『論語』は、鄭玄『論語注』や『論語集解』と同様の『斉論』への対応、すなわち採るべきは採り、採らないものは採らない、という処理をすでに完了している。

以上の考察により、新たな資料が発見されるまでの暫定的な結論として、わたしは、定州『論語』を『張侯論』の未定稿本と考えている。

## 4.『春秋繁露』と『斉論』

### 尭曰篇第三章と『斉論』

このように、現在三章から成る『論語』尭曰篇のうち、『魯論』は前の二章だけで、『斉論』は第三章を含む。となれば、『魯論』に『斉論』を校勘した『張侯論』が成立する以前において、『論語』尭曰篇の第三章を踏まえる上奏文などがあれば、それを書いた者が見ていた『論語』は、『斉論』となる。

『漢書』董仲舒伝には、「天人三策《てんじんさんさく》」と呼ばれる上奏文が収録されるが、その中には、『論語』尭曰篇の第三章を踏まえた記述がある。『論語』だけ訓読で掲げよう。

董仲舒はまた対《こた》えて言った、「臣が聞くところでは、論語に曰く、「始め有り卒《を》はり有る者は、其れ唯だ聖人か」と。いま陛下は幸いにも恩恵を加えられ、学問を受け継ぐ臣の言葉に耳を貸され、また明らかな策問《さくもん》を下して、その意を磨《みが》き正し、聖徳を究め尽くされました。（しかしこれは）愚臣《ぐしん》の能く答えられるものではありません。……善道に処《お》ることに安んじて、然る後に道理に従うことを楽しみ、道理に従うことを楽しんで、然る後にこれを君子といいます。このため孔子曰く、「命を知らざれば、以て君子為《た》ること亡《な》きなり」と。これはこうしたことを指しています。……」と。

すでに掲げたように、「亡」の字は異なるものの、傍線部の「命を知らざれば、以て君子為《た》ること無きなり」は、尭曰篇第三章からの引用である。この上奏文が本物であれば、前漢武帝《ぶてい》期を生きた董仲舒は、『張侯論』成立以前の人であるため、『斉論』を見ていたことになる。

しかし、『漢書』董仲舒伝の「天人三策」は、武帝期の董仲舒その人の上奏文ではない。それは、波線部の「始め有り卒《を》はり有る者は、其れ唯だ聖人か」（子張篇）を「論語に曰く」と引用することにも明らかである。『史記』と『漢書』の中で、武帝期以前に『論語』という書名を挙げて文章を引用する事例は、この一例だけである。

福井重雅《ふくいしげまさ》『漢代儒教の史的研究』（汲古書院、二〇〇五年）によれば、董仲舒伝の「天人三策」の母胎になった祖本は、『漢書』藝文志に、「董仲舒 百二十三篇」とみえる『董仲舒書』である。そして、『董仲舒書』は、そのすべてが董仲舒の自作ではなく、生前に執筆した「上疏、条教」などを骨子として、その死後、弟子や後学によって一書として再編纂されたものである、という。

## 董仲舒伝の『論語』

したがって、この上奏文が『斉論』に基づくことを論証するためには、尭曰篇の第三章だけではなく、董仲舒伝に引用される『論語』のすべてを検討しなければならない。現行の『論語』との比較は、すでに津田左右吉により行われており、その引用が為政篇第二（二回）・八佾篇第三（二回）・里仁篇第四（一回）・公冶長篇第五（一回）・述而篇第七（三回）・顔淵篇第十二（一回）・子路篇第十三（一回）・衛霊公篇第十五（一回）・微子篇第十八（一回）・尭曰篇第二十（二回）という、ほぼ二十篇の始めから終わりまで行き渡っていることが明らかにされている。津田は、分析の結果を「仲舒の用いた論語の内容も、その篇章のわけかたや順序も、今伝えられている本とほぼ同じものであった」と結論づけている。

しかし、詳細に検討すると、董仲舒伝に引用される『論語』が、現行の『魯論』系とは異なることが分かる。董仲舒伝が引く『論語』と定州『論語』を比較すると、定州『論語』の方が、『魯論』系の『張侯論』の流れを汲む『論語集解』に近接したテキストである。

ただ、董仲舒の師には『斉論』を伝えたとされる者はなく、『斉論』系の学者に董仲舒学派が含まれることもない。しかし、董仲舒の修めた「春秋公羊学」は、「斉学」を代表するものであり、董仲舒とその後継者が『斉論』を伝えていた可能性は高い。そこで、『漢書』董仲舒伝から範囲を広げて、董仲舒とその後学が著した『春秋繁露』に引用される孔子言行録を検討していこう。

## 『春秋繁露』と『斉論』

『春秋繁露』は、著者とされる董仲舒だけではなく、その後継者が補った部分を多く含む。『春秋繁露』には、孔子言行録が二十六ヵ所に引用されるが、そのうち十八事例で『論語集解』の字句と差異がある。ちなみに、『春秋繁露』では、「論語曰」はもとより、『論語』という単語も現れない。「論語曰」を含む『漢書』董仲舒伝の「天人三策」の特異性を理解できよう。

『春秋繁露』の著者たちは、孔子言行録を引用する際、各自で暗誦していた言葉を適宜文章中に書いたのではなく、一定の著書から引用したと想定できる。まず、何晏の『論語集解』を原文を含めて二章続けて掲げよう。算用数字は述而篇第七の章数である。


26子曰、聖人、吾不得而見之矣。得見君子者、斯可矣。

子曰く、「聖人は、吾 得て之に見《まみ》えず。君子なる者に見《まみ》ゆるを得なば、斯《そ》れ可なり」と。

孔子が言った、「聖人には、わたしはお目にかかれない。君子とされる人にお目にかかれれば、それでよい」と。


27子曰、善人、吾不得而見之矣。得見有恒者、斯可矣。亡而為有、虚而為盈、約而為泰。難乎、有恒矣。

子曰く、「善人は、吾 得て之を見ず。恒《つね》有る者を見るを得なば、斯れ可なり。亡くして有りと為し、虚しくして盈《み》てりと為し、約《つづま》やかにして泰《ゆた》かと為す。難きかな、恒有ること」と。

孔子が言った、「善人には、わたしは会えない。常のある人に会えれば、それでよい。(常のない人々は)ないのにあるように見せ、空っぽなのにいっぱいだと見せ、吝嗇《りんしょく》なのに余裕があるように見せている。難しいな、常があるというのは」と。


二十六章で、「聖人には、わたしはお目にかかれない。君子とされる人にお目にかかれれば、それでよい」と言った孔子は、二十七章では、「善人には、わたしは会えない。常のある人に会えれば、それでよい」と続ける。そして、「(常のない人々は) ないのにあるように見せ、空っぽなのにいっぱいだと見せ、吝嗇なのに余裕があるように見せている。難しいな、常があるというのは」と述べて、人として常あることの重要性を説くのである。

定州《ていしゅう》『論語』は、この部分を次のように伝えている。末尾の〈 〉内の小字は簡《かん》番号である。

子曰、聖人、吾弗得而見之矣。得見君子者、斯可矣。〈一六九〉
子曰、善人、吾弗得而見之矣。得見有恒者、斯可矣。〈一七〇〉
……而為有、虚而為盈。約而為泰、難乎、有［恒矣］。〈一七一〉

残欠部分はあるが、「不」を「弗」に作ること以外は、同文である。秦《しん》以前の文法では、目的語を伴っていない他動詞・介詞《かいし》を否定する「弗」と、それ以外の否定詞である「不」とを使い分ける。定州『論語』には、そうした使い分けがみられ、先秦の中国語文法と一致している。定州『論語』が、『魯論』系の古い『論語』であることを理解できよう。

これに対して、『春秋繁露』では、次のように二つの篇にこの章を引用している。整理のため冒頭に算用数字を付け、原文だけを掲げよう。

1 孔子曰、善人、吾不得而見之。得見有恒者、斯可矣。由是観之、聖人之所謂善、未易当也。
(『春秋繁露』深察名号篇《しんさつめいごう》)

2善人、吾不得而見之。（『春秋繁露』実性《じっせい》篇）

『春秋繁露』は、異なる篇で正確に同文を引く。このように『論語集解』と字句が完全に一致するものは、二十六例中八事例に及ぶ。これは、『春秋繁露』に引用される孔子言行録が、『斉論』の可能性を持つ一定の著作から引用されていることを示す。

そして、「由是観之（是《これ》に由《よ》りて之《これ》を観《み》るに）」から続く、『春秋繁露』の地の文において、「聖人の謂《い》ふ所の善は、未だ当たり易からざるなり（聖人の言う善は、なかなか身に付くことはない）」と述べるなかで、孔子を「聖人」としていることは、興味深い。二十六章において、孔子は、「聖人にはお目にかかれない」と言っているため、孔子は聖人ではあるまい。それを無視して、地の文で孔子を「聖人」と位置づけているからである。『春秋繁露』は、孔子を聖人とするため、あえて二十六章を無視したのであろうか。

あるいは、二十六章・二十七章を一つの章とみなす朱子は、『論語集注』において、二十七章の「子曰く」を誤って入ったものとする。これに対して、荻生徂徠・安井息軒などは元来二つの章であったと考えている。定州『論語』の出土により、その段階では、ともに「子曰」を持つ二つの章であったことは明らかになった。そのうえで、『春秋繁露』に引用される孔子言行録が『斉論』であるならば、『春秋繁露』の引用方法と論の立て方からみると、『斉論』では二十六章を欠いていた可能性も考えられる。このような『魯論』系との違いをさらに明確に示す章を検討しよう。

## 字句の違い

『春秋繁露』には、『魯論』系の『論語集解』とは、字句の異なる孔子言行録が引用されている。ここでも、何晏『論語集解』子罕篇を原文から掲げよう。

唐棣之華、偏其反而。豈不爾思、室是遠而。子曰、未之思也。夫何遠之有哉。
「唐棣《たうてい》の華、偏《へん》として其れ反《かへ》せり。豈《あ》に爾《なんぢ》を思はざらんや、室 是《こ》れ遠ければなり」と。子曰く、「未だ之を思はざるなり。夫《そ》れ何の遠きことか之れ有らん」と。
（詩に）「唐棣《とうてい》の花が、ひとえに反りかえる。あなたを思わぬことなどないが、家が遠すぎて」とある。孔子が言った、「まだ（本当に）思っていないね。（思っているのなら）何も遠くはない」と。

何晏は、「逸詩である。唐棣は移《にはうめ》である」と注をつける。これにより、この章が、逸詩《いつし》（『詩経』に収録されなかった詩）の「唐棣《とうてい》の花が、ひとえに反《そ》りかえる。あなたを思わぬことなどないが、家が遠すぎて」という詩を引用したものであり、「まだ（本当に）思っていないね。（思っているのなら）何も遠くはない」という、孔子の詩への評価を伝えるものであることを理解できる。

これに対して、『春秋繁露』所引の孔子言行録は、これを次のように伝えている。

詩云、棠棣之華、偏其反而。豈不爾思、室是遠而。子曰、未之思也。夫何遠之有。由是観之、見其指者不任其辭。不任其辭、然後可与適道矣。（『春秋繁露』竹林篇第三）

「棠棣」も、「にはうめ」なので、「詩に云ふ」という言葉が、何晏『論語集解』とは異なることになる。『春秋繁露』所引の孔子言行録は、詩の引用であることを明記するのである。

現行の『論語』でも、「詩に云ふ」と引用するものが二ヵ所ある。有名な故事成語「切磋琢磨《せっさたくま》」の章を挙げておこう。

子貢曰く、「貧しくして諂《へつら》ふこと無く、富みて驕《おご》ること無きは、何如《いかん》」と。子曰く、「可なり。未だ貧しくして道を楽しみ、富みて礼を好む者には若《し》かざるなり」と。子貢曰く、「詩に云ふ、「切するが如く磋《さ》するが如く、琢《たく》するが如く磨するが如し」とは、其れ斯《こ》れの謂か」と。子曰く、「賜《し》や、始めて与《とも》に詩を言ふ可きのみ。諸《これ》に往《わう》を告げて来を知る者なり」と。(『論語』学而篇)

子貢が言った、「貧乏でもへつらうことなく、金持ちでも奢ることがないのは、いかがでしょうか」と。孔子は答えた、「まあよかろう。(しかし)貧乏でも道を楽しみ、金持ちでも礼を好む者には及ばない」と。子貢が言った、「『詩経』(衛風　淇奥)に、「(骨を)切るように(象牙を)磋《と》ぐように、(玉を)琢《う》つように(石を)磨くように」とあるのは、まさにこのことを言うのでしょうね」と。孔子が言った、「賜よ、いまこそ一緒に詩の話ができるな。先に話したことで(まだ話さない)後のことまで分かる者となっている」と。

切磋琢磨の典拠は、『詩経』衛風《えいふう》淇奥《きいく》の詩である。このように、現行の『論語』でも「詩に云ふ」として、詩を引用するので、『春秋繁露』所引の孔子言行録は、「詩に云ふ」と勝手に付けた訳ではあるまい。現行の『魯論』系とは、異なる『論語』なのである。

## 解釈の違い

『春秋繁露』の引用する孔子言行録が『斉論』であることは、清朝末期から中華民国初期にかけての儒学者である蘇輿《そよ》が『春秋繁露義証《しゅんじゅうはんろぎしょう》』の中で述べている。それは、次の章の部分である。何晏『論語集解』里仁篇を原文から掲げよう。

子曰、苟志於仁矣、無悪也。
子曰く、「苟《まこと》に仁に志《こころざ》せば、悪《あ》しきこと無し」と。
孔子は言った、「本当に仁を志しているのならば、悪いことなどない」と。

何晏は、苟は、「まこと」であるとし、本当に仁に志す者であれば、(その他についても)悪いことなどはないと解釈する。ちなみに鄭玄は、苟を「かりそめ」とし、仮にも仁に志せば、悪いことはない、と解釈している。

これに対して、『春秋繁露』の引用する孔子言行録は、次のとおりである。

苟志於仁、無悪、此之謂也。(『春秋繁露』玉英篇第四)

何晏の『論語集解』に比べて「矣」「也」という助字《じょじ》を欠くが、それ以外は同文である。しかし、引用の文脈から考えると、「苟《も》し仁に志せば、悪しきこと無きのみとは、此れの謂《い》ひなり」と読むことになる。すなわち、この章を『春秋繁露』は、苟を「もし」とし、もし仁に志すことは悪くないだけで、仁ではないと解釈して、引用しているのである。

蘇輿は、解釈が異なる理由について、「此れ当《まさ》に是れ斉論語の説なるべし」と述べる。その通りであろう。『漢書』藝文志は、『斉論』が『斉説』と共に伝承されていることを記す。「論」（本文）の字句だけではなく、その「説」（解釈）が異なることは、『春秋繁露』に引用される孔子言行録が『斉論』であるという証《あかし》の一つなのである。

## 『魯論』の工夫

『春秋繁露』に引用される孔子言行録が『斉論』であるならば、それと比較することで現行の『魯論』系の文章の特徴を考えることもできる。今度は、『春秋繁露』から掲げよう。整理のために論語の文章の始まりに算用数字を付けた。

1孔子謂冉子曰、治民者、先富之而後加教。2語樊遅曰、治身者、先難後得。以此之謂、治身与治民、所先後者不同焉矣。（『春秋繁露』仁義法篇《じんぎほう》）

孔子 冉子《ぜんし》に謂ひて曰く、「民を治むる者は、先に之を富ませて而《しか》る後に教へを加ふ」と。樊遅《はんち》に語りて曰く、「身を治むる者は、難を先にして得るを後にす」と。此れの謂《いひ》を以て、身を治むると民を治むると、先後する所の者は同じからず。

ここで引用される文章は、何晏の『論語集解』では、1が子路《しろ》篇、2が雍也篇に収められる。2から検討しよう。該当する何晏の『論語集解』雍也篇は、次のとおりである。

樊遅 知を問ふ。子曰く、「民の義を務め、鬼神を敬して之に遠ざく。知と謂ふ可し」と。仁を問ふ。子曰く、「仁者は難を先にして獲を後にす。仁と謂ふ可し」と。

樊遅が知を尋ねた。孔子が言った、「民（の教導）のためにすべきことに務め、鬼神《きしん》については恭敬して疎遠にする。知と言ってよい」と。（樊遅は）仁を尋ねた。（孔子が）言った、「仁者は面倒事を先にやって（功績を）得るのは後にする。仁と言ってよい」と。

『春秋繁露』に引く孔子言行録は、「身を治むる者」が「難を先に得るを後にす」べきであるといい、『春秋繁露』の地の文章も、その解釈に基づき1と併せて論じている。すなわち、何晏の『論語集解』では、「仁」とされる「難を先にして獲を後にす」が、『春秋繁露』に引く孔子言行録の「難を先にして得るを後にす」では「治身」とされているのである。単なる感想であるが、「難を先にし後にす」だけでは、孔子はそれを「仁」と言わないように思われる。何晏の『論語集解』は「仁」の安売りをしている印象を受けるのである。『春秋繁露』に引く孔子言行録の方が、古い文章なのであろうか。

いずれにせよ、孔子の根幹思想である「仁」に関わる本文が異なる『春秋繁露』に引く孔子言行録は、『魯論』系の鄭玄『論語注』・何晏『論語集解』とは、別系統の『論語』、すなわち『斉論』と考えられるのである。

『春秋繁露』では、「治民」と「治身」を同時に表現するため、2と並置されている1を検討しよう。該当する何晏の『論語集解』子路篇は、次のとおりである。

子 衛《えい》に適《ゆ》き、冉子《ぜんし》 僕たり。子曰く、「庶《おほ》きかな」と。冉有曰く、「既《すで》に庶し。又 何をか加へん」と。曰く、「之を富まさん」と。曰く、「既に富めり。又 何をか加へん」と。曰く、「之を教へん」と。

孔子が衛に行き、冉有が御者となった。孔子が言った、「（民が）たくさんいるな」と。冉有が言った、「すでに多くおります。さらに何を加えますか」と。（孔子が）言った、「これを豊かにしよう」と。（冉有が）言った、「豊かになったとします。さらに何を加えますか」と。（孔子が）言った、「これを教化しよう」と。

比べてみると、主張の内容は等しいものの、表現は大きく異なる。『春秋繁露』では単に、「先に之を富ませて而る後に教へを加ふ」という主張を述べるだけである。これに対して、『論語集解』は、「孔子が衛に行き、冉有が御者となった」という状況説明を置いた上で、孔子の言葉を冉有が引き出す。「すでに多く（民が）おります。さらに何を加えますか」と。孔子が言った、「これを豊かにしよう」と。冉有が言った、「豊かになったとします。さらに何を加えますか」と。孔子が言った、「これを教化しよう」と。

現行『論語』の基本となった『張侯論』は、幼少の皇太子（のちの成帝）に教えるために編纂された。それを想起すると、こうした分かり易さのための工夫が、差異となっていることは興味深い。

## 出土した『斉論』

このように、『春秋繁露』の引く孔子言行録は、『魯論』系の『論語集解』や鄭玄『論語注』とは、「文」（本文）と「説」（解釈）に異同がある。『漢書』董仲舒伝が尭曰篇の第三章を引用することと併せ考えると、伝来資料に拠る限り、両者に引用されている孔子言行録は、『斉論』である可能性が最も高い。

よしんば、これらが『斉論』でなかったとしても、『論語集解』を基準とした両者と定州『論語』との比較により、定州『論語』が全体として『魯論』系に近いテキストであることは明らかとなった。そして、尭曰篇第三章が、小字・双行で記されることは、定州『論語』が、『魯論』を基本として『斉論』を対校した本であることを示す。墓葬の年代より、定州『論語』を『張侯論』の完成版とは考えられないが、『張侯論』の特徴を良く備えた本と考えてよい。少なくとも、現存する資料からは、『斉論』と『魯論』の結合を示すものが『張侯論』しかない以上、定州『論語』は『張侯論』との関わりの中で、その『論語』伝承過程の位置を定めるべきであろう。

このあたりまでが、文献学のできることである。こうした限界を一気に突破するものが考古学である。

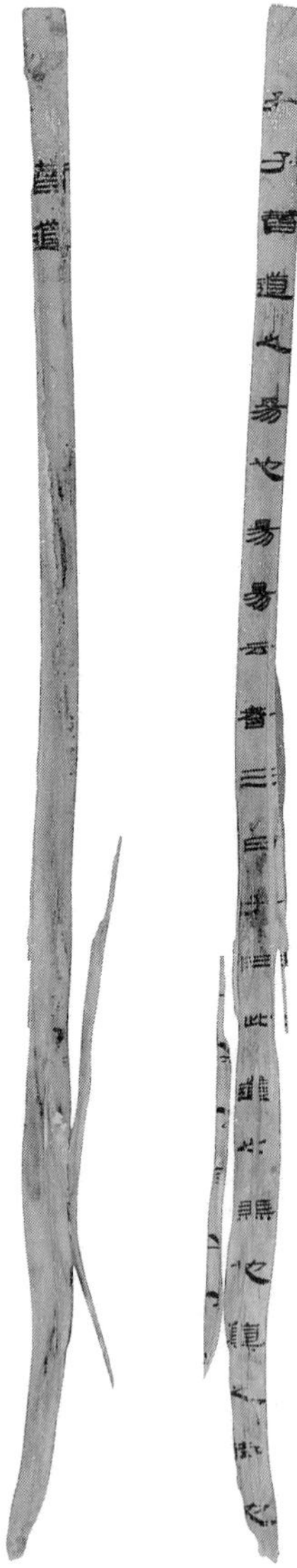

前漢海昏侯墓出土『論語』

二〇一六年、中国江西《こうせい》省の文物考古研究所は、前漢の第九代皇帝、劉賀《りゅうが》（廃帝）が埋葬された江西省南昌《なんしょう》市の海昏侯墓《かいこんこうぼ》で出土した竹簡の中から、『斉論』が見つかったと発表した。知道《ちどう》篇と考えられる簡が、解読されたのである。そこには両面に文字が書かれ、これまでに知られていない、「子曰く」から始まる文章が記されていた。未だすべての簡が公開されてはいないが、解読が進むことにより、新たな『論語』の形成過程が明らかとなろう。それでも、文献学として、ここまで推論できる、ということをここに示しておく次第である。

楊軍・王楚寧・徐長青「西漢海昏侯劉賀墓出土《論語・知道》簡初探」（『文物』二〇一六―一二、二〇一六年）によれば、左側の簡は「（智）〔知〕道」と釈読できる章題簡であり、右側の簡はその裏である。そこには、「[孔]子（智）〔知〕道之（昜）〔易〕也、（昜昜）〔昜昜〕云者三日。子曰、此道之美也、莫之御也」と書かれているという。たしかに、子曰くを除くと「知道」から始まっており、

『魯論』に比べて知道篇・問王篇の多い『斉論』と考えることができる。

陳侃理「西漢海昏侯劉賀墓出土《論語》・曾哲言志・簡初釈」（『文物』二〇二〇—六、二〇二〇年）によれば、先進篇で曾晳が志を言う章の一部を釈読したところ、これまで解釈に議論のあった「浴」の字を「容」に作っており、新たな解釈が可能となるという。このように『斉論』の内容は、次第に明らかになりつつある。

# 第四章 矛盾なき体系を求めて

## ——鄭玄の『論語注』

# 1. 儒教の国教化

## 董仲舒の天人相関説

『論語』が、『魯論』・『斉論』・『古論』の「三論」に分かれていたころから、『魯論』を中核とした『張侯論』がまとめられていくころにかけては、漢帝国における儒教の地位が向上していった時期であった。ここでしばらく、そのプロセスを見ておきたい。

儒教の国教化に関しては、前漢武帝のときに董仲舒の献策により、太学《たいがく》（国立大学）に五経博士《ごきょうはくし》が置かれ、儒教が国教化された、と説かれることも多い。だが、これは班固の『漢書』に描かれている董仲舒への賛美を妄信した誤解である。武帝期を生き、董仲舒を師とする司馬遷は、『史記』董仲舒伝にそうした事績を記録しない。

『史記』の董仲舒伝は、三一八字からなる。それを約二十三倍の七二二五字に加筆したものが、『漢書』の董仲舒伝である。字数から見ても、「加筆」というレベルではない。増補した部分には、五経博士を置き、諸子百家を退け、儒教のみを尊崇すべしと説く「天人三策」が含まれる。武帝がこれを嘉納し、儒教は国教化された、と従来は説かれてきた。だが、ここに「『論語』曰く」という時代に合わない言葉が含まれることは、すでに述べた。また、第二策に含まれる康居《こうきょ》国（タシケント付近）は、張騫《ちょうけん》によって武帝の末期に初めて伝えられる国名であり、董仲舒の上奏年には、未だその存在を知られていない。「天人三策」は、武帝のときに董仲舒が上奏した文章であるとは考えられない。ただし、儒教の国教化は事実ではないが、武帝期より儒家が台頭したことは間違いない。儒者として初めて丞相《じょうしょう》になった公孫弘《こうそんこう》や張湯《ちょうとう》のように、武帝の好む法家思想を儒学で飾る儒者は重用された。だが、政治家としては不遇で、自己の主張を実現できなかった董仲舒にこそ、儒家の思想内容の深化を見ることができる。

董仲舒は、天子の支配を天の権威により正統化するため、天人相関説《てんじんそうかんせつ》を主張した。人の身体に大きな関節が十二、小さな関節が三百六十六ヵ所あるのは、一年の月数と日数に対応する。また、五臓《ごぞう》（肝・心・脾《ひ》・肺・腎）は五行《ごぎょう》（土・木・金・火・水）に、四肢《しし》（両手両足）は四時《しいじ》（春・夏・秋・冬）に対応する。さらに、人が目覚めて眠ることは、昼と夜とに等しい。このように、人の身体は、天の全体を備えた小宇宙であり、人と天とは不可分の関係にある。したがって、人の頂点に君臨する天子が善政を行えば、天は麒麟や大豊作などの瑞祥《ずいしょう》を降してそれを褒め、天子が無道であると、天は地震や日食や洪水などの災異《さいい》を降してそれを責める。これにより、天は天子を生み出した責任を果たす、としたのである。

董仲舒の天人相関説において、天は超越的な主宰者として、天子の支配を正統化するとともに、これを批判する存在と位置づけられる。ここに儒学は、天という人格的な主宰神を持つ宗教となる準備を整えた。本来、宗教ではなかった儒学が、天子の支配を正統化するなかで、宗教化していくのである。

## 緯書による儒教の成立

董仲舒の天人相関説は、天子の支配を正統化したものの、特定の国家を正統化するものではない。そこで、漢という国家の支配を正統化するために生み出されたものが、緯書《いしょ》である。経書《けいしょ》の「経」は縦糸、すなわち人として生きる道筋という意味である。これに対して「緯」は横糸、すなわち縦糸である経書を補うために、孔子が著した書物が緯書であるとされた。もちろん、緯書は、実在の孔子とは無関係に、漢を正統化するために、董仲舒の流れを汲む公羊学派《くようがく》が中心となって創作した。

緯書には、文字どおり経書を解説するだけのものもあった。しかし、緯書の多くは讖《しん》、すなわち予《よ》占《せん》的な要素を含み、孔子は漢の成立を祝福していた、といった予言を著すものが多かった。こうして表現される考え方を讖緯《しんい》思想と呼ぶ。讖緯思想により、孔子は未来をも見通す神と位置づけられ、儒学は儒教へと変容していく。前漢の中期以降、とりわけ末期にかけて盛んに作られた緯書のなかには、漢の暦数《れきすう》(天命の定められた年数)は尽きたので、天命を再び受ける必要があると漢の再受命を説くものもあった。そして、最終的には、「古典中国」の形成に大きな役割を果たす王莽《おうもう》の即位を正統化するものまで現れるのである。

## 王莽の台頭

王莽は、元帝の王皇后の弟王曼《おうまん》の子である。皇太子のときに、張禹《ちょうう》から『張侯論』を受けた成帝《せいてい》は、王皇后の子である。成帝が即位すると、王皇后の兄弟は外戚《がいせき》(皇帝の母方の一族)として権力を振るったが、父を早く亡くしていた王莽は貧しかった。しかし、儒教を学び、家ではよく母に仕えて兄の遺児を養い、外では俊才と交わり、父の兄弟にも誠意を尽くした。こうして次第に認められた王莽は、伯父である大将軍の王鳳《おうほう》に引き立てられて順調に昇進し、新都侯《しんとこう》（新という国名の由来）に封建されて、宰相である大司馬となった。成帝が崩じて哀帝が即位すると、哀帝の外戚を恐れて官を辞したが、哀帝崩御の後には大司馬に復帰、平帝《へいてい》を擁立して、娘を皇后に立て、反対者を殺して実権を掌握した。

そうした政治闘争とともに、王莽は劉歆を腹心とし、太学を拡張して儒学を振興した。劉歆は、成帝期より始まった宮中図書の整理に父の劉向と共に参加し、図書目録である『七略《しちりゃく》』を著している。これまで『論語』の形成過程を論ずる際に、たびたび用いた『漢書』藝文志は、『七略』に班固が手を加えたものである。劉歆は、『七略』を編纂するとともに、『春秋左氏伝』・『詩経毛伝』・『周礼《しゅらい》』といった古文と総称される新しい経書を宮中の書庫から発見したとする。そして、劉歆は、当時学官に立てられていた今文学に代わり、古文学を採用すべきと主張した。やがて、王莽は皇帝になると、これら古文経典に基づく政治を行っていく。

また、王莽は、讖緯思想を利用して世論を操作する。平帝の死後、わずか二歳の孺子嬰《じゅしえい》を擁立すると、井戸から白い石が現れ、赤い文字で「安漢公《あんかんこう》王莽よ、皇帝となれ」と書いてあった、というのである。こうした瑞祥とともに現れる予言書は、緯書のなかでもとくに符命《ふめい》と呼ばれる。王莽は、符命を天意として自ら仮皇帝と称し、さらに様々な瑞祥を利用していく。

祈年殿（北京・天壇公園）

## 「古典中国」の形成

こうした王莽による儒教の濫用に、多くの儒者が反対しなかった理由は、王莽が権力を掌握する過程で儒教を保護し、国家祭祀を中心とする「古典中国」の基本を構築したためである。儒教において君主は、天子として天地を祀《まつ》り、皇帝として宗廟《そうびょう》を祀る。天は首都の南の郊外で、地は北の郊外で祀るため、これを郊祀《こうし》と呼ぶ。王莽は、正月に南郊《なんこう》で天子が親祭して天を祀り、冬至に南郊で天を祀り夏至に北郊《ほくこう》で地を祀ることは、役人に代行して行わせる（有司《ゆうし》摂《せつ》事《じ》と呼ぶ）という、儒教的な天地祭祀の基本を作りあげた。これは中国の古典的国制として二十世紀の清末まで続けられる。現在北京にある天壇《てんだん》・地壇《ちだん》公園は、天地祭祀の跡地である。また、皇帝の先祖は宗廟で祀るが、漢の七廟《しちびょう》を定めた者も王莽であった。こうして王莽により、「古典中国」の形が徐々に整えられていく。

「古典中国」とは、「儒教国家」の国制として後漢の章帝《しょうてい》期に定められた中国の古典的国制と、それを正統化する儒教の経義《けいぎ》により構成される。その形成に最も力を尽くした者が王莽なのである。王莽は、劉歆の古文学を積極的に利用して、漢の国家支配を整備しながら、「古典中国」の形成に繋がる政策を次々と打ち出した。

中国における古典的国制とは、『礼記《らいき》』王制篇と『周礼』および緯書《しょげん》に基づきなされた、祭天儀礼を中心とする諸装置・礼法を呼ぶ。古典的国制への提言は、元帝の初元三（前四六）年の翼奉《よくほう》の上奏を始まりとする。成帝期には、天子として最も重要な天地の祭祀方法として南北郊祀《こうし》が提起され、何回かの揺り戻しと哀帝期の反動があった。そして、平帝の元始《げんし》五（五）年、王莽により長安の南北郊祀が確定されて、中国の古典的国制が完成したのである。

## 新の建国と王莽の限界

王莽は、「古典中国」の形成者となることで、儒者の支持を受けた。王莽に降った瑞祥のなかで、最も重要なものは、哀章《あいしょう》が高祖廟《こうそびょう》に献じた二つの銅匱《どうき》（銅の箱）である。一つの箱には天が、もう一つには高祖劉邦が、王莽に与える、と記されていた。箱の中には「王莽よ、真天子となれ」と書かれた文書が納められ、大臣とすべき者の名まで記されていた。その名に哀章が含まれていたことは言うまでもない。王莽は、これにより正式に即位して国号を新《しん》と定めたのである。

儒教に基づく国家支配の三本の柱は、「封建」・「井田」・「学校」である。王莽は、五等爵《ごとうしゃく》の「封建」を行い、中央官制を序列化し、地方官の世襲を目指した。また、「学校」としては太学に古文学の博士を置き、『周礼』・『春秋左氏伝』の宣揚と普及に努めた。「井田」は、土地を均等に分与するという儒教の理想である。王莽の「井田」政策である王田制は、周の井田法を規範に、豪族の大土地所有を禁止し、それを貧民に分与するものであった。

こうした王莽の政策は、儒教の理想時代である周の制度を『周礼』を典拠に復興しようとするもので、儒教としてはそれなりの正統性を持っていた。しかし、やみくもに周制に復古することは、当時の現実を無視するものであった。王田制は、土地を給付される貧民には歓迎されたが、大土地所有者である豪族の利益を損ない、大きな反発を受けた。また外交でも、王莽は、儒教の華夷思想に基づき、匈奴《きょうど》や高句麗《こうくり》に渡していた王の印章を取りあげ、「降奴服于《こうどふくう》」「下句麗侯《げくりこう》」という称号を押しつけたので、かれらの怒りを買い、離反を招いた。しかも、一つの改革が行き詰まると、直ちに別のものに改めるなど、立法に一貫性を欠いたため、混乱を大きくし、不信感を強くした。こうして赤眉《せきび》の乱を契機として、各地の豪族たちが蜂起し、新は建国後わずか十五年で滅亡したのである。

## 後漢「儒教国家」の形成

後漢を建国した光武帝劉秀《りゅうしゅう》は、景帝の子長沙定王《ちょうさていおう》劉発《りゅうはつ》の子孫であり、劉秀の代には南陽郡《なんようぐん》の豪族となっていた。劉秀は、太学に遊学し、『尚書』を修めて政治を学んだ。劉秀は、赤眉を降伏させ、隴西《ろうせい》に拠る隗囂《かいごう》を破ると、蜀で帝位に就いていた公孫述《こうそんじゅつ》を平定して中国を統一、洛陽を首都に漢を復興した。そして統一後は軍備縮小政策を取り、功臣から軍権を奪って儒教を学ばせた。

光武帝は、讖緯思想を利用して即位したのち、自らを正統化した緯書を整理させた。こうして儒家の思想は、宗教的色彩を帯びた儒教へと変質することで、漢の支配を正統化し、国家の支配を支える唯一の正統思想として尊重されることになった。後漢では、太学に博士が置かれるなど制度的に儒教が尊重されるだけでなく、官僚にも豪族にも儒教が浸透し、国家を正統化する理論を備えた儒教が、具体的な統治の場でも用いられる「儒教国家」が成立したのである。

漢の祭祀の完成者は王莽である。王莽を打倒した光武帝は、それに従うべきではない。しかし、その祭祀は、儒教の経典に基づいた古典的国制であり、建国の草創期に儒教経義を検討し直し、新たな祭祀方法を定める時間はなかった。このため後漢「儒教国家」は、はじめ王莽の定めた祭祀方法を受け継いだが、これでは正統性が揺らぎかねない。

そこで、支配が安定すると、第三代の章帝は、宮中の白虎観《びゃくこかん》に儒者を集め、後漢の儒教経義を定めた。これが白虎観会議である。王莽の定めた「元始中の故事」と呼ばれる祭祀方法は、今文学により定め直された。あくまで、「漢」の平帝の元始年間に定められた祭祀の方法として権威づけられたのである。また、後漢は王莽が官学とした古文学を排し、今文学を官学としたが、白虎観会議は今古文の経義をすり合わせるなかで、古文学の長所を取り入れることに努めた。

こうして後漢の章帝期には、前漢から王莽期に形成された古典的国制は、儒教経義の裏付けを得て、後漢としての儒教の経義も定まった。ここに、「古典中国」が確立し、儒教の国教化は完成したのである。

## 後漢の衰退と黄巾の乱

後漢「儒教国家」における地方統治は、「寛治《かんち》」という理念で表現された。前漢武帝が重用した酷吏のような、法律を厳しく適用して豪族を弾圧する統治は、豪族の抵抗を受けて行きづまっていた。これに対して、寛治は、豪族を弾圧せずに利用する。具体的には、農民に課すべき税の一部を豪族に負担させることで、豪族は「清《せい》」「廉《れん》」という儒教の徳目で表される名声を手に入れる。「清」「廉」な者は郷挙里選《きょうきょりせん》という官僚登用制度により、官僚候補生として中央に推薦される。儒教は、支配の具体的な場で、このような形をとって、豪族を利用する後漢国家の支配を正統化したのである。

しかし、後漢の寛治は、第四代の和帝《わてい》のころから次第に機能しにくくなる。外戚と宦官（後宮に仕える去勢された男子）が政治に関わり始めたためである。後漢の皇帝は多く短命で、和帝以降は幼帝の即位が続き、外戚が政権を握った。やがて、成長した皇帝は、外戚から政権を取り返そうとする際に、宦官を重用した。皇帝は、宦官を勉強や遊びの相手として育つため宦官に親近感を持ち、宦官も皇帝へ絶対の忠誠心を持っていたためである。こうして後漢では、外戚と宦官とが、交互に政権を担当したのであった。

外戚と宦官は、国政の私物化、具体的には郷挙里選において自分の一族や知り合いを推薦するように、地方官に圧力をかけるものが多かった。これは、郷挙里選により豪族を取り込む後漢の寛治を徐々に蝕《むしば》んでいく。豪族出身で儒教を身につけた官僚たちは、外戚や宦官に激しく抵抗した。しかし、その対決は常に宦官の勝利であった。それは、皇帝の信任厚い宦官が、皇帝の延長として権力を行使していたためである。

宦官は、儒教官僚を「党人《とうじん》」（悪い仲間）として国家から排除する党錮《とうこ》の禁《きん》を起こした。後漢から追い出された党人は、宦官への批判を続けた。やがてそれは、宦官をのさばらせる皇帝や後漢という国家そのものへの批判へとエスカレートしていき、三国時代の「名士」と呼ばれる知識人層を成立させる。

一方、党錮の禁により儒教官僚を追い出した宦官は、後漢政府を完全に掌握した。これは、一般の農民には税負担の増大となって現れた。何ごとも賄賂で決まる時代になったのである。三国曹魏の基礎を築いた曹操《そうそう》の父曹嵩《そうすう》は、太尉《たいい》という後漢の最高官を一億銭で買っている。もはや総理大臣の位まで金で買えるほど、後漢の政治は腐敗していたのである。こうした社会不安のなかで、太平道《たいへいどう》という秘密結社が流行する。創始者の張角《ちょうかく》は、おふだと聖水で病気を治し、民の支持を得た。張角は黄巾《こうきん》の乱を起こし、後漢は衰退していく。

こうした混乱のなか、漢の経学を集大成する大学者が現れる。それが鄭玄である。

## 2．鄭玄と三礼体系

### 今文・古文の兼修

鄭玄は、字を康成《こうせい》といい、北海《ほっかい》国高密《こうみつ》県の出身で、後漢の永建《えいけん》二（一二七）年に生まれ、建安《けんあん》五（二〇〇）年に卒した。奇《く》しくも、鄭玄と並ぶ中国の二大儒者である朱熹は、そのちょうど千年後の慶元《けいげん》六（一二〇〇）年に卒している。

鄭玄は、若くして郷 嗇夫《きょうしょくふ》に就いたが、属吏を続けることを望まず、二十五、六歳のころ、父の反対を押し切って遊学に出る。北海国の相《しょう》（行政長官）である杜密《とみつ》が、洛陽の太学に就学を勧めたためである。それから十年余り、鄭玄は良師を訪ね歩き、学問を修めた。

鄭玄は、第五元先《だいごげんせん》から、『京氏易《けいしえき》』・『春秋公羊伝』・「三統暦《さんとうれき》」（暦法）・『九章算術《きゅうしょうさんじゅつ》』（算術書）を受け、張 恭祖《ちょうきょうそ》から、『周礼』・『礼記』・『春秋左氏伝』・『韓詩《かんし》』・『古文尚書《こぶんしょうしょ》』を修め、最後に外戚の大儒馬融《ばゆう》の門下になった。ただ、馬融と面会したのは一度だけで、普段は兄弟子の盧植《ろしょく》などから学問を受けた。盧植は、『礼記解詁《らいきかいこ》』を著すと共に、のちに黄巾の乱を平定する軍略を立てた「儒将」で、三国蜀漢を建国した劉備《りゅうび》も、その門生である。鄭玄が、曹操に追い詰められた劉備のために袁紹《えんしょう》への手紙を書くという『三国志演義』の虚構は、それほど荒唐無稽《こうとうむけい》な話ではない。盧植は、董卓《とうたく》に抵抗したのち袁紹の軍師となり、鄭玄は盧植の死後、官渡《かんと》の戦いの際に袁紹の軍師として迎えられる途上、病で卒した。

馬融は、古文学の大家であった。鄭玄は、そのもとで古文学を極めようとした。その一方で、第五元先より受けた『京氏易』・『春秋公羊伝』、張恭祖より受けた『礼記』・『韓詩』は今文学《きんぶんがく》であった。鄭玄は、古文学と今文学を兼修しているのである。それは、師である張恭祖もまた、今文学のほかに『周礼』・『春秋左氏伝』・『古文尚書』という古文学を鄭玄に授けていることと同じである。「一経専《いっけいせん》修《しゅう》」であった漢の儒教は、今文学と古文学の双方、さらに一つではなく多くの経典を兼修するようになっていた。鄭玄は、そうした後漢の経学を集大成して、古文学と今文学を融合する。それは、単なる融合に止まらない。孔子が編纂したとされていた多くの経典を矛盾無く体系化しようとしたのである。鄭玄の『論語注』も、そうした「鄭玄学」の体系の中で著された。

鄭玄の著作は、馬融のもとを去り、郷里に戻ったあと、家居を強制される中で行われた。延熹《えんき》九（一六六）年、宦官が自らの政治関与に反対する儒教的官僚を党人として禁錮（出仕禁止）する党錮の禁を起こしたためである。鄭玄は、党錮の禁が解除される中平《ちゅうへい》元（一八四）年、すなわち五十八歳までに「三礼《さんらい》」に注をつけた。党錮が解除された理由は、黄巾の乱にあった。

黄巾は、鄭玄の郷里にも押し寄せたが、そこが大学者鄭玄の住む城市《まち》であると聞くと、攻撃しなかった。鄭玄は、黄巾の乱による後漢の衰退を目《ま》の当たりにしながら、やがて漢が終わり、新たな国家が成立するための革命の理論を形成していく。そして、漢の行方を見定めたかったのであろう。袁紹の軍師となるため、官渡の戦場に赴く途中、七十四歳で生涯を閉じたのである。

## 三礼体系

鄭玄のころ、経書には、『詩経』・『尚書（書経）』・『春秋』・『易経』・『礼記』の「五経」に、『論語』・『孝経』を加えた「七経」があった。さらに『詩経』であれば、魯《ろ》の申培公《しんばいこう》の伝《でん》（解釈）を附した魯詩、斉の轅固生《えんこせい》の伝を附した斉詩、燕《えん》の韓嬰《かんえい》の伝を附した韓詩という今文《きんぶん》で学官《がくかん》に立てられていた「三家詩《さんかし》」と、毛亨《もうきょう》・毛萇《もうちょう》の伝を附した古文の毛詩とがあった。同様に『尚書』・『春秋』・『易経』にも今文学・古文学それぞれの伝が付けられていた。「礼」に至っては、今文学の『礼記』・『儀礼《ぎらい》』のほか、古文学の『周礼』があり、経書そのものに今文・古文の別があった。このほか、董仲舒の流

鄭玄の三礼体系

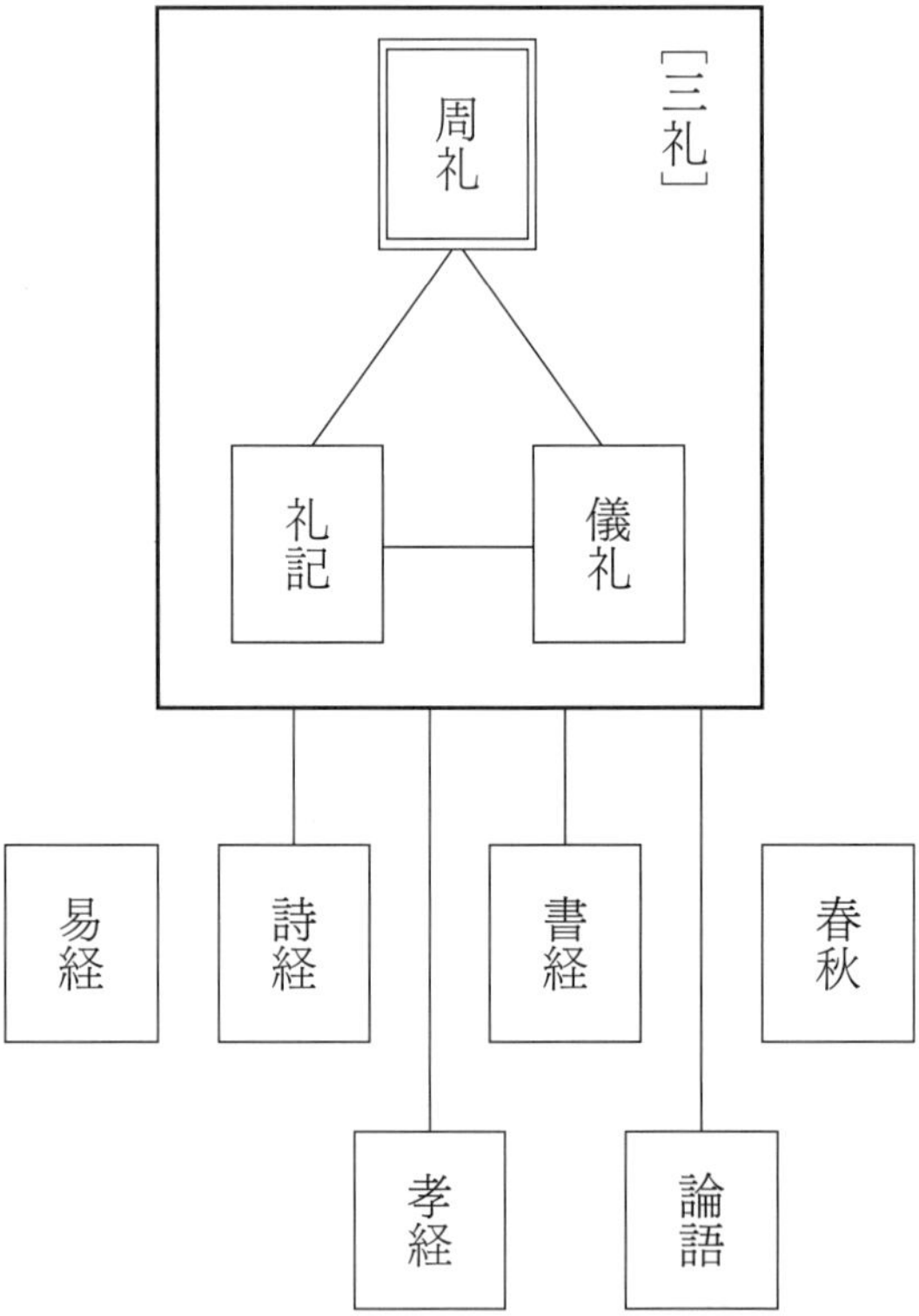


れを汲む公羊学者が前漢の後半期から偽作した緯書も尊重されていた。鄭玄は、成立過程が異なるこれら経書・経書の伝・緯書を統一的に、そして体系的に理解しようとしたのである。

鄭玄は、その体系の頂点に『周礼』を置いた。そして、同じく礼に関する経書である『儀礼』『礼記』を『周礼』のもとに組織して、『周礼』・『儀礼』・『礼記』の「三礼」すべてに注釈を付けた。鄭玄のこうした体系を加賀栄治は「周礼体系」、あるいは「三礼体系」と呼んだ。鄭玄の「三礼注」は、単に「三礼」のそれぞれに注を付けたのではない。「三礼注」により、礼のすべての経典である「三礼」が、緊密に関連づけられているところに、最大の特徴があった。

鄭玄は、「三礼」以外の諸経伝にも礼の規定を求め、すべての経書・経書の伝・緯書を礼体系に位置づけた。この結果、すべての経伝は、みな礼体系に統合された。これが鄭玄の「三礼体系」である。現在残る鄭玄『論語注』にも、そうした礼体系への結びつけを見ることができる。

## 六天説と革命

鄭玄学は、『周礼』を頂点とする統一性、体系性の高さのほかに、緯書を尊重する宗教性の高さを特徴として持つ。ことに、鄭玄を乗り越えようとした朱熹の学説の宗教との距離感に鑑みると、鄭玄学の宗教性の高さは際立つ。董仲舒以来の漢代の儒教が持ってきた、主宰者である天の権威により、天子の正統性を保証するという側面が、明確に継承されているのである。

ただし、鄭玄学における天と天子との関係性は、現存の国家を正統化するに止まらなかった。盧植・鄭玄と並んで、後漢末三大儒学者の蔡邕《さいよう》が、董卓と共に王允《おういん》に殺されたとき、鄭玄は「漢の世は誰と共に正さん」と荒野で慟哭《どうこく》した。鄭玄は、漢という国家の滅亡を予感し、新たなる国家が漢に革命を起こすべき理論を「六天説《りくてんせつ》」と呼ばれる特異な天の位置づけとともに打ち立てた。

鄭玄は、六天説により、永遠と思われた「聖漢《せいかん》」がなぜ終焉を迎えたのかを説明する。そして、

「聖漢」の終わりは、たとえば、黄巾が説くような中黄太乙《ちゅうこうたいいつ》（黄老思想に基づく宇宙神）への信仰といった儒教以外の宗教や価値観に基づく国家が建設されることを意味しない。鄭玄は、漢に代わる国家もまた、儒教に基づく必然性を六天説で指し示したのである。

鄭玄の六天説は、「感生帝説《かんせいていせつ》」を前提とする。感生帝説とは、天命を受けた国家の始祖は通常の出産ではなく、その母が異物に感じて帝王を孕《はら》むという思想である。鄭玄は、周の始祖后稷《こうしょく》は、母の姜《きょう》嫄《げん》が上帝の足跡の親指のところを踏んで身籠ったという伝説について、后稷は、足跡を残した感生帝（上帝、天）の子である、と説明する。足跡を残した上帝は、緯書によれば、蒼帝霊威仰《そうていれいいぎょう》という名を持つ。これが、周の守護神となる天である。周という国家は、周の守護神であり、感生帝である蒼帝霊威仰の足跡の親指を踏むことで孕んだ姜嫄の生んだ后稷が、天の命を受けて成立した国家である。したがって、周が滅亡することは、その守護神である蒼帝霊威仰の保護が終わることを意味する。

それでは、蒼帝霊威仰に代わって、儒教以外、たとえば「黄天」（中黄太乙）を守護神とする黄巾の国家が形成されるのか、と言えばそうではない。儒教の最高神である昊天上帝《こうてんじょうてい》は、周の興廃にかかわらず君臨し続ける。そして、周（木徳、シンボルカラーは蒼《あお》）に代わる、漢（火徳、シンボルカラーは赤）の守護神である赤帝赤熛怒《せきていせきひょうど》を感生帝・守護神とする劉邦が、漢を建国するのである。鄭玄は、劉邦の母の劉媼《りゅうおう》が夫を持ちながらも、赤龍《せきりゅう》に感じて劉邦を生んだことをその証拠とする。赤龍は、感生帝である赤帝赤熛怒の精である。劉邦が、それに感じた母より生まれたからこそ、漢は四百年に及ぶ天命を得たのである。いま、漢が天命を失いつつあるとすれば、五行《ごぎょう》の順序から言って、黄帝含枢紐《こうていがんすうちゅう》（土徳、シンボルカラーは黄色）を感生帝とする受命者が、地上に現れているはずである。それは、決して昊天上帝を否定する張角ではない。

このように、鄭玄の六天説は、至高神である昊天上帝のほかに、五行を主《つかさど》り、歴代の王者の受命帝となる蒼帝霊威仰（木を主る）→赤帝赤熛怒（火を主る）→黄帝含枢紐（土を主る）→白帝白招拒《はくていはくしょうきょ》（金を主る）→黒帝汁光紀《こくていじゅうこうき》（水を主る）の五帝（五天帝）という、六種類の天帝を設定する思想である。五天帝の名は、すべて緯書による。緯書の宗教性が鄭玄の学説の宗教性を支えたのである。

そのうえで、鄭玄は、天の祭祀を二つに大別し、昊天（昊天上帝）を圜丘《えんきゅう》（天を象徴する円形の祭壇）に祀《まつ》り（これを圜丘祀天《えんきゅうしてん》と呼ぶ）、上帝（五天帝）を南郊で祀るべきである（南郊祭天《なんこうさいてん》）という。昊天上帝は、六天の中で最高の地位を占め、皇天上帝《こうてんじょうてい》・天皇大帝《てんこうたいてい》とも呼ばれ、天全体を主宰する最高神である。これに対して五天帝は、王者の先祖を生ませた天（感生帝）である。

こうして、鄭玄は、なぜ漢が滅亡するのか、漢に代わる国家が、それでもなお儒教の天の保護を受けるのかを説明した。六天説により、「漢に代わるもの」の存在を予言したと言い換えてもよい。

後漢に革命を起こして曹魏を建国した文帝《ぶんてい》（曹丕《そうひ》、曹操の嫡長子）の子、明帝《めいてい》（曹叡《そうえい》）は、青龍《せいりゅう》五（二三七）年一月、土徳の象徴である黄龍の出現が報告されると、曹魏を地統《ちとう》、建丑《けんちゅう》の月を正月《せいげつ》とする正朔《せいさく》（暦法）の改制を行い、景初《けいしょ》と改元する。そして、六月には、七廟《しちびょう》制に基づき祖先の祭祀のあり方を定め、洛陽の南の委粟山《いぞくさん》に圜丘を造営する。十二月の冬至、明帝は、初めて圜丘で昊天上帝を祭祀した。ここに、六天説を特徴とする鄭玄説に基づく祭天儀礼が初めて施行されたのである。

こうして、「漢に代わるもの」が天下に明示されたのは、黄巾の乱から五十年が経ち、漢の最後の皇帝である献帝《けんてい》と、劉備《りゅうび》を輔《たす》けて漢を最後まで守ろうとした諸葛亮《しょかつりょう》とが、ともに卒した二三四年から三年後の、景初元（二三七）年のことであった。

## 3.『論語』内での総合性

### 伝わらなかった『論語注』

鄭玄の『論語注』は、宋代には散佚した。その後、ほかの本から残った部分を集める作業が試みられていたが、一九六九年に吐魯番《トゥルファン》のアスターナ三六三号墓より出土した「卜天寿本《ぼくてんじゅ》」（為政第二～公冶長第五）など、唐代の抄本（写本）が発見された。これらを合わせると、鄭玄『論語注』の六〇パーセント程度は、復原されている。

鄭玄『論語注』と何晏『論語集解』の受容について、『隋書』経籍志《けいせきし》は次のように記している。

（南朝の）梁や陳のとき、ただ鄭玄と何晏（の『論語』）だけが国学に（学官に）立てられていたが、鄭玄の『論語』は（学ばれることが）少なかった。（北朝の）周や斉では、鄭玄（の『論語』）だけが（学官に）立てられていた。隋では、何晏と鄭玄とが並んで行なわれ、鄭玄（の『論語』）が世間で盛んであった。

このような『論語』の受容の差異は、南北朝における儒教の全体的な傾向を反映している。鄭玄学

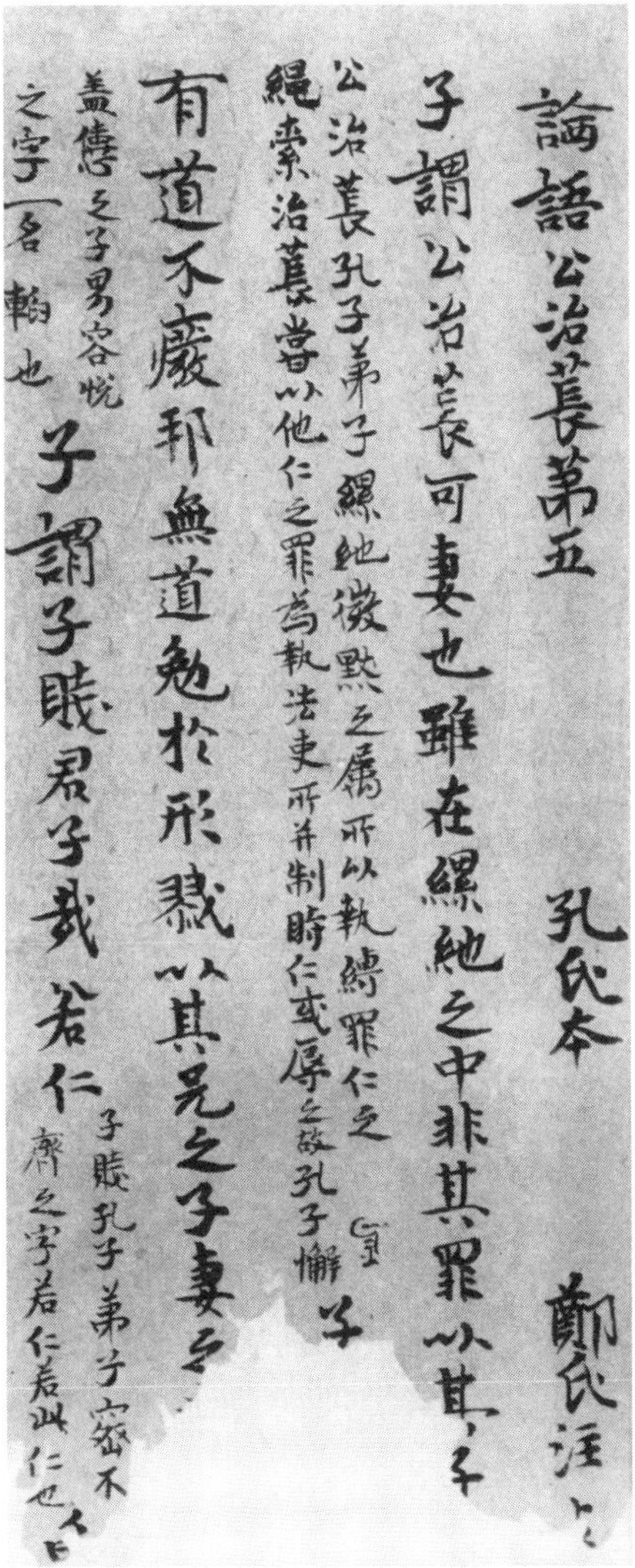


卜天寿本『論語注』

に異議を唱えた曹魏の王粛《おうしゅく》は、西晉《せいしん》を建国した武帝司馬炎の外祖父にあたる。このため、東晉《とうしん》の正統を継承する南朝では、鄭玄ではなく王粛の経学が尊重された。このため、鄭玄の『論語注』は南朝では低調であった。これに対して、鄭玄の経学が儒教の主流であった北朝では、鄭玄の『論語注』だけが学官に立てられていたのである。南北朝を統一する隋までは、両者が学官に立てられており、また民間でも盛んに学ばれていたという鄭玄の『論語注』は、なぜ散佚したのであろうか。

鄭玄の『論語注』が亡び、何晏の『論語集解』が伝存した外的要因は、何晏の『論語集解』が、皇侃の『論語義疏』を経て、邢昺の『論語注疏』へと受け継がれたこと、および朱熹の『論語集注』以降、それ以前の本がほとんど顧みられなくなったことに求められる。それを踏まえたうえで、鄭玄『論語注』が選択されなかった内的要因とともに、鄭玄の『論語注』の特徴を考えていこう。

## 底本の違い

鄭玄『論語注』と何晏『論語集解』は、同じ章に対する解釈を異にすることが多い。それを生み出す第一の原因は、底本の違いである。鄭玄の『論語注』は、『隋書』経籍志によれば、『張侯論』を『古論』で校勘したものである。一方、何晏の『論語集解』は、皇侃『論語義疏』叙文によれば、『魯論』を底本にするという。

鄭玄『論語注』は、次に掲げる何晏『論語集解』学而篇の「仁」を「人」につくる。

> 有子曰く、「其の人と為《な》りや孝悌にして、上《かみ》を犯すを好む者は鮮《すくな》し。上を犯すを好まずして乱を作《な》すを好む者は、未だ之れ有らざるなり。君子は本を務む。本 立ちて 道 生ず。孝悌なる者は、其れ仁の本《もと》たるか」と。
>
> 有子が言った、「その人柄が孝悌でありながら、上に逆らうことを好む者は少ない。目上に逆らうことを好まないのに、乱を起こすことを好む者は、決して存在しない。（このようであるから）君子は根本のことに努力する。根本が確立した後に（その人は）大成するのである。孝悌というのは、まさしく仁の根本であろう」と。

傍線部の「仁」を「人」につくったうえで、鄭玄『論語注』は、この章に次のような注をつけている。

孝《こう》は百行の本である。人の行いのなかで、孝より先とすべきものはないことを言う。人に孝という本来の性《せい》があれば、功は成って行いは立つことを言っている。

鄭玄は、孝を「百行（すべての行い）の本」であると述べ、人に孝悌《こうてい》という本性があれば、立派に成功し、身を立てられると解釈する。仁という言葉が出てこない理由は、本文が「孝悌なる者は、其れ人の本」となっているためである。

これに対して、何晏の『論語集解』は、まずよく父兄に仕え、そののちに、仁道は大成できると解釈する。「孝悌なる者は、其れ仁の本」と解釈しているためである。

このように、底本の違いにより本文の文字が異なれば、解釈は当然異なる。これは、両書の思想性の違いから生ずるものではなく、必然的な差異である。

## 時代状況の違い

第二に、成立時期に起因する解釈の相違を検討しよう。

北宋の『文苑英華《ぶんえんえいが》』に引かれる「鄭君自序《ていくんじじょ》」によれば、『論語注』は党錮の禁の際に「三礼《さんらい》」の注をつけた鄭玄が、『毛詩鄭箋《もうしていせん》』（『詩経』の注）を著したあとで、『論語』に注を附したという。すでに、鄭玄の学問が成熟し、「三礼体系」が形成されている時である。

一方、何晏の『論語集解』は、清の劉宝楠《りゅうほうなん》の『論語正義《ろんごせいぎ》』によれば、正始《せいし》三（二四二）年以後の成立とされる。正始二（二四一）年に、斉王の曹芳《そうほう》（皇帝であるが、廃位されたので斉王と呼ぶ）が、読書始めで『論語』を読んだことを執筆の契機とする。『論語集解』は、大将軍《たいしょうぐん》の曹爽《そうそう》のもと、何晏が吏《り》部尚書《ぶしょうしょ》として人事を掌握していたころ、十歳で読書を始めた幼帝の曹芳のために著したものである。

こうした成立時代の違いが、『論語』八佾篇に記される禅譲（武力によらない革命）に対する両者の評価を異ならせる。

子 韶《せう》を謂《い》ふ、「美を尽くせり、又 善を尽くせり」と。武を謂ふ、「美を尽くせり、未だ善を尽くさず」と。

孔子が（舜の楽である）韶を批評した、「美を尽くしている、さらに善を尽くしている」と。（周の武王の楽である）武を批評した、「美を尽くしてはいる、まだ善を尽くしてはいない」と。

この章について、鄭玄は、次のような注をつける。

韶は舜の楽の名である。舜が聖徳により禅譲を堯から受けたことを美とするのである。また善を尽くしたとは、太平を致《いた》らせたことをいう。武は周の武王の楽をいう。武王の武功により天下を定めたことを美とするのである。まだ善を尽くさないとは、まだ太平を致らせていないことをいう。

ここでは、善・未善の価値基準は、「太平を致らせた」か否かに置かれている。その際、天下を得る手段は、禅譲であっても放伐《ほうばつ》（武力による革命）であっても問題とはされない。鄭玄は、黄巾の乱に混乱する後漢末を生きた。そして、『周礼』と『尚書中候《しょうしょちゅうこう》』（緯書の一つ）への注を中心としながら、「太平」を希求する理想を注釈に示した。したがって、『論語注』でも、太平を致らせたか否かを善の基準としたのである。

これに対して、何晏は、孔安国の注を引用することで、禅譲の正統化に努める。

孔安国は、「韶は、舜の楽である。聖徳によって禅譲を受けたことを語る（楽である）。そのため善を尽くしていると言うのである」と言っている。……孔安国は、「武は、武王の楽である。放伐によって天下を取った。そのためまだ善を尽くしてはいないというのである」と言っている。

何晏は、舜が禅譲により天下を受けたために、善を尽くすと孔子に尊重され、周の武王は放伐により天下を取ったので、未だ善を尽くしていないと孔子に評価されたと解釈する。つまり、何晏は、禅譲か放伐かに善・未善の価値を求めているのである。何晏が仕え、支える曹魏は、自らを舜、漢を尭の後裔と位置づけて、禅譲革命を行っている。曹魏の皇帝である曹芳《そうほう》にそれを自覚させるためにも、禅譲革命を正統化する解釈を行ったのである。

鄭玄の『論語注』は、黄巾の乱に苦しみ「太平」を求める後漢末に、何晏の『論語集解』は、尭舜革命に準《なぞら》えた禅譲により成立した曹魏の皇帝に献上するために、それぞれ書かれた。執筆した時代の政治的状況が、天下の太平か、革命の方式かに善・未善の価値基準を分けさせているのである。

### 学問傾向の違い

こうした外的要因に加えて、両者の解釈の差異を生み出すものが学問傾向の相違である。今文学・古文学の融合を目指す鄭玄の『論語注』は、「通《つう》」を尊重する解釈を行う。鄭玄は、『論語注』為政篇で、次のような解釈を展開する。

子曰く、「其の鬼《き》に非ずして之を祭るは、諂《へつら》ふなり。義を見て為《な》さざるは、勇無きなり」と。【天は神と曰ひ、地は祇《ぎ》と曰ひ、人は鬼《き》と曰ふ。其の祖考に非ずして之を祭るは、淫祀《いんし》の福を媚《こ》び求むるなり。鄭《てい》の祊《はう》の田を易へて周公を祀《まつ》り……】

孔子が言った、「自分の先祖の霊でもないのに祭るのは、諂っているのである。なすべきことを見ながら実行しないのは、勇気がないのである」と。【天は神といい、地は祇《ぎ》といい、人は鬼《き》という。自分の先祖でもないのに祭るのは、淫靡な祭祀に媚びて福を求めているのである。鄭《てい》が祊《はう》の田を交換して周公を祀《まつ》り……】

【】で表記した鄭玄注の「鄭の祊の田を易へて周公を祀り……」以下は、『春秋左氏伝』隠公伝八年を典拠とする。鄭伯《ていはく》（鄭の荘公《そうこう》）が泰山での祭祀を廃止し、その代わりに自らの先祖ではない周公を祭ることを口実に、祊《ほう》（泰山を祭る湯沐《とうもく》の邑《ゆう》）を魯の許《きょ》（朝宿の邑）と交換しようとしたことを伝える『春秋左氏伝』を典拠として、鄭玄は自分の祖先以外の祭祀は、「淫祀の福を媚び求むる」ことであると『論語』を解釈する。鄭玄の『論語』は、『張侯論』（『魯論』系）を底本とするので今文のテキストである。『春秋左氏伝』は古文学である。今文学と古文学とに「通」じる解釈を行う鄭玄学の特徴が、『論語注』にも表れているのである。

一方、儒教と老荘思想を兼修する玄学を創設した何晏の『論語集解』は、「兼《けん》」を重視する。何晏は、『論語集解』泰伯篇に次のように注をつけている。

曾子疾《やまひ》有り。門弟子を召して曰く、「予《わ》が足を啓《ひら》け、予が手を啓け。［①鄭玄曰く、「啓は、開なり。曾子 以為《おも》へらく、身体を父母に受け、敢て毀傷せずと。故に弟子をして衾《ふすま》を開きて之を視せしむなり」と。］詩に云ふ、「戦戦兢兢《きょうきょう》として、深淵に臨むが如く、薄氷を履《ふ》むが如し」と。［②孔安国曰く、「此の詩を言ふ者は、己 常に戒慎して、毀傷する所有らんことを恐るるに喩《たと》ふるなり」と。］而今《じこん》而後、吾 免《まぬか》るるを知るかな、小子」と。［③周生烈曰く、「乃ち今日より後、我 自づから患難を免るるを知れり。小子は、弟子なり。之を呼ぶは、其の言を聴き識《し》らしめんと欲すればなり」と。］

曾子《そうし》が病気で重篤となった。一門の弟子たちを呼び寄せて言った、「（ふとんをのけて）わたしの足を開き、わたしの手を開け。［①鄭玄《じょうげん》は、「啓は、開である。曾子は、父母より体をもらい受け、あえてこれを傷つけまいと考えた。そのため弟子にふとんをのけて体を見せたのである」と言っている。］『詩』（小雅《しょうが》 小旻《しょうびん》）に、「恐れてびくびくしながら（慎重に）、深き淵をのぞくようにし、薄い氷の上を踏み歩くようにする」とある。［②孔安国《こうあんこく》は、「この詩を言ったのは、自分が常に戒め慎み、（体を）傷つけてしまうのではないかと恐れるさまに喩えたからである」と言っている。］今日より後、わたしは（そのような心配を）もうしなくて済むことを知ったのだよ、諸君」と。［③周生烈《しゅうせいれつ》は、「ようやく今日より後、わたしはおのずと（体を傷つけないようにする）患難より解放されることを知ったのである。小子は、弟子のことである。これを呼んだのは、（自らの）言葉を聞き知らしめようとしたからである」と言っている。］

何晏は、この章に①鄭玄・②孔安国・③周生烈《しゅうせいれつ》という三人の注（［　］で表記）を付けている。それらの注を出土した鄭玄『論語注』と比較すると、鄭玄注①は字句の異同があるものの【啓、開也。曾子以為、孝孝子受身体於父母、当完全之。今有疾、或恐死。故使諸弟子開衾而視之。】（傍線部が差異）、孔安国注として引かれる②はほぼ同文【言此詩者、喩己常誡慎、恐有所毀傷。】、周生烈注として引かれる③もほぼ同文である【今日而後、我自知勉（免）於患難矣。言小子者、［弟子也。］呼之［者］、欲使聴識其言。】（［　］を欠く）。

すなわち、この程度の文字の異同であれば、①から③まで、すべて鄭玄注を引用すれば、それで事が足りる。何晏は、あえてそれを回避し、鄭玄注と同内容の②孔安国注と③周生烈注を「兼」ねて引用しているのである。

このように、『論語集解』は、ある特定の一注釈を基本とし、それを優先的に引用することはない。できるだけ多彩な注釈を可能な限り引用しようとする。そのように多くの学問を「兼」ねることが何晏の学問の特徴なのである。

鄭玄『論語注』と何晏『論語集解』の解釈に差異がある理由は、底本と成立時期という外的要因にあった。加えて、「通儒《つうじゆ》」鄭玄が、多くの経文を引用する総合性・体系性を持つことに対し、儒教と老荘を「兼」ねる玄学を創始した何晏が、様々な注家の説を兼ね合わせるという互いの学問傾向の相違にも原因はあった。鄭玄『論語注』の特徴は、この総合性と体系性にある。

## 4．鄭玄注の総合性と体系性

鄭玄『論語注』の総合性は、第一に、『論語』の各章を有機的に結びつける解釈に求められる。鄭玄は、『論語注』公冶長篇に次のように注をつけている。

子 陳に在りて曰く、「帰らんか、帰らんか、吾党の小子よ。【吾党の小子は、魯人の弟子と為《な》れるものなり。孔子 陳に在る者《とき》、之と与《とも》に倶《とも》に魯に帰らんと欲す。】狂簡斐然《きやうかんひぜん》にして……吾 之を裁する所を知らず」と。【狂なる者は、進趣にして時事に簡略なり。時に陳人 皆 高談虚論し、言 非にして博きを謂ふ。吾 裁制して之を止むる所以《ゆえん》を知らず。毀誉 日ごとに衆《おほ》し。故に之を避けて帰らんと欲するのみ。】

孔子は陳に居たときに言った、「帰ろうか、帰ろうか。わが郷党の弟子たちよ。【吾党の小子は、魯の人で弟子となったものである。孔子は陳に居たとき、かれらと一緒に魯に帰ろうとしたのである。】（陳の人々は）進むだけで肝要なことはせず……わたしはかれらを制御できない」と。【狂というものは、進もう進もうとしてその時々のことは疎かなことをいう。このとき陳の人はみな声高に根拠なく談論し、言葉はよくなく大きなことだけをいう。わたしは（陳人を）制御して止める方法が分からない。毀誉褒貶ばかりが日ごとに多くなる。このため陳を避けて魯に帰ろうと思ったのである。】

「吾党の小子よ」で、句を切ることは鄭玄『論語注』独自の解釈である。『論語集解』以下歴代の『論語』解釈は、「帰らんか」で切り、「吾党の小子」を下に繋げ、故郷（魯）の若者たちが「狂簡斐然」（大道へと進取してあや模様を織りなしている）と解釈する。これに対して、鄭玄『論語注』は、「吾党の小子」を陳に随行している魯人の弟子と解釈する。「狂簡斐然」であるのは、陳の人々となる。

それは、この公冶長篇と、次に掲げる先進篇とを総合的に解釈しているためである。

子曰く、「我に陳・蔡に従ふ者は、皆 門に及ばざる者なり」と。徳行には、顔淵・閔子騫・冉伯牛・仲弓。言語には、宰我・子貢。政事には、冉有・季路。文学には、子游・子夏なり。

孔子が言った、「わたしに陳と蔡《さい》（の厄）の際に従った者たちは、みな仕官ができなかった者である」と。徳行では、顔淵と閔子《びんし》騫《けん》と冉伯牛《ぜんはくぎゅう》と仲弓。言語では、宰我と子貢。政事では、冉有《ぜんゆう》と季路。文学では、子游と子夏である。

鄭玄は、先進篇における、「陳・蔡に従ひし者」である顔淵ら「孔門十哲」を公冶長篇の「吾党の小子」とすることで、二篇を総合的に解釈するのである。さらに、『詩経』の中で、陳の詩が風俗の乱れを表現していることも、鄭玄の解釈の伏線となっている。自分の弟子ではなく陳の人々を「狂簡斐然」であるとする公冶長篇の鄭玄の解釈は、先進篇、さらには『詩経』までをも視野に入れた総合的な解釈なのである。

## 他の経典を踏まえる

鄭玄『論語注』の総合性は、他の経典と呼応した解釈としても表れる。鄭玄は『論語注』雍也篇では、次のような注をつけている。

夫れ仁者は、己《おのれ》立たんと欲して人を立て、己 達せんと欲して人を達す。能く近く譬《たと》へを取る。仁の方と謂《い》ふ可きのみ。【己 身を立て名を成さんと欲す。故に亦《ま》た人を立つ。己 官に居《を》りて道を行はんと欲す。故に亦た人を達す。皆 己の欲する所を以てして之を為すなり。】

そもそも仁者は、自分が立とうと思う時には他人を立て、自分が栄達しようと思う時には他人を栄達させる。（他人に対しては、自分の）身近な事柄に譬えて考えることができる。（それらこそが）仁を実践する方法ということができるのだ。【自分が身を立て名を成そうと思う。だから人を立たせるのである。自分が官にあり道を行いたいと思う。だから人を達せさせるのである。みな自分のしたいことを人にするのである。】

鄭玄は、「立」とは身を立て名を成すことで、「達」とは官にあって道を行うことであるとする。『論語集解』・『論語義疏』・『論語集注』などで、「立」と「達」の違いを明確に説明するものはない。鄭玄注が訓詁《くんこ》に優れていることが分かる。

鄭玄の解釈において、前提とされるものは二つである。第一は、『論語』顔淵篇である。

子張問ふ、「士 何如《いか》なれば斯《こ》れ之を達と謂ふ可きか」と。子曰く、「何ぞや、爾《なんぢ》の謂ふ所の達なる者は」と。子張 対へて曰く、「邦に在りても必ず聞こえ、家に在りても必ず聞こゆ」と。子曰く、「是れ聞なり。達に非ざるなり。夫れ達なる者は、質 直にして義を好み、言を察して色を観、慮りて以て人に下る。邦に在りても必ず達し、家に在りても必ず達す。夫れ聞なる者は、色は仁を取るも行へば違《たが》ひ、之に居りて疑はず。邦に在りても必ず聞こえ、家に在りても必ず聞こゆ」と。

子張が尋ねた、「士はどのようであれば達といえるでしょうか」と。孔子は、「おまえのいう達とはどのようなものか」と言った。子張は答えて、「邦《くに》にいても必ず聞こえ、家にいても必ず聞こえることです」と言った。孔子は、「それは聞である。達ではない。達である者は、性は正直で義を好み、言葉を察して顔色を見抜き、慮《おもんぱか》って人に謙《へりくだ》る。（人に謙るから）邦にいても必ず達し、家にいても必ず達するのである。聞である者は、仁らしく見せかけているが行動すれば間違え、偽りの姿に落ち着いて自分を疑わない。（しかしこのような人は多く、互いに顕彰しあうので）邦にいても必ず聞こえ、家にいても必ず聞こえるのである」と言った。

顔淵篇では、「達」と「聞」との違いが、孔子により説明されている。鄭玄『論語注』の顔淵篇のこの章は残欠しているが、「達」を解釈した部分は「名誉を得るを以て達と為す者なり（名誉を得ることを達とするのである）」と伝わっている。

鄭玄は、顔淵篇で解釈する「達」と、雍也篇とを総合的に解釈するため、雍也篇でも「達」を「官に居りて道を行はんと欲す（官にあり道を行いたいと思う）」と解釈する。単に「官に居」て栄「達」するのではなく「道を行は」なければ、「名誉を得る」ことはできない。

これに加えて、雍也篇の解釈で、第二に前提とされているものが、鄭玄も注をつけた『孝経《こうきょう》』開宗《かいそう》明義章《めいぎしょう》第一である。

身体髪膚《しんたいはっぷ》は、父母より受けたものである。あえて傷つけないことは、孝の始めである。身を立て道を行い、名を後世に揚げて、父母を顕《あらわ》すことは、孝の終わりである。

雍也篇の「立」の解釈である「己 身を立て名を成さんと欲す」は、『孝経』のこの部分の後半を踏まえている。そして、『孝経』では「身を立て」に続けて記されている「道を行」うことを鄭玄は雍也篇の「達」とする。すると、『孝経』では、「立」と「達」を共に実現することで、「名を後世に揚げ」ることになる。このため、鄭玄は、雍也篇では、「立」とは身を立て名を成すことで、「達」とは官にあって道を行うこととし、顔淵篇では、「達」とは名誉を得ることにしたのである。実は、先に掲げた『論語注』泰伯篇の鄭玄注である「曾子 以為《おも》へらく、身体を父母に受け、敢て毀傷せずと」は、『孝経』のこの部分の前半を踏まえている。

このように注釈を付けることで、鄭玄は、『論語』雍也篇・顔淵篇での孔子の主張だけではなく、『孝経』における孔子の主張内容をも、総合的に矛盾無く解釈する。鄭玄注『論語』は、『論語』内の各篇だけでなく、『孝経』などの他の経典をも踏まえて、「鄭玄学」として総合的な解釈が行われているのである。

## 礼を優先

こうした鄭玄『論語注』の総合性は、他の経典と相互に参照する引用にも表れる。そしてそれは、単に合わせて解釈するだけの総合性から、秩序を持つ体系性へとつながっていく。『論語注』里仁篇の鄭玄注には、次のように『礼記』が引用されている。

子曰く、「父母に事《つか》ふるには譏諫《きかん》す。【譏は猶ほ剴《がい》のごとし。父母を諫むる者は之に剴《やはらか》に切《せま》る。礼に、「子 父に事ふるには、隠すこと有り犯《をか》すこと無きなり」と。】志の従はざるを見ては、又敬して違《たが》ふこと無く、労して怨むこと無し」と。

孔子が言った、「父母に仕えるには（その悪いところを見たときには）それとなく諫める。【譏は剴というような意味である。父母を諫むるにはこれに柔らかに迫る。『礼記』に、「子が父に仕えるには、隠すことはあっても顔を冒して諫めることはない」とある。】（それでも父母の）心を見て従いそうにないならば、その上でつつしみ深くして逆らわず、苦労しても怨みには思わない」と。

「譏諫」とは、諫めるときに「剴《やはらか》に切《せま》る」ことである、と解釈する鄭玄注は、その正しさを証明するために、『礼記』檀弓《だんぐう》篇上の「隠すこと有り犯すこと無きなり」を引用する。他経を踏まえる総合的解釈と言えよう。それだけではない。『礼記』檀弓篇上の鄭玄注には、次のようにある。

親に仕えるには、隠すことがあっても犯《をか》すことはない。【隠すとは、親の過失をあげつらわないことをいう。犯すことがないとは、顔を犯して諫めないことである。『論語』に、「父母に事《つか》ふるには幾諫す」とある。】

『礼記』檀弓篇上の鄭玄注には、「論語に曰く、「父母に事ふるには幾諫す」と」と、『論語注』の里仁篇が引用されている。鄭玄は、『礼記』と『論語』とが、相互に参照できるような体系的な注を付けているのである。

このように鄭玄『論語注』は、『論語』の各章をそれぞれ別々に解釈するのではなく、篇を跨《また》ぎ、他経を踏まえる総合的な解釈をしている。しかも、『論語』に注を付けることを『論語』内だけで完結させず、『礼記』など他の経典の注にも生かせるよう、体系的に七経（五経と『論語』・『孝経』）に整合性を持たせようとしているのである。そうした鄭玄の体系において、頂点に君臨するものが「三礼」、なかでも『周礼』であった。

## 礼を以て論語を説く

鄭玄は、『論語』の解釈において、「三礼」を重視し、礼に依拠して『論語』を説く。『論語注』八《はち》佾《いつ》篇に次のようにある。

> 哀公　主を宰我に問ふ。宰我　対へて曰く、「夏……、殷人は柏を以てし、周人は栗《りつ》を以てす」と。曰く、「民をして戦慄《せんりつ》せしむるなり」と。【主は、田主《でんしゅ》なり。社を謂ふ。哀公　臣を御するの権を失ひ、臣……。社の人に教令無くして、人　之に事ふるを見、故に……之が田主を樹《た》つるに、各々其の土地の宜しき所の木を以てし、遂に以て社と其の野とに名づく。然らば則ち周公の社に栗の木を以てする者は、是れ乃ち土地の宜しき所の木なり。宰我の「人をして戦慄せしむ」と言へるは、媚《こ》ぶるのみ。其の……に非ず。】

哀公《あいこう》が主のことを宰我《さいが》に尋ねた。宰我は答えて言った、「夏王朝は……、殷王朝は栢《はく》を使い、周王朝は栗《りつ》を使います」と。「(栗を使うのは)民を戦慄させる(ためな)のでしょう」と言った。【主は、田主《でんしゅ》である。社のことをいう。哀公は臣下を制御する権力を失い、臣下は……。社は人に対して教令も無く、人が社に仕えることを見て、そのため……田主を樹《た》てるのには、それぞれの土地のよいところの木により、そうして社とその野に名づけた。したがって周公の社に栗の木を用いたのは、これは土地のよいところの木だからである。宰我が「人をして戦慄させるためです」と言ったのは、(哀公に)媚《こ》びているのである。その……ではない。】

鄭玄が「主」を解釈する際に、「木主《ぼくしゅ》」（仏教では位牌）ではなく、「田主」すなわち「社」であると解釈したのは、傍線部に引用する『周礼』が「主」を「田主」とするためである。鄭玄は、『論語』と『周礼』を同価値の経典と位置づけるのではなく、『論語』の解釈を『周礼』に従わせる。あくまでも、「礼」を基準として、『論語』を解釈するのである。

さらに、鄭玄は、「三礼体系」から導き出した礼の原則に『論語』の解釈を次のように従わせている。『論語注』八佾篇に次のようにある。

……、射は皮を主とせず、力を為すこと科を同じくせざればなり。古の道なり」と。【射は皮を主とせず者《とは》、礼射を謂ふ。①大射・賓射・燕射、之を礼射と謂ふ。今 大射……皮を主とするの射、勝者は降る。然らば則ち礼射は勝たずと雖も、由《な》ほ復た勝つがごとし。今 大射・郷射・燕射は是れ主……将に君に祭らんとして、余獲を班《つら》ぬ。②獣皮を射るの射なり。礼射の主とせざるは、賢者の力役の……を為すを憂へ……科。人力を困《くる》しめず。古の道は事宜に随ひて之を制するなり。今の然らざるを疾《にく》む。】

（孔子が言った）、「射では的中を第一とはしない。労役を治めるには等級を同じにしない。（それが）古の道であった」と。【射は皮を主とせずとは、礼射をいう。大射・賓射・燕射、これを礼射という。いま大射……的中を第一とする射では、勝者は降る。そうであれば礼射は勝たなくとも、勝ったようなものである。いま大射・郷射・燕射はこれ主……君主に祭ろうとして、ほか獲物を列ねている。獣の皮を張って射る。礼射が（的に中てることを）主としないのは、賢者が力役の……であることを憂え……科。人の力を苦しめないのである。古の道は事の

よろしきに従ってこれを制するものであった。いまがそうでないことを憎む。】

鄭玄『論語注』の傍線部①・②は、次の『儀礼《ぎらい》』への注を典拠としている。

礼射は皮を主とせず。皮を主とするの射なる者は、勝者又た射し、勝たざる者は降る。【礼射とは、①礼楽を以て射るを謂ふなり。大射・賓射・燕射是れなり。皮を主とせざる者は、其の容体を貴ぶこと礼に比《なぞら》へ、其の節をば楽に比へ、中《あ》たるを待ちて儁《しゅん》と為さざるなり。勝たざる者は降ると言ふは、則ち復た升り射せざればなり。皮を主とする者は、侯《まと》無く、②獣皮を張りて之を射る。獲を主とすればなり。……】

礼（楽をもって）射（る場合）は（その態度が礼にかない、楽に調和することを重んじ）皮（革の侯《まと》を中《あ》てること）を主としない。皮を主とする射（礼）の場合は、勝った者は再び射るが、勝たなかった者は（堂より）降りる。【礼射というものは、礼楽によって射ることをいう。（太傅・士の）大射と賓射と（天子の諸侯の）燕射がこれにあたる。皮（革の侯を中てること）を主としないのは、その容貌と作法を尊重することを礼に比《なぞら》え、その節度を楽に比《なぞら》え、中《あ》たることを優れたこととしないためである。勝たない者は降ると言うのは、また升り射さないためである。皮を主とする射礼では、侯は無く、獣皮を張ってこれを射る。獲ることを主とするためだからである。……】

傍線部②は、欠落部分が多く分かりづらいが、①は『儀礼』の注と『論語注』とが同義であることが分かる。それだけではない。鄭玄の射に関する注は、右に掲げた『儀礼』郷射礼《きょうしゃれい》を中心とする「三《さん》礼《らい》」の解釈より導き出した次のような概念を射に関するすべての経文に当てはめる。すなわち、射には、「主皮《しゅひ》の射」・「不主皮《ふしゅひ》の射」（礼射《れいしゃ》）があり、礼射には、大射《たいしゃ》・賓射《ひんしゃ》・燕射《えんしゃ》がある、という鄭玄が創設した概念をすべてに当てはめるのである。射を記す経文があると、それが自らの射の概念のどれに当たるのかを述べることで、すべての経文の間に解釈の矛盾があることを回避しようとする。鄭玄はこうした営為により、「無矛盾の体系性」を求め続けた。「無矛盾の体系性」、その体系の頂点に君臨するものが「三礼体系」であり、そこにおける天の解釈であった。

## 頂点は『周礼』

鄭玄の「三礼体系」において、頂点に君臨するものは、『周礼』であった。すでに見たように、『論語注』為政篇に次のようにある。

子曰く、「其の鬼《き》に非ずして之を祭るは、諂《へつら》ふなり。義を見て為さざるは、勇無きなり」と。【天は神と曰ひ、地は祇と曰ひ、人は鬼と曰ふ。其の祖考に非ずして之を祭るは、淫祀の福を媚《こ》び求むるなり。鄭の祊《はう》の田を易へて周公を祀り……】

孔子が言った、「自分の先祖の霊でもないのに祭るのは、諂っているのである。なすべきことを見ながら実行しないのは、勇気がないのである」と。【天は神といい、地は祇《ぎ》といい、人は鬼《き》という。自分の先祖でもないのに祭るのは、淫靡な祭祀に媚びて福を求めているのである。鄭《てい》が祊《はう》の田を交換して周公を祀《まつ》り……】

『春秋左氏伝』を典拠とする事例として、すでに検討したこの章は、『周礼』を頂点とする「三礼体系」における天の解釈が明記されている。『周礼』春官大司楽《しゅんかんだいしらく》において、鄭玄は次のように注をつけている。

冬至の当日に地上の圜丘《えんきゅう》で楽を演奏する。楽を六回演奏すると天神はみな降下し、礼することができる。……夏至の当日に沢中の方丘《ほうきゅう》で楽を演奏する。楽を六回演奏すると地示はみな出《い》できて、礼することができる。……宗廟の中で楽を演奏する。楽を九回演奏すると人鬼を礼することができる。【この三者はみな禘《てい》の大祭である。天神は北辰(北極星)を主とし、地祇は崑崙(山)を主とし、人鬼は后稷(周の祖先)を主とする。】

射の事例と同様、鄭玄は、ここに引用した『周礼』春官 大司楽より抽出した「天神・地祇《ちぎ》(示)・人鬼」という概念をすべての経典の解釈に用いる。経典の用い方は、優先順位が定まっており、『周礼』→『儀礼』『礼記』→その他の経典という順序となる。ここでは、『周礼』から導かれた「天神・地祇・人鬼」という概念により、『論語注』を著していることが分かる。

こうした体系性は、鄭玄経学《けいがく》の特徴である、冬至の日に、南郊の圜丘《えんきゅう》で天を祭る南郊祭天も、天を昊天上帝《こうてんじょうてい》と五天帝に分ける六天説にも貫かれていく。『論語注』も同様に、鄭玄の「三礼体系」に基づく「無矛盾の体系性」の中に組み込まれているのである。

このように鄭玄『論語注』においては、解釈の正しさを証明する論拠として三礼の原文が多く引用される。その際、三礼は、単なる訓詁のためではなく、「三礼体系」を頂点とする「無矛盾の体系性」を目指す鄭玄経学に基づき、『論語』を解釈するために用いられた。鄭玄の『論語注』の特徴は、ここにある。

## 鄭玄学の難しさ

鄭玄『論語注』は、なぜ後世に継承されず、何晏『論語集解』が選ばれたのであろうか。鄭玄『論語注』は、鄭玄経学の一環としての『論語』解釈であるため、「鄭玄学」を修めるための基礎が身につくという利点を持つ。したがって、鄭玄学が隆盛した北朝では、鄭玄の『論語注』だけに学官が立てられた。また、その解釈の学問的価値は、義疏学《ぎそがく》（南北朝期の訓詁学）に引かれる『論語』の解釈が、すべて鄭玄注であることに端的に表れている。経学として『論語』を修めるのであれば、鄭玄『論語注』の方が優れている。

これに対して、何晏の『論語集解』は、鄭玄『論語注』の持つ経学的な広がりを削除しているので、『論語』を『論語』の中だけで学ぶことができる。また、儒教のみならず、玄学《げんがく》にも広がりを持つ解釈であるため、玄学はもとより仏教との親和性が高い。皇侃の『論語義疏』が『論語集解』を底本とした理由である。こうした『論語集解』の玄学的「兼」の解釈は、儒仏道の三教《さんぎょう》融合を目指す唐の文化風潮に適合していた。

こうした両者の利点に、唐において次第に『論語集解』が優越性を持っていった理由を求めることができる。それに加えて、鄭玄『論語注』が散佚した最大の理由は、人が生涯のうちに修めていく学問体系に占める『論語』の位置に求められる。たとえば、曹魏の鍾会《しょうかい》は、四歳で『孝経』、七歳で『論語』を学んだ（『三国志』巻二十八 鍾会伝注）。同じく曹魏の斉王曹芳《せいおうそうほう》は、十歳で『論語』を読み始めている。

　すでに滅んだ鄭玄注『論語』が、多く復原できたのは、唐の卜天寿《ぼくてんじゅ》という十二歳の子が書き写した『論語』が発見されたことによる。その本には、誤写が目立ち、卜天寿にとって『論語』を書き写すことが、容易ではなかったことを後世に伝える。

　また、卜天寿は、詩の形で落書きを残している。

書を写すこと、今日は了《おは》れり　先生 遅きを嫌《いと》ふこと莫《な》かれ
明朝《あす》は是れ仮日《きゅうじつ》　早《と》く放《はな》て 学生の帰るゆえに

『論語』は、子どもを教育するための「童蒙《どうもう》の書」として読まれた。鄭玄学が、学問のすべてでは無くなっていた唐の時代に、鄭玄学の粋《すい》を集めた『論語』の解釈を子供に強要することは、大きな意味を持たなくなっていたのである。

# 第五章

# 「道」という原理

## ——何晏の『論語集解』

# 1. 儒教一尊から四学三教へ

## 三国時代の文化

「古典中国」を形成した後漢「儒教国家」を承けて、曹魏・蜀漢・孫呉が鼎立した三国時代は、未だ儒教が大きな力を持っていた。朱熹以前の儒者を代表する鄭玄と王肅は、広義の三国時代を生きた。劉備を輔佐して蜀漢を建国した諸葛亮は、鄭玄から王肅へと学問を差し渡した「荊州学《けいしゅうがく》」を修め、自らの行動規範を『春秋左氏伝』に求めている。

一方で、曹魏の基礎を築いた曹操は、漢を正統化する儒教を相対化するために、「文学」を宣揚した。曹操は、「文学」以外にも、兵法・儒教・音楽に優れた才能を持ち、草書・囲碁を得意とし、養生《ようせい》の法を好んで薬や処方に詳しかった。曹操による「儒教一尊」の否定を機に、様々な文化に価値が見出されていくことも、三国時代の文化の特徴である。両晉南北朝の貴族《きぞく》が兼修を目指した「四学三教《しがくさんぎょう》」（儒学・文学・玄学・史学、儒教・道教・仏教）のうち、儒教以外の諸文化が、儒教から自立的な価値を持つようになっていくのである。

## 鄭玄と王肅

漢代の儒教を集大成した鄭玄の経典解釈の特徴は、壮大にして緻密な体系性のほか、その所説の宗教性の高さにあった。鄭玄は、主として前漢の今文《きんぶん》学者が偽作し、孔子の神秘化や予言を特徴とする緯書を経書の解釈に積極的に援用した。このため、緯書に基づく鄭玄の経典解釈は、強い宗教性を帯びたことは前章までで見たとおりである。

鄭玄は、現実の国家としての後漢を見放していた。鄭玄の注は、来るべき次の時代に備えて、漢の価値観を集大成し、後世に伝えるものであった。鄭玄の注は、非常な早さで各地に伝わった。四百年にわたり存続した漢の崩壊を目の当たりにして、新たなる価値観が待ち望まれていたのである。後漢を滅ぼし、漢の国制を変更する必要のあった曹魏は、鄭玄の経典解釈に基づいて国制を定めていく。天子にとり最も重要な祭祀は、天の祭祀である。曹魏の明帝は、後漢で行われていた天の祭祀方法を鄭玄の「六天説《りくてんせつ》」に基づく祭天儀礼に改めた。鄭玄の解釈の持つ宗教性や無矛盾の体系性により、君主権力を強化することを目指したのである。

一方、鄭玄説への反発も後漢末には生まれていた。荊州学である。荊州学は、後漢末の荊州を支配した劉《りゅうひょう》表に仕える宋忠《そうちゅう》を中心に、諸葛亮や龐統《ほうとう》に師事された司馬徽《しばき》など在野の学者も含んで成立した新しい儒教であった。荊州学は、劉歆《りゅうきん》の古文学が『周易』、鄭玄学が『周礼』を頂点に置くことに対して、『春秋左氏伝』を中心に据える。戦乱の春秋時代を歴史事実に重点を置いて描く『春秋左氏伝』は、乱世を治めるための具体的な規範を多く含んでいた。諸葛亮が、具体的な国政の運用のなかで、『春秋左氏伝』に規範を求めた理由である。

荊州学の特徴は、人間中心の合理主義的な経典解釈にある。このため、緯書の宗教性に批判を向けた。また、儒教を「経世済民《けいせいさいみん》」（経済という言葉の語源。国家を経営して民を救うこと）に役立てることを重視した。司馬徽は、かれら自身を単なる学者とは峻別し、時務を識る「俊傑《しゅんけつ》」と位置づける。その司馬徽の友人である龐徳公《ほうとくこう》から、次代を担う「名士」との意味で「臥龍《がりょう》」と評された者が、諸葛亮である。諸葛亮は、自らを管仲・楽毅《がくき》に準え、宰相と将軍の才能をともに磨き、国家の経営に当たることを抱負とし、蜀漢を主体的に建国することで、その志《こころざし》を遂げていく。

一方、荊州学を支えた宋忠から学問を受け、鄭玄に対する異議申し立てを経典解釈として展開した者が、王粛である。王粛は、鄭玄説に基づく曹魏の明帝の礼制改革に反発する中から、自らの経学を練りあげていく。その特徴は、緯書を否定する合理的な経典解釈にある。聖人孔子の神秘性や宗教性に縋《すが》るのではなく、論理の正しさに、儒教経義の正統性を求めていく。王粛の経典解釈には、荊州学を淵源とする人間の理性に基づく合理性があった。鄭玄が経典解釈の「無矛盾の体系性」に求めた絶対的な真理を人間の理性に求めたのである。

## 文学

こうした展開を見せていた儒教を相対化したものが、「文学」である。後漢末の建安年間（一九六〜二二〇年）、中国史上、初めて「文学」の価値が、国家により宣揚された。その主唱者は曹操、時代の英雄は、自らの志《こころざし》を高らかに詩に唱った。ただし、曹操の楽府《がふ》（楽府《がくふ》〈オーケストラ〉の音楽にあわせて唱う詩の歌詞。歌わない詩は徒詩《とし》という）は、『尚書』堯典《ぎょうてん》に、「詩は志を言ふ」と述べられる儒教の伝統の影響下にあった。

それでも曹操は、荀彧《じゅんいく》ら「名士」層の価値基準で一尊の位置に置かれていた儒教、とりわけ春秋公羊学が「聖漢」と尊ぶ後漢を相対化するために、人事基準に文学を据えた。これに衝撃を受けた儒者は、文学の宣揚による儒教の地位の低下を防ぐために、鄭玄以外の者も革命を容認していき、曹丕の即位を正統化する。

したがって、曹丕は、『典論』論文篇の「文章は経国《けいこく》の大業にして不朽《ふきゅう》の盛事なり」という言葉により、魯迅《ろじん》の言うような「文学の独立」を宣言したわけではなかった。魯迅は、中国近代において「文学史」を創造するために、中国文学の儒教からの独立を曹丕の『典論』論文篇に、あえて求めただけである。

曹丕の言葉の論理は、あくまで『春秋左氏伝』の「立言不朽論《りつげんふきゅうろん》」に基づくものである。そして、「一家《いっか》の言」として「不朽」の価値を持つとされたものは、曹操の政策を正統化した徐幹《じょかん》の『中論《ちゅうろん》』であり、自らの『典論』であった。決して、今でいう文学作品の「不朽」を宣言したわけではない。弟の曹植《そうち》も、「辞賦《じふ》は小道」と述べ、兄の立場を継承する。

しかし、「小道」であるが故に、「辞賦」には表現のための虚構が許された。こうして曹植は、現代的な文学意識の高まりに基づく表現を追究できた。曹植の文学的な自覚は、西晉の陸機《りくき》に継承される。陸機は、「文賦《ぶんのふ》」を著し、儒教的な文学理論である「詩言志《しげんし》」に「詩縁情《しえんじょう》（詩とは情に寄り添うもの）」を対置し、抒情詩《じょじょうし》を表現する方法論を示した。ここに文学は、儒教から自立する。曹植と陸機の間にあって、儒教から文学、そして権力から文学を解き放そうとした阮籍《げんせき》・嵆康《けいこう》の作品も、三国時代を代表する文学である。

## 玄学

『論語集解』を著した何晏が、王弼《おうひつ》とともに創始したものが、玄学である。玄学という呼称は、『周易』・『老子』・『荘子』の「三玄《さんげん》」に兼通するという特徴を持つことによる。儒教は、『詩経』・『尚書』に継ぐ経典として、孟子のころから『春秋』を取り入れてきたが、前漢前半期には国家に尊重された黄老思想の宇宙論や形而上学に対抗するため、『周易』を儒教経典に取り入れていった。たとえば、前漢末、王莽を賛美した儒者の揚雄《ようゆう》は、『法言《ほうげん》』を著して『論語』に擬すと同時に、『太玄経《たいげんきょう》』を著して『周易』に擬した。その際、すでに老荘思想から学んだ論理により、事物の真を究明しようとしていたのである。

こうした方向性を継承する玄学は、何晏・王弼らの「正始《せいし》の音《おん》」(正始年間〈二四〇〜二四九年〉に始まった新しい文化の風潮)により開始された。王弼には、儒教と老荘思想という、当時対立的に考えられていた二つの思想について、その関係を論じた有名な逸話がある。

王輔嗣《おうほし》(王弼)は、二十歳のとき裴徽《はいき》にまみえた。裴徽は、尋ねて「そもそも無《む》は万物のよるところであるのに、聖人(孔子)はあえて無を論ずることはない。しかし老子は無を述べてやまないのはなぜであろう」と言った。王弼は、「聖人は無を体現していますが、無は教えることはできません。このため有《ゆう》を論ずるのです。老子と荘子はまだ有から免れられていません。このため常にその足らない所を言うのです」と。(『世説新語《せせつしんご》』文学篇)

王弼の答えの中には、玄学の本質が現れている。玄学は、儒教に対峙して老荘思想を喧伝《けんでん》するものではない。儒教の枠内における老荘思想の復権を目指すものである。玄学の目的は老荘の論理により、儒教の経書の真義を究明していくことにある。もちろん、その前提として、『老子』・『周易』・『荘子』に注をつけ、自らの解釈を示していく。王弼は、『老子』に注をつけることで、孔子が体現していたという「無」こそ「道《みち》」の上位者であり、「道」が宇宙・万物を生み出すとしている。そして、何晏が、玄学により『論語』を解釈する章を含む『論語集解』を著したように、王弼もまた『論語釈疑《ろんごしゃくぎ》』を著している。

玄学で尊重された老荘思想は、やがて皇帝権力からの自律性を強く帯びる。その担い手が、「竹林《ちくりん》の七賢《しちけん》」という伝説的な括り方で有名な阮籍・嵆康たちである。

阮籍は、喪中に有りながら、司馬昭《しばしょう》（司馬懿の子、西晉の建国者である司馬炎の父）の宴席で公然と酒肉を口にする。「孝」で求められる外在的な規範を無視することにより、偽善的で欺瞞《ぎまん》に満ちた司馬氏の「孝」に、内的価値基準としての自分なりの「孝」を対峙させたのである。司馬昭は、阮籍が褻《やつ》れているとして、非礼を責めなかった。阮籍なりの「孝」、すなわち「名士」阮籍の自律的価値基準を容認したのである。老荘思想は、こうして君主権力からの自律性を獲得した。否、常に獲得できるとは限らない。「釈私論《しゃくしろん》」を著した嵆康は、曹魏の宗室と縁戚関係にあったため、湯王・武王を謗ったことを理由に、司馬氏に殺されているのである。

## 史学

司馬遷が著した『太史公書』が、後漢末の霊帝期に『史記』、すなわち「史の記録」と呼ばれたように、「儒教一尊」の崩壊は、史学が自立する背景ともなった。西晋の陳寿《ちんじゅ》が著した『三国志』という書名の「志」も記録という意味である。ここには、事実の「記録」こそが史の主体であり、事実に基づいて義を述べる『春秋』や、国家や偉人を賛美する『尚書』から、史学が自立していく契機を窺い得る。

史書を『尚書』の継承と考える限り、史書とは、帝王の記録であった。国史を史的に改作しているとの密告を受けた班固は、投獄されている。ゆえに班固は釈放後、漢の徳と功業が高大で、符瑞《ふずい》・図《と》讖《しん》（天からの瑞祥と予言書）に応える神聖なものであることは、あたかも堯のようである、と漢を称えた。後漢の崩壊は、かかる束縛を史書より外した。ゆえに「名士」の自律的秩序の可視的表現である人物評価は、その立証のため多くの人物伝を生み出した。それらの史書は、帝王の記録ではないため、史料批判が可能であった。

『三国志』に注を付けた劉宋《りゅうそう》の裴松之《はいしょうし》は、内的・外的な史料批判に基づき、本文の正しさを検証する方法論を自覚的に採用した。裴松之は、「補闕《ほけつ》」（記事を補う）、「備異《びい》」（本文と異なる説を引く）、「懲《ちょう》妄《もう》」（本文および引用史料の誤りを正す）、「論弁《ろんべん》」（史実への論評）という四種の体例に基づいて『三国志』に注を付けた。しかも、四種の体例は組み合わせて用いられる。

たとえば、劉備が諸葛亮に三顧《さんこ》の礼を尽くしたという『三国志』諸葛亮伝の記述に対して、裴注は、諸葛亮が先に劉備を訪ねたことを伝える魚豢《ぎょかん》の『魏略《ぎりゃく》』・司馬彪《しばひょう》の『九州春秋《きゅうしゅうしゅんじゅう》』を附す。これが「備異」である。そして、諸葛亮の著した「出師表《すいしのひょう》」を引用して、諸葛亮が先に劉備を訪ねたのではない、と考察する。これが「懲妄」である。このように裴注は、異なる内容の史料を掲げ、より信憑性の高い「出師表」に照らして、それらの史料の正確性を考察する内的史料批判を行っているのである。

こうした裴松之の注は、訓詁に基づく儒教の注とは方法を異にし、諸本を広く収集・比較して歴史的事実を探究するもので、ここに中国における「史」の自立を求められるのである。

## 道教

後漢を崩壊させた黄巾の乱は、その紐帯に張角の太平道を置いていた。黄巾は、太平道の天として中黄太乙を信仰していた。同じころ、漢中に勢力を張った張魯《ちょうろ》の五斗米道《ごとべいどう》は、太平道と同じように符《ふ》水《すい》（お札と聖水）により病気を治したが、静室《せいしつ》で過ちを自首・反省させたのちに、符水を飲ませることが特徴であった。

五斗米道は、曹操・曹丕を「真人《しんじん》」と位置づけ、君主権力に迎合して、教派の存続を目指した。曹丕の革命に際して、五斗米道教団がそれを承認し推戴することは、その神性を内外に示すうえで一定の効果を持った。

こうして曹魏の保護を受けた五斗米道は、支配者層に受容され、書家の王羲之《おうぎし》などを輩出した「琅《ろう》邪《や》の王氏」や「高平の郗《ち》氏」といった貴族、東晋《とうしん》の簡文帝《かんぶんてい》などの晋帝室の中心人物を信者にできたのである。

## 仏教

仏教の中国への伝来は、後漢の明帝期と言われるが、その本格的受容は、東晉・五胡十六国時代である。それでも、後漢末の光和《こうわ》二（一七九）年には、大月氏国《だいげつしこく》から支婁迦讖《しるかせん》が来て、『般舟三昧経《はんじゅざんまいきょう》』を漢訳したという。また、同じく大月氏国出身の支謙《しけん》は、孫権の信頼を得て博士となり、皇太子の輔導をつとめ、『維摩詰経《ゆいまきつきょう》』などを訳出している。

ただし、三国時代における仏教の受容は、史料の制約が大きく、分からないことが多い。『後漢書』を著した范曄《はんよう》は、祇洹寺《ぎおんじ》の大檀越《だんおつ》である范泰《はんたい》を父に持ちながら、神滅論者であり、仏教否定論者であった。それは、父の范泰が慧義《えぎ》たちと踞食《きょしょく》論争を展開し、厳しくインド流の食事作法を批判したことに原因があると考えてよい。そのため、後漢末に西域や南方から伝わった仏教に関する記述が、『後漢書』には十分に記されていない。

また、『三国志』を著した陳寿は、制約があって四夷《しい》伝のうち、仏教の記述がなされるはずの西域伝・南蛮伝を立伝することができなかったのである。種本となった『魏略』には、西戎《せいじゅう》伝があるにもかかわらず、陳寿はそれを踏襲しなかった。それは、西域との国際関係を記すと、司馬懿の政敵であった曹爽の父曹真が、諸葛亮と結んだ西域諸国を牽制するため大月氏国を朝貢させ、波調《はちょう》王（ヴァースデーヴァ王）を「親魏大月氏王《しんぎだいげつしおう》」に封建できた功績を大書せざるを得なくなるためである。卑弥呼《ひみこ》が「親魏倭王《しんぎわおう》」に封建されたのは、司馬懿の遼東《りょうとう》遠征の結果、朝貢した倭国を大月氏国と同等以上の大国として処遇するためであった。また、南蛮との国際関係を記すと、扶南《ふなん》（カンボジア）・林邑《りんゆう》（南ヴェトナム）・堂明《どうめい》（ラオス）の諸国が、孫呉に朝貢していたことを記さざるを得ず、曹魏の国際秩序が南蛮諸国に波及していなかったことを認める記述となるためである。

一方、三国時代の仏教に関する仏教側の資料は、道教との対抗のためか、仏教の浸透ぶりを誇張するものが多く、十分な信頼を寄せるに足らない。たとえば、唐の道宣《どうせん》の『広弘明集《こうぐみょうしゅう》』には、曹植の「弁道論《べんどうろん》」と「魚山の梵唱《ぼんしょう》」を結合することにより、曹植を道教への批判者であり、仏教の梵唱の創始者と位置づけている。梵唄の創始者を唐以前に最高の詩人とされていた曹植に帰するのは、後代の仏教者からの仮託と考えてよい。

このように三国時代には、魏晉南北朝時代に盛んとなる「四学三教」が芽生え始めており、『論語集解』を著した何晏は、玄学の創始者として三国時代の文化全体の中でも、重要な役割を果たしていたのである。

## 2. 何晏と正始の政変

### 浮き草の貴公子

何晏は、曹操の寵愛を受け、宮中で育った貴公子である。ただ、真の意味での貴公子ではない。何晏の母尹《いん》氏は、後漢の外戚何進《かしん》の子である何咸《かかん》に嫁いで何晏を儲《もう》け、何咸の死後、曹操の第五夫人となった。何晏は連れ子なのである。しかし、何晏の才能は、兵書の解釈に困った曹操が、試しに幼少

曹操の頭蓋骨（曹操高陵出土）

の何晏に尋ねると、澱《よど》みなく疑問を解決するほどであった。白粉《おしろい》を塗ったかと見紛《みまが》うばかりのその容貌と相俟《あいま》って、何晏は養子に請われるほど曹操から寵愛された。当然、実子からは目の敵にされる。中でも嫡長子の曹丕は、何晏を卑しみ、氏名ではなく常に「仮子《かし》」と呼び、その著『典論』に、何進ののち何氏は滅んだ、と書き記している。

曹丕、あるいは弟の曹植にも無視され続けた何晏は、詩の中で自らを「浮萍草《うきくさ》」に託して己が不遇を嘆いた。それでも何晏は努力を続けた。自分を忌み嫌った文帝曹丕が崩じ、明帝曹叡が豪華な宮殿を造営すると、それを讃える「景福殿賦《けいふくでんのふ》」を創作した。群臣が数多ものしたであろう文を抑え、何晏の賦だけが『文選』に収められて今日に伝わった。何晏は、明帝の「至治《しち》」により呉蜀の滅亡は時間の問題であると治世を称え、その徳は三皇五帝《さんこうごてい》を凌駕《りょうが》すると明帝に媚《こ》びた。明帝の宮殿造営には、陳羣《ちんぐん》を筆頭とする「名士」の強い反対があった。それをここまで絶賛したにもかかわらず、何晏への処遇は変わらなかった。

何晏は明帝から「浮華《ふか》」の徒（浮ついた名声を高めあう役立たず）として抑圧されていたのである。何晏の才能を認める者たちにより、何晏は名位を上昇させつつあった。ところが、「党人」以来の「名士」の自律的秩序を模倣して「四聡八達《しそうはったつ》」などと自分たちの党派の中で名声のランキングをつくり、君主権力を蔑《ないがし》ろにしたことが、明帝の不興を買った。

「浮華」として抑圧された集団の中で、何晏は『周易』と『老子』で高い評価を得ていた。何晏は、玄学という新しい文化により、仲間内で評価を高めあい、卓越性を得ようとした。こうした行動への反発が「浮華」としての弾圧に繋《つな》がっていたのである。

## 中央集権政治の再建

明帝の急死により、諸葛亮を防ぐことで巨大な勢力を持っていた司馬懿を抑え込む大役は、曹爽に委ねられた。幼帝の曹芳《そうほう》を輔佐した曹爽は、司馬懿を中核とする「名士」の勢力が、君主権力を凌ぐほどの力を持つに至った現状の打開を図る。具体的には、何晏・夏侯玄《かこうげん》・丁謐《ていひつ》らを行政の中核に配置して、中央集権的な政治の再建を目指した。

曹爽政権において、政策の理念を創出した者は何晏であった。後に述べるように、『論語集解』衛霊公篇の中で、曹魏の政治理念として中核にすべき「舜の無為《むい》」の重要性を説いた。舜の政治に仮託する理由は、曹魏が舜の後裔を称する土徳の国家として、堯の後裔で火徳の国家である漢より禅譲を受けたためである。何晏は、先に掲げた「景福殿賦」のなかでも、「先王の允塞《いんそく》を欽み、重華《ちょうか》（舜）の無為を悦ぶ。……眩《まど》はざるは焉《いづく》にか在る、人を択《えら》ぶに在り（先王のあふれる徳を敬い、帝舜の無為の政治を慕います。……惑わないためにはどうしたらよいか、それは人を選ぶことにあります）」と述べており、舜の無為を政治の模範とすべきことは、明帝にも提言していた。

それでは、「無為」により国家を治める方法とは具体的にはどのような手段を取るのか。何晏は、『論語集解』の注では、「官に任ずるに其の人を得たり」と述べ、「景福殿賦」でも「人を択ぶに在り」と述べるように人を選ぶことを重視する。上奏文でも、「その身を正せば命令を下さなくとも（「無為」であっても）万事は遂行されます。舜は禹を戒めて親近する者を慎しむようにとおっしゃいました」と述べて、「正人を択《えら》」ぶ重要性を主張している。

すなわち、何晏は『論語』衛霊公篇の「舜の無為」を論拠に、『老子』の「無為」の思想を取り入れた国家支配の中央集権化を図り、そのための具体的な施策として、人材登用の一元化を主張したのである。自らの創始した玄学に基づく人事政策と言えよう。こうした何晏の政策の背景には、人事権をめぐる司馬氏との激しいせめぎあいがあった。

## 州大中正の制

何晏の「舜の無為」を政治方針とする曹爽は、何晏を人事権を管掌する吏部尚書《りぶしょうしょ》に就任させた。何晏は、玄学に秀でる王弼を評価し推挙するなど、新たな文化的価値である玄学を尊重する人事を行った。人事に権限を持つ何晏の影響力は大きい。司馬懿の子である司馬師《しばし》もまた玄学を修め、何晏の評価を受けるほどであった。かつて曹操が「文学」を人事基準に据えたとき、司馬懿は作詩を学んだ。それと同じ状況である。

「舜の無為」は、人事の中央集権化を理想としていた。その具体策は、何晏の盟友である夏侯玄《かこうげん》の中正制度改革に示される。夏侯玄の改革案は、郡の中正官には人物評価のみを行わせることにして、人事権を尚書省《しょうしょしょう》に一元化しようとするものであった。尚書省は、人事を管掌する吏部尚書に何晏が就いていたことをはじめ、曹爽一派が掌握している。夏侯玄の改正案は、人事権を曹爽に掌握させることを目指したのである。これは、陳羣が名士の名声を郷品に反映する制度として成立させた九品中正制度《きゅうひんちゅうせいせいど》における、「名士」に有利な部分を覆《つくがえ》そうとする改革である。当然、司馬懿は反感を持った。だが、軽々しく行動は起こさず、曹爽政権の諸政策の行方や政権内の「名士」の動向を観察していた。

司馬懿は、諸葛亮の北伐を防ぎ、遼東の公孫氏を滅ぼすという軍功により、その名声を高めてきたが、本来の支持基盤は「名士」層にあった。夏侯玄の九品中正改革案は、「名士」の既得権を著しく損なうものである。そこで、司馬懿は、自らも九品中正制度の改正策を提起する。州大中正《しゅうだいちゅうせい》の制である。これにより、「名士」の既得権を保証し、曹爽への名士の反発を束ねて、権力の奪回を目指したのである。

曹魏の九品中正制度では、郡中正《ぐんちゅうせい》が就官希望者に二品から九品までの郷品を与えていた。これに対して、州大中正の制は、それまでの郡中正の上に、州大中正という官を設置し、郷品の決定権を州大中正に付与するものである。これは、州大中正に就くことが可能な潁川《えいせん》グループ（荀彧・郭嘉《かくか》・陳羣などを輩出した潁川出身者を中心とする「名士」の主流、司馬懿の支持基盤）など、既得権を有する「名士」が、人事に対して一層大きな発言権を持つことになる制度である。

事実、孫の司馬炎《しばえん》が建国する西晋では、州大中正の制と五等爵制《ごとうしゃくせい》とが結合することにより、貴族制が成立する。西晋以降の貴族制は、司馬氏が君主権力との対抗のなかで、「名士」層の支持を得るために制定した州大中正の制を背景に、五等爵制により国家的身分制として形成されるものなのである。

## 正始の政変

曹爽による「名士」の既得権抑圧に対して、司馬懿はやがてクーデタを起こす。正始の政変である。皇帝の曹芳が明帝の高平陵《こうへいりょう》へ墓参するための外出に、曹爽は兄弟とともにお供として従った。司馬懿は、この隙を見逃さなかった。郭皇太后《かくこうたいごう》に曹爽兄弟の解任を上奏し、許可されると皇太后の令により、洛陽城内のすべての城門を閉鎖、皇帝直属の軍隊である禁軍《きんぐん》の指揮権を掌握する。さらに皇帝を迎えるため、洛水《らくすい》のほとりに布陣し、曹爽を弾劾する上奏文を皇帝に奉った。

曹爽の腹心である桓範《かんぱん》は、決戦を主張した。しかし、免官のみに止めるという甘言に負けた曹爽は、戦わずして降服する。司馬懿は、わずか一日の無血クーデタにより、政権を奪取したのである。もちろん、曹爽との約束は反故《ほご》にされ、曹爽・何晏らは殺害される。以後も、反司馬氏勢力の排除は続き、司馬氏への権力集中が進んでいく。こうした動向を他の「名士」が黙認した理由は、司馬懿が提出していた州大中正の制への支持にある。

三国時代の「名士」は、文化的価値の専有に由来する名声に存立基盤を置くが、その名声は在地社会の直接的な支配者である豪族の支持に依拠することが根底にはあった。曹操の宮中で育った何晏は、その基底を必要とせず、いきなり中央の名声の場において「名士」となることができた。玄学という新たな文化的価値を創出して卓越し、曹爽という「宿り木」を得て、吏部尚書となり人事権を管掌したが、何晏が掲げる玄学という価値が普遍化する前に、司馬懿によって打倒された。旧来の文化的価値である儒教を墨守し、「名士」の既得権の保全を図る司馬懿に、「名士」の支持は集まったのである。その時、何晏に拠るべき場所はなかった。何晏は「浮き草」だったのである。

## 3．道の絶対性

### 共著者と引用する注

『論語集解』は、その序文によれば、何晏の単著ではない。それでも、『隋書』経籍志《けいせきし》や『旧唐書《くとうじょ》』藝文志《げいもんし》に、序文で共著者とされる孫邕《そんよう》・鄭沖《ていちゅう》・曹羲《そうぎ》・荀顗《じゅんぎ》など四人の名が挙げられず、何晏の単著とされているのは、『論語集解』の実際の編纂が、何晏を中心としたことによろう。反対に、何晏の単著とされなかった理由は、正始二（二四一）年、十歳の皇帝曹芳が、読書始めとして『論語』を修めることを契機として、本書が編纂されたことによる。『論語集解』は、十歳の皇帝の御覧に供するために編纂された、半ば官撰《かんせん》の書として、その注釈の特徴を考えなければならない。

また、『論語集解』の序文は、その注説を引用する八家として、最も引用する前漢の孔安国《こうあんこく》（『古論』を伝える、四六六条）のほか、包咸《ほうかん》（『魯論』に基づく今文学者、一九六条）・周氏、後漢の馬融（古文学者、一三二条）・鄭玄（『論語注』を著す、九八条）、曹魏の王粛（四〇条）・周生烈《しゅうせいれつ》（一四条）・陳羣（『論語義説』を著す、三条）の名を挙げる。何晏は、それらの説の良いものを集め、その姓名を記して引用した。これに対して、名を挙げてない注は、何晏が新しく付け加えた注である。ただ、何晏のものと考えられる注はさほど多くなく、特徴と言われる玄学的な解釈が常に行われるわけではない。諸注の中では、孔安国の注が多く五割を超えるが、前漢を生きた孔安国自身の注であるかは議論がある。また、鄭玄注を引用する際には大幅な省略が行われている。

こうしたことで、『論語集解』は、相容れない八家の注を合わせた雑駁《ざっぱく》なものと低く評価されることもある。それでは、何晏は、どのような目的で『論語集解』を執筆したのであろうか。

## 「一」・「元」

何晏の『論語集解』の特徴は、その世界観の根底に「一」・「元」と呼称される核心的な原理を置くことにある。何晏は、真理を探求するに際して、多学は無用であり、「一」によってそれを知ることができると、『論語集解』衛霊公篇に注をつけている。

子曰く、「賜《し》や、汝《なんぢ》は予《われ》を以て多く学びて之を識る者と為すか」と。対へて曰く、「然り。［孔安国曰く、「然りとは、多く学びて之を識るを謂ふなり」と。］非なるか」と。［孔安国曰く、「今も然らざるかを問ふなり」と。」曰く、「非なり。予一《いつ》以て之を貫く」と。［①善に元有り、事に会有り。②天下は塗《みち》を殊《こと》にして帰《き》を同じくし、慮を百にして致を一にす。其の元を知れば則ち衆善挙《おこな》はる。故に③多く学ぶを待たずして一以て之を知るなり。］

孔子が言った、「賜《し》よ、お前はわたしを多くのことを学んで様々なことを識っているものと思っているのか」と。子貢《しこう》は答えた、「そうです。［孔安国は、「然りとは、多くのことを学んで様々なことを識っているということである」と言っている。］違うのでしょうか」と。［孔安国は、「今もそうではないのかを尋ねている」と言っている。］孔子が言った、「そうではない。わたしは一によってすべてを貫いている」と。［善には元があり、事には会がある。天下は方途を異にして帰着するところを同じくし、思慮を様々にして行き着くところを一つにするのである。（したがって）その元を知ればすべての善が行われる。そのため（孔子は）多く学ぶことを待たずに一によって様々なことを知るのである。］

「孔安国曰く」がつかない最後の［　］が、何晏自身が著した注である。傍線を附した①・②は、『周易』の文章を踏まえている。

①は、『周易』乾卦《けんか》文言《ぶんげん》伝に、「元なる者は、善の長なり。亨《かう》なる者は、嘉の会なり（元というものは、衆善の長である。亨というものは、嘉美なものの会集である）」とある文章を踏まえている。これを引用することで、孔子の言葉の「一」を「元」とも表現することが示される。②は、『周易』繋辞《けいじ》下《か》伝《でん》に、「（子曰く）天下 帰を同じくして塗《みち》を殊《こと》にし、致を一にして慮を百にす。天下 何をか思ひ何をか慮《おもんぱか》らん（〈孔子が言った〉天下（の理）は帰するところは同じであるがその経る道は異なり、行き着く

ところは一つであるがその思慮はたくさんある。天下は何を思い何を慮るのであろうか）」とある文章を踏まえている。これにより、様々な思いや多くの慮りは、「帰を同じく」し、「致を一に」する、という思想が『周易』に基づいて打ち出される。何晏は、こうして孔子がなぜ、「一 以て之を貫く」と述べたのか、という理由を説明する。

すなわち、様々な思いや多くの慮りが「帰を同じく」し、「致を一に」するのであれば、③多く学ぶことは必要なく、「一」すなわち「元」（万物存在の理法）を知れば、すべてを理解できることを孔子は述べている、と解釈するのである。

このように何晏の集解は、①・②『周易』を典拠とし、③『周易』の哲学内容を踏まえて『論語』の解釈を展開する。具体的には、『周易』の影響下に、万物存在の理法を究明しようとして、それをここでは「一」（あるいは「元」）と表現したのである。『論語集解』が、「三玄」と呼ばれる『周易』・『老子』・『荘子』に兼通する玄学的な解釈を特徴とする、と言われる理由である。何晏の『論語集解』は、鄭玄が『論語注』で示したような体系的・総合的な解釈ではなく、玄学により『論語』の核心的な把握を目指したのである。

**「道」・「無」**

このように『論語集解』は、核心的な原理である「一」・「元」を把握することによって、全体の察知が可能であるとする。こうした「一」の理解は、鄭玄はもちろん、皇侃・朱熹とも異なる、何晏独自の玄学に基づく解釈である。何晏が、『論語集解』衛霊公篇《えいれいこう》において、「一」・「元」と表現した核心的原理は、何晏が別に著した「道論《どうろん》」では、「道」・「無」と表現されている。「一」・「元」は、「道」・「無」と同義なのである。

何晏は、「一」・「元」とも表現でき、また自らの哲学の中心に置く「道」・「無」により、『論語』を解釈していく。たとえば、孔子が絶賛する顔回《がんかい》を高く評価する際に、顔回の「道」への思いを『論語集解』先進《せんしん》篇で次のように重視している。

子曰く、「回や、其れ庶《ちか》からんか。屢《しば》々空《むな》し。賜は命を受けずして貨殖し、億《おも》へば則ち屢々中《あ》たる」と。［言ふこころは回①聖道に庶幾《ちか》く、数々空匱《くうき》なりと雖も、而れども楽《たのしみ》は其の中に在り。賜 教命を受けず、唯だ財貨を是れ殖《ふ》やし、是非を億度するのみ。蓋し回を美《ほ》むるは、賜を励《はげ》ます所以ならん。一に曰ふ、「屢は、猶ほ毎のごときなり。空は、猶ほ虚中のごときなり。聖人の善を以て、数子の庶幾《ちか》きに教へ、猶ほ道を知るに至らざるは、各々内に此の害有ればなり。其の庶幾きに於て、毎に能く虚中なるは、②唯だ回のみ、道を懐《した》ふこと深遠なればなり。虚心たらざれば、道を知る能はず。子貢 数子の病無く、然れども亦た③道を知らざるは、理を窮《きは》めずと雖も而れども幸にして中たり、天命に非ずと雖も而れども偶《たま》々富めばなり。亦た虚心ならざる所以なり」と。］

孔子が言った、「回（顔回）は、（聖道に）近いだろう。しばしば貧窮している。賜《し》（子貢《しこう》）は（わたしの）命を受け入れずに稼いで、憶測すればしばしば的中する」と。［言いたいことは回は聖道に近く、しばしば貧窮するが、しかし楽しみはその中にある。賜は（孔子の）言いつけを受け入れず、ただ財貨を増やし、（物事の）是非を臆測しているだけということである。思うに回を褒めたのは、賜を励ますためであろう。一説に、「屢は、毎のようなものである。空は、虚中《きょちゅう》のようなものである。（孔子が）聖人の善によって、弟子たちの近い者に教えて、それでも（かれらが）道を知るに至らないのは、各自が内面にこれらの害を持つからである。その近い者たちの中で、いつも虚中であるのは、ただ顔回だけである。道を想うことが深遠であればこそである。虚心《きょしん》でなければ、道を知ることはできない。子貢は（愚、魯《ろ》、僻《へき》、喭《がん》といったほかの）弟子たちの欠点が無く、それでも同様に道を知らないのは、理を極めていないのに幸運によって的中したり、天命でないのにたまたま富んだりしたからである。（この二つも、弟子たちの病）同様に虚心になれない理由である」と言う。」

顔回は、孔子の弟子の中で、最も①「聖道に庶幾《ちか》」い。何晏は、孔子が顔回を褒める理由を「道」への近さに求めているのである。そして、「道」への距離感を基準として、顔回と子貢を比較し、子貢を③「道を知らざる」者と批判する。顔回が、「道」に近い理由は、その思いにある。顔回だけが、②「道を懐ふこと深遠」であるため、「道」を知ることができた。多くを学ぶことではなく、「道」と表現される形而上なる根源者を思うことによってのみ、人は「道」を知る高みへと到達することができる。何晏の中心概念である「道」に基づいた、玄学的な『論語』解釈と言えよう。

何晏は、『論語』の玄学的解釈により、世界観の根底に置くべき形而上なる根源者としての「道」の絶対性を『論語』に明らかにしたのである。やがて、何晏が高く評価する王弼の『老子注』により、「道」は「理」そのものとされていく。

## 「道」の実現

何晏によれば、「道」を体現することは、孔子であっても難しいことであった。『論語集解』述而篇において、何晏は孔子と「道」との関係を次のように述べている。

> 子曰く、「道を志《した》ひ、〔志は、慕なり。道は体す可からず、故に之を志ふのみ。〕徳に拠り、〔拠は、杖なり。徳は成形有り、故に据る可きなり。〕仁に依り、〔依は、倚なり。仁者は功もて人に施す、故に倚る可きなり。〕藝に遊ぶ」と。〔藝は、六藝なり。拠り依るに足らず、故に遊ぶと曰ふなり。〕
>
> 孔子が言った、「道を慕い、〔志は、慕《した》うことである。道は体得できないため、これを志《した》うのである。〕徳をつかみ、〔拠は、杖《つか》むことである。徳には定まった形があるため、つかむことができる。〕仁者に依拠し、〔依は、倚《よ》ることである。仁者は功をもって人に施すため、たよりとすることができる。〕六藝《りくげい》に遊ぶ」と。〔藝は、六藝である。つかみたのむに不十分であるため、遊ぶという。〕

孔子の言葉の冒頭にある「志於道」について、たとえば朱熹の『論語集注』は、文字どおり、「道に志《こころざ》す」と解釈する。これに対して、何晏は、孔子にとっても、「道は体す可から」ざるもので、「故に之を志《した》ふ」ものであった、と解釈する。すなわち、孔子も到達できない高みに、世界観の根底に置くべき形而上なる根源者としての「道」は存在する。

したがって、世の中に「道」が実現することは、よほどのことがない限り難しい。有名な『論語集解』里仁篇の次の章の解釈は、「道」の実現の難しさを前提とする。

子曰く、「朝《あした》に道を聞かば、夕《ゆふべ》に死すとも可なり」と。［言ふこころは将に死に至らんとするも、世の道有るを聞かざるなり。］

孔子が言った、「朝に道を聞くことができれば、その晩に死んでもよい」と。［言いたいことは死を迎えようとしているが、世の中に道があることを聞いていないということである。］

孔子も到達できない「道」に基づく統治を世の中に実現させることは困難である。したがって、世に「道」があると聞くことは、原則的には不可能である、と何晏は解釈する。ただし、特定の条件が揃えば、形而上なる根源者としての「道」に基づく統治が実現する可能性は残されている。『論語集解』雍也篇では、魯が「道」に近い、と孔子が述べている。

子曰く、「斉《せい》 一変せば魯《ろ》に至らん。魯 一変せば道に至らん」と。［苞《ほう》氏曰く、「斉・魯に太公《たいこう》・周公《しゅうこう》の余化有るを言ふなり。太公は大賢、周公は聖人なり。今 其の政教 衰ふと雖も、若《も》し明君の之を興す者有らば、斉は魯の如くならしむ可く、魯は大道 行はるるの時の如くならしむ可きなり」と。］

孔子が言った、「斉が（名君によって）一変すれば魯のようになろう。魯が一変すれば大道《たいどう》（の行われた時代）のようになろう」と。［包咸は、「斉と魯に太公《たいこう》と周公《しゅうこう》の教化の余光があることを言うのである。太公は大賢で、周公は聖人である。今この斉と魯の政治と教化は衰えたといっても、もしこれらを盛んにする明君がいれば、斉は魯のようにならせることができるし、魯は大道が行われていた時代のようにならせることができるのである」と言っている。」

魯が「道」に基づく統治を実現できるとすれば、それは魯が「大道　行はるるの時」のようになることである、と何晏はいう。「大道　行はるるの時」とは、『礼記』礼運《らいうん》篇を典拠とする「天下を公と為す」の時代のことである。それは、曹魏が漢魏革命を起こした時に準えた尭舜革命が行われた、尭・舜の時のことである。すなわち、魯が尭や舜のような統治を行えば、「道」に基づく統治に至ることができる、と何晏は包咸の注説を用いて解釈しているのである。

これによれば、尭や舜がどのような政治を行ったのかが分かれば、「道」に基づく統治を行うことができる。皇帝の曹芳に読ませるために書かれた『論語集解』は、「道」に基づく統治の方法を具体的に示していく。

## 4．舜の無為

### 無為とは何か

それでは、「無」・「道」・「一」・「元」により正統化された「聖人」、具体的には『礼記』礼運《らいうん》篇に描かれる堯《ぎょう》・舜《しゅん》は、どのような統治により「道」をこの世に実現していくのであろうか。それが、すでに取り上げた衛霊公篇の「舜の無為」である。

子曰く、「無為《むい》にして治まる者は、其れ舜《しゅん》なるか。夫れ何をか為さんや。己《おのれ》を恭々しくして正しく南面するのみ」と。［言ふこころは官に任ずるに其の人を得たり。故に無為にして治まるなり。］

孔子が言った、「無為によって治めたのは、舜であろう。では何をしたのか。己をつつしみ正しく南を向いていただけである」と。［言いたいことは（舜は）官職に任ずるのにふさわしい人々を得た。そのため無為によって治めたということである。］

何晏は、『論語』に七章登場する舜の事例のうち、その政治が無為であったと説くこの章に、官に相応しい人物を任用することで無為により治まったという独自な解釈を行い、自ら吏部尚書《りぶしょうしょ》となり、玄学を基準とする人材登用の一元化を目指した。

その際、何晏が重視したものが、『礼記』礼運篇の「（堯や舜の）大道が行われたときには、天下を公となし、賢人で才能のある者を選んだ」という記述である。何晏が『論語集解』で舜の「無為の治」を「官に任ずるに其の人を得たり」と解釈するのはこのためである。しかも、『礼記』礼運篇で孔子は、この言葉を「魯を嘆《たん》ずる」中で語っている。すなわち、何晏が、「道」に近い魯は、大道が行われた時のようにすれば理想の世が実現する、と述べたのも、『礼記』礼運篇のこの記述に沿って、いるのである。

何晏が『礼記』礼運篇を尊重するのは、舜の後裔と称する曹魏が、尭の後裔とされた漢から禅譲を受けた際に、正統性を述べた詔《みことのり》にこれが引用されているためである。そのため、何晏は、尭の禅譲を受けて政権を掌握した舜の無為に、形而上なる根源者としての「道」に基づく統治を実現できる「聖人」の政治を求めたのである。

そして何晏は、「無為の治」のもとでの民の暮らしぶりについて、『論語集解』泰伯篇で、次のように述べている。

> 子曰く、「民は之を由《もち》ひしむ可し、之を知らしむ可からず」と。「由は、用なり。用ひしむ可くして知らしむ可からず者《とは》、百姓 能く日々に用ふれども知る能はざるなり。」
>
> 孔子が言った、「民草には道を用いさせることはできるが、それを理解させることはできない」と。「由は、用である。用ひしむ可くして知らしむ可からずとは、民草は日々（道を）用いることができているのに（それを）理解できていないことをいう。」

何晏が「由」を「用」と解釈するのは、傍線部の典拠である『周易』繋辞上伝《けいじじょうでん》に、人々は陰になったり陽になったりする「道」を毎日用いていながら知ることはない、という言葉があることによる。これを踏まえると、無為の治は、「百姓」（人々）には、天地陰陽の「道」の働きに依拠して生活させながら、しかもそれを理解させない政治となる。形而上なる根源者としての「道」との一体化によって、民は幸福を得るのである。

したがって、無為の治により、すべての人々は、自然と君主に従うことになる。それを孔子が述べたものが、『論語集解』為政《いせい》篇の次の文章であると、何晏は考える。


子曰く、「政を為すに徳を以てすれば、譬《たと》へば北辰の其の所に居《ゐ》て、衆星の之に共するが如し」と。［苞氏曰く、「徳なる者は、無為なり。譬へば猶ほ北辰の移らずして、衆星の之に共するが如し」と。］

孔子が言った、「政治をするのに無為を方法とすれば、たとえば北極紫微星がその場所にありながら、多くの星がそれに敬意を表わすかのようである」と。［包咸《ほうかん》は、「徳とは、無為である。（無為による政治は）たとえば北極紫微星が動かずに、多くの星がそれに敬意を表わすかのようである」と言っている。］

何晏が傍線部で「徳」を「無為」とする包咸の注を引くのは、『老子』第三十八章に、上徳は無為であり、しかも為さないことは無い、という言葉があることによる。「徳」を「無為」と解釈することにより、為政篇の孔子の言葉は、「政治をするのに無為を方法とすれば、たとえば北極紫微星がその場所にありながら、多くの星がそれに敬意を表わすかのようである」と解釈される。

このように「道」に基づく統治である舜の「無為の治」は、賢才を用いることで実現し、すべての人々を君主の統治に従わせることができる、と何晏は主張するのである。

「魏公卿上尊号奏」碑（右）と「受禅表」碑（左）
献帝から曹丕への禅譲を記念する。

## 禅譲の賛美

何晏はさらに、舜が政権を掌握した方法である禅譲を宣揚することで、尭舜禅譲革命を規範とする漢魏革命により成立した曹魏の正統性を主張していく。これを述べる『論語集解』八佾篇は、すでに鄭玄『論語注』の部分で掲げている。

子 韶《せう》を謂ふ、「美を尽くせり、又 善を尽くせり」と。［孔安国曰く、「韶は、舜の楽なり。聖徳を以て受禅する謂ふ。故に善を尽くすと曰ふなり」と。］武を謂ふ、「美を尽くせり、未だ善を尽くさず」と。［孔安国曰く、「武は、武王の楽なり。征伐を以て天下を取る。故に未だ善を尽くさずと曰ふなり」と。］

孔子が（舜《しゅん》の楽である）韶《しょう》を批評した、「美を尽くしている、さらに善を尽くしている」と。

［孔安国は、「韶は、舜の楽である。聖徳によって禅譲を受けたことを語る（楽である）。そのため善を尽くしていると言うのである」と言っている。］（周の武王《ぶおう》の楽である）武《ぶ》を批評した、「美を尽くしてはいる、まだ善を尽くしてはいない」と。［孔安国は、「武は、武王の楽である。征伐によって天下を取った。そのためまだ善を尽くしてはいないというのである」と言っている。］

何晏の『論語集解』は、舜が「受禅《じゅぜん》」（禅譲）により天下を受けたため、善を尽くすと孔子に評価されたことに対して、「征伐《せいばつ》」（放伐）により天下を取った周の武王は、未だ善を尽くしていない、と解釈する。つまり、何晏は、禅譲か放伐かに善・未善の価値基準を求め、自らを舜、漢を尭の後裔と位置づけて禅譲を行った曹魏を正統化したのである。

このように何晏の『論語集解』は、明確な主張を持っていた。鄭玄が自らの経学体系の一環として著した『論語注』に対抗するため、何晏は儒学と玄学とを貫く理想を「道」に求め、「道」に基づく統治の実現方法を皇帝の曹芳《そうほう》に示すために、『論語集解』を著した。

「道」は、孔子も体現できないほどに遠いが、「道」に基づく統治は、尭・舜の治世であれば、実現できる。舜は、賢人を登用する「無為の治」によって、すべての人々を自然に従わせた。それは、舜が禅譲を受けたためである。したがって、尭舜革命に準えて、漢から受禅した曹魏も、「無為の治」を行えば、「道」に基づく統治を実現できる、と何晏は考えたのである。

## 古注の代表

何晏は、「舜の無為」と「禅譲」により曹魏を正統化すると共に、形而上なる根源者の「道」をその世界観の中核において『論語』を解釈した。これは、体系的・総合的な『論語』解釈を行った鄭玄の『論語注』にも匹敵する「通理」への試みであった。十歳で読書を始めた斉王曹芳のために編纂したことを理由とする簡易な解釈と、「道」に基づく通理の形成とを評価され、『論語集解』は、やがて鄭玄の『論語注』に打ち勝ち、古注の代表となる。

『論語集解』成立の背景には、魏晉の時代風潮が存在した。孔子が正統化していた「聖漢」が滅亡する中で、絶対的な真理を探究する風潮は、天地の根源、「道」や「無」の絶対性の発見へと向かっていたのである。そうした中で、何晏は、『周易』や『老子』に基づく玄学的解釈を孔子の教えを直接伝える『論語』に施すことにより、形而上なる根源者の「道」に基づく統治の方法を舜の無為の治に求めた。そして、自らも曹爽のもと、吏部尚書として賢才を挙げることに努め、「無為の治」の実現を目指していったのである。

第六章

# 継承されたものと失なわれたもの

## ——皇侃の『論語義疏』と邢昺の『論語注疏』

# 1. 仏教の台頭

## 三教の並立

魏晋南北朝は、漢では一尊されていた儒教に対して、様々な文化に価値が求められていった時代である。曹操の宣揚により価値を見出された文学は、『陳書《ちんじょ》』巻三十四 文学の論では、「人倫《じんりん》の基づく所」とされ、「君子が衆庶《しゅうしょ》に異なる」理由と位置づけられるに至る。また、曹魏の何晏が創出した玄学は、劉宋で四学館の中に玄学館が置かれたように、貴族の教養として公認される。さらに、裴松之の『三国志注』により、史料批判という史学独自の方法論を確立した史学は、『隋書』経籍志《けいせきし》に完成する四部分類では、「経・史・子・集」と経学に次ぐ地位を確立する。

一方、後漢末の五斗米道《ごとべいどう》を起源とする道教は、北魏の太武帝により国教とされ、東晋より本格的に受容された仏教も、隋の文帝により国教とされる。仏舎利《ぶっしゃり》を天下に配布した日、文帝は、国子学《こくしがく》に学生七十名を留めた以外、学校を廃止する。後漢「儒教国家」が成立して以来、儒教が国家の保護を失ったことは、これが最初である。仏教が儒教の最大の脅威であったことを理解できよう。

仏教が国家の正統化に用いられるには、儒教の持つ華夷《かい》思想の克服を必要とした。夷狄《いてき》を起源とする宗教だからである。すでに春秋・戦国時代において、楚は強大な国力を持ちながらも南蛮であるが故に、尊王攘夷の対象とされ、中国統一を成し得なかった。しかし、中国を統一した秦もまた、穆公が「西戎《せいじゅう》の覇者」と呼ばれたように、夷狄のはずであった。やがて儒教によって体系化される華夷思想は、一方で夷狄に対して、自らが世界の中心であるという強烈な中華意識を持ちながら、他方で華夷の別は文化の有無と考える思想でもあった。五胡の君主が好んで述べたように、禹は夷狄であり、周の文王も異民族の生まれであるという。かれらが中華の理想的な君主となったのは、禹が黄河を治めて中華文明の基礎をつくり、周の文王が礼を治めて中華文化の基本を定めたためである。たとえ夷狄の出身であっても、中華の文化を体現することにより、中華の君主と成り得る。それが文化によって中華と夷狄を区別する儒教の規定であった。

竜門の石窟寺院（洛陽）の盧舎那仏像

しかし、現実問題として、異民族支配の際に民族的な軋轢《あつれき》が生じることは多い。北魏の漢化政策から隋唐の胡漢融合へは順調に進んだかに見える。それでも、北朝系の国家は、おしなべて仏教を尊重した。こののち成立する遼・金・元・清という「征服王朝」も、一貫して仏教を尊崇している。仏教は中国外部からもたらされた世界宗教である点において、異民族による政権の正統性を保証する存在であった。

しかも、儒教と仏教が補いあうことができれば、より安定的な正統性が異民族出身の君主にも附与される。唐が隋で成立した「仏教国家」をそのまま継承することはせず、儒教をも尊重したのは、このためである。その際、唐が仏教よりも道教を上に置いた背景には、道教側の国家権力への接近の努力がある。

南朝系の道教である茅山派《ぼうざんは》の道士王遠知《おうえんち》は隋末、唐公李淵《りえん》に接近し、太上老君《たいじょうろうくん》（老子、李耳）が夢に現れ「李淵の祖先である」と語ったと告げ、道観《どうかん》を創り老子を祭るよう進言した。太宗《たいそう》李《り》世民《せいみん》は、自分の祖先が老子であることを宣言し、祖先崇拝として老子を特別に扱い、宮中における道士と僧侶の並び順を「道先僧後《どうせんそうご》」と定めた。つづく高宗《こうそう》は、老子に太上玄元皇帝《たいじょうげんげんこうてい》という尊号を奉るとともに、官僚や王族に『道徳経《どうとくきょう》（老子）』を学ばせ、科挙の明経科《めいけいか》に老子《ろうし》策《さく》を設けて『道徳経』から出題するようにした。これら諸皇帝の政策は、いずれも老子を自分の祖先として特別扱いするもので、「山東《さんとう》門閥」と称される漢人系の貴族に劣るとされた、胡漢融合の皇帝家の家柄を飾る意味があった。

唐の皇帝のなかで、最も老子を尊崇したものは玄宗である。即位当初には、儒教に基づき民生の安定を第一にしていた玄宗が道教に傾倒したのは、茅山派の道士司馬承禎《しばしょうてい》の努力による。司馬承禎は、玄宗に法籙《ほうろく》を与え道士皇帝とし、各地に道観を創建させた。玄宗が楊貴妃と出会ったのも、道観での祭祀の時である。玄宗は、自ら『道徳経』に注をつけ、家々に一冊備えることを命じ、また荘子を南《なん》華《か》真人《しんじん》と位置づけ、老子の誕生日を国家の祝日とした。ここに道教は、単なる李氏の祖先崇拝に止まらず、唐の国教に近いものとなった。以後も茅山派に対する唐の保護は続き、武宗のときには、会昌《えしょう》の廃仏と呼ばれる仏教弾圧が行われた。なお、中国に記録の残らない会昌の廃仏の具体像を今日に伝えたものは、日本僧円仁《えんにん》の『入唐求法巡礼行記《にっとうぐほうじゅんれいぎょうき》』である。

こうして漢に成立し、唐に完成した「古典中国」は、儒教・仏教・道教の三教が並立する国家となったのである。

## 梁の武帝

武帝蕭衍《しょうえん》は、南朝梁の初代皇帝である。父の蕭順之《しょうじゅんし》は南斉の高帝蕭道成《しょうどうせい》の族弟で、創業の功臣であった。蕭衍は、父より文武両道にわたる教養と才幹で将来を嘱望され、竟陵王《きょうりょうおう》蕭子良《しょうしりょう》の「八友」の一人に数えられる。南斉末、皇帝である東昏侯《とうこんこう》蕭宝巻《しょうほうかん》の暴政が甚だしく、兄の蕭懿《しょうい》も殺害されると、蕭衍は、東昏侯の非を責めて挙兵、やがて東昏侯の弟である和帝蕭宝融《しょうほうゆう》より禅譲を受けて梁を開いたのである。

武帝は、真冬でも早朝二時に起きて政務を取り、寛やかな政治を行い、疲弊した民生の回復に努めた。また、士《し》（貴族）と庶《しょ》（貴族以外）の区別を明確にする一方で、個人の才能と教養を重視する方針を打ち出して貴族層に自己革新を求め、官制改革を行って貴族制の再編を図った。そして、天監《てんかん》三（五〇四）年、四十一歳のときに道教を棄てて仏教に帰依してからは、理想社会の実現の方策を仏教に求め、多くの寺院を建立して大法会《だいほうえ》を催し、「皇帝大菩薩《こうていだいぼさつ》」と称されたのである。

武帝は、仏教へと傾斜していく自らの思想遍歴を「三教に会す」という詩に著している。

少き時周孔《しゅうこう》を学び　　弱冠にして六経《りくけい》を窮む

孝義は方冊《はうさつ》に連なり　仁恕は丹青《たんせい》に満つ
践言は去伐《きょばつ》を貴び　為善は好生《こうせい》に存す

武帝の学問は、この時代の貴族が押し並べてそうであるように、「周孔」すなわち儒教から始まった。太学の入学を迎える弱冠十五歳までに六経を窮めることは、当時の通例である。武帝は、儒教の教えの成果を「好生」（人として立派に生きること）と規定する。

中ごろ復た道書を観るに　有名と無名とあり
妙術は金版に鏤《きざ》み　真言は上清《じやうせい》に隠る
密行は陰徳を貴び　顕証は長齢《ちやうれい》に表はる

続いて武帝は、「道書」を見て道教を修める。有名・無名の論が踏まえられているように、ここには宗教としての道教だけではなく、『老子《ろうし》』・『荘子《そうじ》』・『周易《しゆうえき》』の「三玄」に通じる玄学も含まれている。武帝は道教の修行の証を「長齢」（長生き）に求める。

晩年に釈巻《しやくかん》を開くに　猶ほ日の衆星を映《て》らすがごとし
苦《く》集《じう》始めて覚知し　因果　乃ち方明たり
示教は惟れ平等にあり　至理は無生《むしやう》に帰す

晩年、武帝は「釈巻」を開き、仏教に目覚める。その明るさは、日（太陽）が多くの星を照らすかのようであったという。仏教を最上の価値と賛美するのである。武帝は、仏教の理を「無生」（一切諸法は実態がないこと）に帰すことに求める。その際、仏教の教えとして「平等」を挙げることは注目に値する。

梁代の仏教は、『涅槃経《ねはんぎょう》』と『成実論《じょうじつろん》』に代表されると言い得るほど、その研究講説が盛んであった。武帝は、『涅槃経』の注釈を著しているほか、中大通《ちゅうだいつう》元（五二九）年には、同泰寺《どうたいじ》で『涅槃経』を講経している。この『涅槃経』は、劉宋のとき慧厳《えごん》・慧観《えかん》・謝霊運《しゃれいうん》により、法顕《ほっけん》・仏陀跋陀羅《ぶっだばったら》（訳）『大般泥洹経《だいはつないおんきょう》』六巻（大正新脩大蔵経［以下、大正］三七六）と曇無讖《どんむしん》（訳）『大般涅槃経《だいはつねはんぎょう》』四十巻（北本、大正三七四）を校合訂正した『大般涅槃経』三十六巻（南本、大正三七五）である。『大般涅槃経』は、平等について次のように述べている。

> 仏性者即《とは》ち是れ如来《にょらい》なり。仏性者《とは》一子地と名づく。何を以ての故に。一子地の因縁を以ての故に、菩薩則《は》一切衆生に於て、平等心を得ればなり。一切衆生は、必定《かなら》ず当に一子地を得べきが故に、是の故に説きて「一切衆生に悉く仏性有り」と言ふ。

仏性《ぶっしょう》（衆生が持つ仏としての本質、仏になるための原因）とは如来《にょらい》（このうえもなく尊いもの）である。仏性とは一子地（一切衆生を唯一の子を愛するように愛する境地）と名づけることができる。どうしてなのか。一子地の因縁のためであり、菩薩は一切の衆生に、平等心を得ているからである。一切の衆生は、必ず一子地を得ることができるので、このために「一切の衆生にはすべて仏性がある」と説くのである。

『般若経《はんにゃきょう》』が声聞衆《しょうもんしゅ》（仏の教説に従って修行しても、自己の解脱のみを目的とする出家者）を差別することに対して、「一切衆生に悉く仏性有り」と宣言する『大般涅槃経』は、すべての衆生の救済を説く一乗無差別平等という大乗仏教の立場を明確に主張した経典である。

武帝は、その治世のなかで盛んに無遮大会《むしゃだいえ》を行った。これは「平等大斉《たいせい》」とも呼ばれる。そこでは、道俗四衆平等に、十分に施食されたという。武帝の平等は、凡聖が一切皆平等であり差別がないという理想に向けての言説であったと考えてよい。それでは、武帝が尊んだ平等という思想は、その治世に生きた皇侃の『論語義疏』にどのような影響を与えたのであろうか。

## 2. 皇侃の『論語義疏』と平等

### 仏教の影響

梁の皇侃は、呉郡《ごぐん》の出身であり、会稽郡《かいけいぐん》の賀瑒《がよう》に師事した。「三礼」・『論語』に長じ、国子助教《こくしじょきょう》（国子学の助手、低い官職）となって、大同《だいどう》十（五四四）年に五十八歳で卒した（『梁書』巻四十八 儒林皇侃伝）。その著『論語義疏』は、何晏の『論語集解』に基づき、それ以後の諸説を集め、自らの解釈を加えたものである。

中国では南宋のころ散佚したが、日本には写本が伝存し、江戸時代に荻生徂徠の弟子根本武夷《ねもとぶい》（字は伯修）が校刻して逆輸出し、中国の学界を驚かせた。大正十二（一九二三）年に、大阪の懐徳堂より武内義雄の校勘記とともに出版された本が優れ、通行本となっている。

皇侃の義疏序によれば、『論語義疏』は、大別して二本の柱から構成されている。その一本の柱は、何晏の『論語集解』に忠実に従った解釈、もう一本の柱は、江熙《こうき》の『集解論語《しっかいろんご》』に引かれる論語説を含む、『論語集解』の解釈に関わることのない、あるいは批判的な説である。もちろん、それに皇侃自らの思想、および皇侃が生きた時代の思想状況が反映されることは言うまでもない。

『論語義疏』への仏教の影響は、第一に、仏教的語彙の使用に見られる。そもそも義疏という言葉が、仏教に由来する。仏典では経の祖師《そし》説、あるいは祖師の論を注解したものを義疏《ぎしょ》という。それが儒教に用いられたのは、劉宋の明帝の『周易義疏《しゅうえきぎそ》』からである。また、『論語義疏』の用いる字句には、「印可《いんか》」など『維摩経《ゆいまきょう》』に基づくものがある。

第二に、注釈形式・問答体・経題の解釈といった、表現形式の共通性を挙げることができる。経文をいくつかに段落分けして、段落ごとに解釈する形式は、本来的には仏教経典の解釈様式である。

第三に、自らの学問を「外教《げきょう》」と位置づける意識である。『論語義疏』先進篇の「季路 鬼神に事へんことを問ふ」に付けられた義疏は、次のように儒教と仏教の教説の違いを説明している。

> 外教に三世の義無きこと、此の句に見《あら》はるるなり。周孔の教へ、唯だ現在を説き、過去・未来を明らかにせず。而るに子路 此に鬼神に事へんことを問ふ。政《まさ》に鬼神は幽冥の中に在れば、其の

法は云何なるか言ふや、此は是れ過去を問ふなり。

外教（儒教）には（現在・過去・未来の）三世の義が無いことは、この句に表れている。周孔の教え（儒教）は、ただ現在を説くだけで、過去・未来を明らかにしない。それなのに子路はここで鬼神に仕えることを尋ねた。鬼神は幽冥の中にいるので、その法はどのように言えばよいであろう、これは過去を問うているのである。

清の陳澧《ちんれい》『東塾読書記《とうじゅくどくしょき》』が指摘するように、ここでは仏教の概念を用いて『論語』が説明されている。「外教」とは、仏教を「内教」とする立場から、仏教以外の教えを呼ぶ言葉である。この言葉は、内教を優れるもの、外教を劣るものとする意識を本来的に伴っている。儒教の古典の注釈である『論語義疏』の中にこのような言葉が用いられていることそれ自体がそもそも注目に値する。

それでは、梁の武帝が尊重した平等という概念は、『論語義疏』にどのように反映しているのであろうか。『論語』衛霊公篇に次のような章がある。

子曰く、「吾の人に於けるや、誰をか毀《そし》り誰をか誉めん。如《も》し誉む可き者有らば、其れ試みる所あらん。斯《こ》の民や、三代の直道にして行ふ所以なり」と。

孔子が言った、「わたしは人に対して、誰を誹ったり誰を誉めたりしようか。もし誉めることのできる者がいたとすれば、それは検証したうえのことだ。このような対応が民について、夏・殷・周の時代のようにまっすぐな道によって行っている（と言える）理由である」と。

この章の「如し誉む可き者有らば」について、先行する何晏の『論語集解』は、「誉むる所の者は、輒ち試みるに事を以てし、空しくは誉めざるのみ（誉める者については、そのたびごとに検証を行っており、根拠もなく誉めることはない）」という包咸の説を引用するだけで、この章を「平等」と結びつけて解釈することはない。

これに対して、『論語義疏』は、「誰をか毀り誰をか誉めん（誰を誹ったり誰を誉めたりしようか）」について、次のような注釈を付けている。

孔子曰く、「我の世に於けるや、平等なること一の如く、憎愛・毀誉《きよ》の心有る無し」と。故に云ふ、「誰をか毀り誰をか之を誉めんや」と。

孔子は、「わたしは世においては、平等であること一のようであり、憎愛や毀誉の心はない」と言っている。このため、「誰をか毀り誰をか之を誉めんや」と言ったのである。

皇侃は、この章を解釈するなかで、孔子が人々を「平等であること一のよう」に見なしていたとして、仏教に由来する「平等」という理想を孔子も抱いていた、とするのである。さらに、「如し誉む可き者有らば（もし誉めることのできる者がいたとすれば）」についても、次のような注釈を付けている。

既に平等一心なれば、毀誉《きよ》有らず。然れども君子 悪を掩《おほ》ひ善を揚《あ》ぐ。善ならば則ち宜しく揚ぐべし、而して我 従来 若し称誉する所の者有らば、皆 虚妄ならず。必ず先づ其の徳を試験し、而る後に乃ち之を誉むるのみ。故に其の試みる所有りと云ふ。

（孔子は）すでに平等一心であるから、（他者への）毀誉褒貶はない。しかし君子は、悪を覆い善を揚げる（必要がある）。善であれば揚げるべきで、そこでわたしがこれまで褒める者は、みな虚妄ではない。必ず先にその徳を試みて、その後にこれを褒めたのである。このため試みるところがあったと言っているのである。

孔子は「平等一心」であるから、本来的には毀誉褒貶を行わないが、君子は「悪を掩ひ善を揚」げる必要があるので、必ず試した後に褒めるのである、と仏教の平等に基づいて、皇侃は孔子の言葉を解釈している。こうした仏教的な平等観に基づく解釈は、朱子の『論語集注』が従わなかったように、このののち継承されてはいかなかった。平等を用いる仏教的な解釈は、皇侃の『論語義疏』の特徴と位置づけられるのである。

梁の武帝が仏教に基づく平等を掲げるなかで成立した皇侃の『論語義疏』は、平等という言葉を用いて孔子の教説を解釈する。それでは、皇侃は、武帝が考えるような凡聖が一切皆平等であり差別がないという理想を求めるものなのであろうか。換言すれば、こうした思想が、たとえば『論語集解』の「道」のように、『論語義疏』の中核的な人間観を形成しているのであろうか。

### 性三品説と平等

儒教において、人間とはいかなる存在であるかを考える性説《せいせつ》の展開の中で生まれた性三品説《せいさんぴんせつ》は、

『論語』の三つの言葉を主要な典拠とする。前漢の董仲舒《とうちゅうじょ》学派の著した『春秋繁露《しゅんじゅうはんろ》』は、『論語』中の孔子の発言を典拠に、人間の性は上・中・下の三種に分けられ、中民だけが教化の対象と成り得る善から悪までの可能性を持つ存在である、という性三品説の基本を形成した。こののち、性三品説は、後漢の王充《おうじゅう》・荀悦《じゅんえつ》と継承され、皇侃に至り、さらなる展開をみせる。

皇侃は、これまでの性三品説でも論拠とされてきた雍也・季氏・陽貨の三篇において、性三品説を展開する。雍也篇では、師の賀瑒の説を踏襲しながら、人の賢愚の「品識」を九品に分けている。季氏篇では、生知である一品の上智《じょうち》と移らない九品の下愚《かぐ》を除いた、残りの七品と学との関係を述べるが、性三品説としての新しみは無い。皇侃の性三品説の特徴が現れるのは、陽貨篇の「子曰く、「唯だ上智と下愚とは移らず」と」に付けられた次の文章である。

性なる者は人の稟《う》くる所にして以て生ずるなり、習なる者は生まれて而る後に儀有りて、常に行習する所の事を謂ふなり。人倶《とも》に天地の気を稟けて以て生まる。復た厚薄殊《こと》なること有ると雖も、而れども同じく是れ気に稟く。故に相 近しと曰ふなり。……気に清濁有り。若し稟くるに淳清なる者を得れば則ち聖人と為り、若し淳濁なる者を得れば則ち愚人と為る。愚人の淳濁は、澄ますと雖も亦た清まず、聖人の淳清は、之を攪《みだ》すも濁らず。故に上聖は昏乱の世に遇ふも、其の真を撓《たは》む能はず、下愚は重尭畳舜に値ふも、其の悪を変ずる能はず。故に云ふ、「唯だ上智と下愚とは移らざるなり」と。而して上智より以下、下愚より以上、二者の中間、顔・閔より以下、一善より以上は、其の中も亦た清多く濁少なく、或いは濁多く清少なく、或いは半ば清 半ば濁なり。之を澄ませば則ち清く、之を攪せば則ち濁る。此の如きの徒 以て世の変改に随ふ。若し善に遇はば則ち清升し、悪に逢はば則ち滓淪《しりん》す。所以《ゆゑ》に別に云ふ、「性は相 近く、習ひは相 遠し」と。

性というものは人が受けて生まれるものであり、習というものは生まれた後にならわしがあり、常に行い習うことをいう。人はみな天地の気を受けて生まれる。（人によって受ける気の）厚い薄いが異なるが、それでも同じく気を受けている。だから「相 近し」と言うのである。……気には清濁がある。もし純粋な清の気を受ければ聖人となり、もし純粋な濁の気を受ければ愚人となる。愚人の純粋な濁は、澄ましても清むことなく、聖人の純粋な清は、攪乱しても濁らない。このため上聖は乱世に遭遇しても、その真を曲げられず、下愚は尭や舜に重ねて会っても、その悪を変えられない。このため、「唯だ上智と下愚とは移らざるなり」と言うのである。そして上智より以下、下愚より以上、二者の間、（すなわち）顔回・閔子騫より下で、一つの善より上の者は、その中は清が多く濁は少なく、あるいは濁が多く清は少なく、あるいは半分清で半分濁である。（このため）これを澄ませば清み、これを乱せば濁る。このような者は世の変改に随う。もし善にあえば清に上り、悪にあえば則ち汚れる。このために別に、「性は相 近く、習ひは相 遠し」と言うのである。

皇侃によれば、性が三品、さらには九品に分かれる理由は、人間がこの世に生まれる時、誰しもが天地から受ける気の清濁・厚薄に依る。純粋の清気を受ければ聖人となり、純粋の濁気を受ければ愚人となり、清濁混ざった気を受けると中人になるという。すなわち、生まれにより、気の清濁の多少があらかじめ決まっており、それによって人間の性の善悪は定まる、とするのである。

西晋で施行された五等爵制と結合した九品中正制度は、梁代になると、清官《せいかん》（上品）に貴族を濁官《だくかん》（下品）に寒門《かんもん》を世襲的に就官させることになっていた。貴族に生まれるか、寒門に生まれるかにより、官の清濁、それを規定する郷品《きょうひん》の上下、郷品により表現される性の善悪が定まっていたのである。こうした社会を背景に、皇侃は、清の気からは善性が生まれ、濁の気からは悪性が導かれるとの宿命論的主張を特徴とする、九品から成る性三品説を主張した。貴族制の世襲性が、性三品説の中の宿命論的要素を助長したのである。

　このような社会的な背景に加えて、皇侃の性三品説は、仏教の受容をめぐる議論の影響を受けていた。中国における仏教の「業」思想に対する関心は、その報応思想、輪廻説に集中し、その受容は「神《しん》不滅」論として展開した。「神不滅」論は、神の不滅を主張することにより、輪廻転生の実在性を論証するものである。したがって、排仏論者は、これに対して「神滅」論を主張して、仏教の輪廻転生説を批判する。

　皇侃のころ「神滅」論を代表していたものは、戴逵《たいき》の「釈疑論《しゃくぎろん》」である。「釈疑論」は、安処子《あんしょし》の四つの質問と玄明《げんめい》先生のそれへの解答により構成される。安処子の質問は、①禍福積行説、天道無親説は、聖人の格言であり、善悪の行為が禍福を為すことをいう。②聖人と極悪人の行為は、理論上、完全な善悪であるから、その禍福も決定的で、善悪それぞれの一族ができ、後世の修業は役に立たない、というものである。

　これに対する玄明先生の解答は、①を同意した上で、②人は天地五常の性気を受けて生育する。性気に脩短の期、精粗の異があるので、寿命・賢愚も決定される。これは自然の定理であり、たとえば堯・舜のような聖人に丹朱《たんしゅ》・商均《しょうきん》のような愚者が生まれるのも仕方がないことである。常人についても同様で、結局、賢愚善悪には分命があり、積行には関係ない、というものである。

この論理は、性三品説の上智と下愚を定める理論と同一である。なかでも、天地五常の性気による宿命論を説く点において、董仲舒学派のそれではなく、皇侃の性三品説に近い。ただし、①②だけでは、教学の必要性が説かれないため、性三品説の中人を説明したことにはならない。③④の質問と解答は、それに関わるものである。

安処子の質問は、③善行に励む者に禍がくだり、悪行を肆《ほしいまま》にする者に福が齎《もたら》されることがある。積行の報はどこにあるか。④五情六欲は誰にも共通するもので、それを整え防ぐことは難しい。したがって、刑罰や応報がなければ、人はみな勝手に情欲に従うのではないか、というものである。

これに対して、玄明先生は、③天地陰陽は広遠なもので、それに比べて人間の存在は微小である。微小な存在のそのまた微小な行為が一々応報を生み出すはずがない。それゆえ積行説は勧教を目的とするのである、と解答する。

ここに、仏教の最大の特徴である因果応報の必然性は否定される。天地陰陽は、個々の人間には対応していない。それでも一人ひとりが学を修め、自ら高めていかなければならないのである。④では、教えに従えば名教の士となり、そむけば失道の士となることが述べられる。性三品説において、中人が教えによって後天的に変わることに通ずる人間観が、戴逵の「釈疑論」の中で論及されているのである。

戴逵の「釈疑論」は、人間の生存は、天地・陰陽の二儀から定められた性を受けて生まれ、五恒の気を受けて育つもので、賢愚・善悪などは自然に定まった道理であり、天から与えられた分命による、と主張する。生まれながらの気の清濁により性が定まるという皇侃の性三品説が、戴逵の「釈疑論」の影響を大きく受けていることが理解できよう。戴逵の「釈疑論」は、排仏《はいぶつ》の理論である。すべての人間を平等に捉えることは否定される。同様に、皇侃の性三品説にも、人間を平等と捉える視座はない。

## 儒教の根強さ

皇侃の『論語義疏』は、自らが仕える梁の武帝が尊重した「平等」という言葉を『論語』解釈に導入した。『論語義疏』衛霊公篇において、「平等」という言葉を利用しながら、孔子は人々を「平等なること一の如く」見なしているため、「憎愛・毀誉の心がない」と説いているのである。しかし、人間の本質を規定する性説では、生まれながらの差別を積極的に肯定する性三品説を主張する。皇侃の人間観の根底には、儒教の性三品説が動かし難く存在していたのである。

皇侃は、仏教信者が『観音経《かんのんきょう》』を唱えるように、『孝経《こうきょう》』を唱えること日ごとに二十回であったという（『梁書』巻四十八 儒林 皇侃伝）。『孝経』を宗教経典とする儒教信者であったと考えてよい。それでも、梁の武帝が尊重する「平等」という概念を利用して『論語義疏』を著した。ただし、それは一ヵ所だけであった。人間の本質を論ずる性説については、宿命論的な性三品説を取り、生まれにより定まる貴族制を正統化した。凡聖が一切皆平等であり差別がないという、武帝の理想に逆行する思想と言えよう。

皇侃の『論語義疏』には、平等無差別を説く仏教を表面的に受容する柔軟性とともに、それでも本質的な人間性の規定を揺るがさない儒教の強靭性を見ることができる。仏教に激突されてもなお儒教は、自らを見失うことはなかったのである。

## 3.「五経正義」と『論語注疏』

### 唐の編纂事業と孔穎達

南北朝を統一した隋を継承した唐は、文化の専有を存立基盤とする貴族に対抗して、文化的諸価値を皇帝権力に収斂するための大編纂事業を行った。唐の勅撰事業として行われた『藝文類聚《げいもんるいじゅう》』（類書、高祖の武徳《ぶとく》七年、欧陽詢《おうようじゅん》奉勅撰）・『初学記《しょがくき》』（類書、玄宗の開元《かいげん》十五年、徐堅《じょけん》奉勅撰）・「五経正義《ごきょうせいぎ》」（経書、太宗の貞観《じょうがん》十六年、孔穎達《くようだつ》奉勅撰）・『帝範《ていはん》』（儒教、太宗の貞観二十二年、太宗御撰）・『群書治要《ぐんしょちよう》』（政書、太宗の貞観五年、魏徴《ぎちょう》奉勅撰）、『文館詞林《ぶんかんしりん》』（総集、高宗《こうそう》の顕慶《けんけい》三年、許敬宗《きょけいそう》奉勅撰）、『唐六典《とうりくてん》』（職官、開元二十六年、張九齢《ちょうきゅうれい》奉勅撰）、『隋書《ずいしょ》』などの南北朝「正史」の編纂は、こうした唐の文化価値収斂への努力を今日に伝えるものである。

これらの一つである「五経正義」は、唐の太宗の貞観十六（六四二）年に、国子祭酒《こくしさいしゅ》の孔穎達《くようだつ》を総裁に完成された五経の注釈書である。五経それぞれの注として、『周易《しゅうえき》』は王弼《おうひつ》と韓康伯《かんこうはく》、『尚書《しょうしょ》』は孔安国《こうあんこく》、『詩経《しきょう》（毛詩）』は鄭玄《じょうげん》、『礼記《らいき》』も鄭玄、『春秋左氏伝《しゅんじゅうさしでん》』は杜預《どよ》の注が選ばれた。そのうえで、それらの注に対する二次的な注釈として、南北朝時代の「義疏学《ぎそ》」の中から妥当なものが選ばれた。「正義」とは、標準となる義疏を基にした正しい解釈という意味である。高宗の永徽《えいき》四（六五三）年、一部に改訂のうえ天下に頒布して、学校の教科書とし、明経試《めいけいし》（科挙のうち経学の試験）の基準とした。

「五経正義」を編纂した孔穎達は、孔子の子孫で、「南学」・「北学」と呼ばれる南朝・北朝の経学の双方に通じていた。国子祭酒（国立大学の総長）として、太宗の命を受け、南北両学派の統一を掲げて「五経正義」百八十巻を撰定したのである。「正義曰」から記される「疏」の著者は、すべて孔穎達とされるが、多くの学者が参与していることは言うまでもない。これにより、多岐に分かれていた五経の章句（解釈）が整理、統一されたことは評価される。その一方で、解釈の画一化により、「宋学」（朱熹が集大成した朱子学はその代表）に乗り越えられるまで、学問としての生命を失ったとの批判もある。

## 十三経注疏の成立

「五経正義」の成立後、唐では、賈公彦《かこうげん》が鄭玄の注した『周礼』と『儀礼』に疏《そ》を付し、徐彦《じょげん》が何休《かきゅう》の注した『春秋公羊伝』に疏を付し、楊子勛《ようしくん》が范寧《はんねい》の注した『春秋穀梁伝』に疏を付した。これで「九経」である。

宋代に経の概念が拡大されると、『論語』・『孝経』・『孟子』だけではなく、経書解釈の字書である『爾雅《じが》』までも経書とされ、勅命により正義が作られた。『論語』は何晏の集解、『孝経』は玄宗の御

「十三経注疏」と『論語正義』（『論語注疏』）

注、『爾雅』は郭璞《かくはく》の注に、邢昺《けいへい》が疏を付けた。なお、『孟子』は漢の趙岐《ちょうき》の注に、宋の孫奭《そんせき》が疏を付けたとされるが、偽作説も有力である。

こうして、儒教の基本的古典である経書の注釈を集めた全四百十六巻の叢書が完成した。これが「十三経注疏《じゅうさんけいちゅうそ》」である。ここに「古注」は、集大成された。

## 邢昺と『論語注疏』

邢昺は、北宋の太宗の太平興国《たいへいこうこく》年間（九七六～九八四年）に、諸科《しょか》（唐の明経科に相当）のうち五経の試験を受けた。そして、殿試《でんし》（最終試験）で博学とされ、九経合格とされた。真宗《しんそう》の咸平《かんぺい》元（九九八）年には国子祭酒《こくしさいしゅ》となり、翌年、新設された翰林侍《かんりんじ》講学士《こうがくし》の職を兼ねた。そして『論語』・『孝経』・『爾雅』の注疏を編纂したのである。

邢昺は、『論語《ろんご》正義《せいぎ》』（『論語注疏』と同じ。清《しん》の劉宝楠《りゅうほうなん》の『論語正義』と分けるため、『論語注疏』と呼ぶことが多い）を著す際に、『論語義疏』に基づいたという（『玉海』巻四十一　咸平孝経・論語正義）。また、野間文史によれば、隋の劉炫《りゅうげん》の『論語述義《ろんごじゅつぎ》』を参照したが、それは直接的ではないという。『論語注疏』の中で、劉炫の名を出して文が引用されるのは、すでに掲げた顔淵篇冒頭の「己を剋《つつし》みて礼に復《かへ》るを仁と為す」を含む一章だけである。この本文について、何晏の『論語集解』は、馬融の説を引用し、「己を剋《つつし》むは、身を約するなり」と解釈する。これに対して、『論語注疏』顔淵篇は、次のように述べている。

此の注、克の訓を約と為す。劉炫云ふ、「克は、訓 勝なり。己とは、身を謂ふなり。身に嗜慾有れば、当に礼義を以て之を斉ふべし。嗜慾と礼義、戦ひて礼義をして其の嗜慾に勝たしめば、身礼に帰復するを得たり。是の如くんば乃ち仁と為るなり。復は、反るなり。言ふこころは情 嗜慾の逼る所と為らば、己 礼を離るるも而も更めて之に帰復するなり」と。今 刊定して云ふ、「克は、訓 勝なり、己とは、身を謂ふなり。能く嗜慾に勝去し、礼に反復するを謂ふなり」と。

この注は、「克」の訓を「約」としている。劉炫は、「「克」の訓は「勝」である。「己」は「身」をいう。身に欲望があれば、礼・義によりこれを整えるべきである。欲望と礼・義を戦わせて礼・義が欲望に勝てば、身は礼に復帰することができる。このようであれば仁となる。「復」は、「反」である。情が欲望の迫るところとなれば、己は礼を離れても改めてこれを復帰させることを言う」といっている。いま解釈を定めて、「「克」の訓は「勝」であり、「己」は「身」をいう。よく欲望に勝ち、礼に復帰することをいう」とする。

『論語注疏』は、『論語集解』が「剋（克）」を「約」と解釈し、「つつしむ」と読むことに対して、「剋（克）」を「勝」とする劉炫の解釈を尊重する。ただし、劉炫と注疏とでは、多少の違いがある。劉炫が欲望を礼・義により整えることを勝つと表現することに対して、いま解釈を定めて、欲望に勝って礼に復帰すると注疏は解釈する。後者になると、日本でお馴染みの朱熹の『論語集注』の「克己復礼」の解釈に近づく。

それよりも重要なことは、清の劉文淇《りゅうぶんき》が『左伝旧疏考正《さでんきゅうそこうせい》』で指摘する、「いま解釈を定めて」の「いま」が唐を指すことである。もちろん、『春秋左氏伝』の注釈書が、『論語注疏』の「今」について述べるわけはない。野間文史が明らかにするように、「劉炫」から後のすべての『論語注疏』の文章は、『春秋正義』からの又引き（丸写し）なのである。邢昺が加えたものは、冒頭の「この注は、「克」の訓を「約」としている」だけということになる。ここに、邢昺の「五経正義」への尊崇を見ることができる。

後述するように、『論語注疏』が「注」、すなわち『論語集解』と異なる解釈を示すことは珍しい。本来「疏」とは「注」を解釈するものだからである。しかし、ここでは『論語注疏』は、「注」よりも『春秋正義』の解釈を正しいものとし、解釈のために『春秋正義』の文章をそのまま引用している。

こうした『春秋正義』の尊崇には、「五経正義」を継承して、『論語正義（論語注疏）』を著した邢昺の立場が明確に現れている。邢昺はあくまで、「五経正義」を補うために、『論語』・『孝経』・『爾雅』に疏を付けたのである。それでは、邢昺の『論語注疏』の特徴は、「五経正義」に従うことだけなのであろうか。

## 4．注に寄り添う『論語注疏』

### 仏教的・玄学的解釈の継承

『論語注疏』が基づいた皇侃の『論語義疏』は、『論語』を仏教的、あるいは玄学的に解釈している。『論語注疏』の中には、そうした『論語義疏』の解釈をそのまま継承した部分がある。

仏教的解釈の継承から検討しよう。これもすでに扱った、為政篇の「吾 十有五にして学に志す。三十にして立つ。四十にして惑はず。五十にして天命を知る。六十にして耳順《みみしたが》ふ。七十にして心の欲する所を縦《ほしいまま》にするも矩《のり》を踰《こ》えず」である。『論語義疏』為政篇から掲げよう。

> 此の章、孔子 聖を隠して凡に同じくし、学に時節有り、少より老に迄るまで、皆 物に勧むる所以を明らかにす。志なる者は、心に在るの謂なり。孔子 我 年十五にして学に志すと言ふは心に在るなり。十五は是れ成童の歳、識慮 堅明なり、故に此の年より始めて学に志すなり。

この章は、孔子が聖人であることを隠して凡百と同じにし、学問に時節があり、少年より老人に至るまで、みな人に勧める理由を明らかにしている。志というものは、心にあるという意味である。孔子がわたしは十五歳で学問に志したというのは心にあるのである。十五は成童の歳であり、知識と思慮が堅く明らかになる、このためこの年に始めて学問を志すのである。

傍線部に表現されるのは、「凡聖不二」と呼ばれる仏教思想である。聖人と凡人とは平等である。皇侃は、聖人である孔子の生涯が、聖人ではない人々の規範に成り得る理由を仏教思想に求めているのである。

邢昺の『論語注疏』は、これを承けて、この章を次のように理解している。

此の章、夫子 聖を隠して凡に同じくし、人に勧むる所以を明らかにするなり。吾 十有五にして学に志す者《とは》、成童の歳、識慮 方明なり、是に於て乃ち学に志すを言ふなり。

この章は、孔子が聖人であることを隠して凡百と同じにし、人に勧める理由を明らかにしている。「吾 十有五にして学に志す」とは、成童の歳で、知識と思慮が堅く明らかになるので、そこで学問を志すことを言うのである。

このように邢昺は、傍線部の仏教的解釈を継承する。それだけでなく、邢昺が『論語義疏』を踏襲して『論語注疏』を著したことが、明らかとなる章と言えよう。

続いて、玄学的解釈の事例を掲げよう。すでに述べたように、何晏の『論語集解』は、先進篇の「回や、其れ庶《ちか》からんか。屢《しば》々空《むな》し。賜は命を受けずして貨殖し、億《おも》へば則ち屢々中《あ》たる」について、共に玄学に基づく解釈を掲げている。第一は、顔回は聖道に近いので経済的に困窮したが、その中に楽しみを見出したという説、第二は、顔回はしばしば心に邪念のない「虚中」という状態に達していたという説である。皇侃の『論語義疏』は、これについて次のように述べている。

此の義を解する者、凡そ二通有り。一に云ふ、庶は、幾を庶《こひねが》ふなり。屢は、毎なり。空は、窮匱なり。顔子 幾を庶慕す。故に財利を匱忽す。家 毎《つね》に空貧にして簞瓢・陋巷する所以なり。故に王弼云ふ、「幾を庶《こひねが》ひ聖を慕《した》ひ、財業を忽忘して、屢々空匱なり」と。又 一通に云ふ、空は、猶ほ虚のごときなり。言ふこころは聖人は寂を体して、心は恒に虚にして累無し。故に幾動けば即ち見る。而るに賢人は無を体するを能はず。故に幾を見ず。但だ幾を庶ひ聖を慕ふのみ。而るに心 或いは時として虚なり。故に屢々空しと曰ふ。其の虚は一に非ず。故に屢々名 生ず。

この義を解釈するのは、およそ二通りがある。一つに言う、庶は、幾を冀うである。屢は、毎である。空は、窮乏である。顔子は幾（表面にあらわれる以前の微妙な兆し）を冀い慕っている。そのため財産利益を気にかけない。（これが顔淵の）家がいつも貧しく少しの飯と飲み物で、むさ苦しい路地に暮らす理由である。だから王弼は、「（顔淵は）幾を冀い聖人を慕い、財産や仕事を忘れて、いつも窮乏していた」と言っている。また一つに言う、空は、虚のような意味である。言いたいことは聖人は寂を体得していて、心は常に虚であり係累がなかった。このため幾が動けば直ちにそれを察知したのである。しかし賢人は無を体得することができない。このため幾を察知することはない。ただ幾を冀い聖人を慕うだけである。それでも心はあるときには虚であった。このため「屢々空し」と言うのである。その虚（の状態）は一定していない。このためしばしばという表現が生ずるのである。

このように『論語義疏』は、第一の説については、王弼の『論語釈疑』を引用して玄学的解釈をさらに進める。第二の説については、王弼が『世説新語《せせつしんご》』文学篇に残す次の有名な主張に基づく。

王弼が二十歳のとき裴徽のところに出かけた。裴徽は、「そもそも無はまことに万物のもとであり、聖人もあえて言い及んだことはなかったのに、老子がしきりに無を語っているのはどうしてであろう」と尋ねた。王弼は、「聖人は無を体得しておりましたが、無は説明できないので、常に有について言及しました。老子・荘子は有からのがれることができないので、いつも自分に足りないところを説いたのです」と答えた。

皇侃は、こうした王弼の思想を踏まえて、聖人は「寂」を体現しているが、賢人は「無」を体現することができないとしたのである。

これに対して、邢昺の『論語注疏』は、次のように注疏を付している。

其の説二有り。一に曰く、屢は、数なり。空は、匱なり。億は、度なり。言ふこころは回は聖道に庶幾《ちか》く、数々空匱・貧窶すと雖も、而も楽しみは其の中に在り。是れ回を美むるなり。……一に曰く、屢は、猶ほ毎のごときなり。空は、猶ほ虚中のごときなり。言ふこころは孔子 聖人の善道を以て、数子の庶幾きものに教ふ。猶ほ道を知るに至らざる者は、各々内に此の害有るが故なり。其の庶幾《ちか》きものに於て、毎に能く虚中たる者は、唯だ顔回有るのみ。道を懐《した》ふこと深遠なればなり。若し心を虚にせざれば、道を知る能はざるなり。

その説は二つある。一つに言う、屢は、数である。空は、匱である。億は、度である。言いたいことは顔回は聖道に近く、しばしば困窮し貧乏になるが、それでも楽しみはその中にあった。これは顔回を褒めているのである。……一つに言う、屢は、毎のようなものである。空は、虚中のようなものである。言いたいことは孔子は聖人の善道について、何人かの弟子の近いものに教えた。未だ道を知るに至っていないような者は、それぞれ内に（愚・魯・辟・喭といった）害があるためである。近いもののなかで、つねに虚中でありえる者は、ただ顔回だけであった。（それは顔回の）道を慕うことが深遠だからである。もし心を虚にしなければ、道を知ることはできない。

『論語注疏』も、『論語義疏』と同様に玄学的な解釈を継承しているが、比較をすると、王弼の思想はなく、何晏の注（集解）を踏襲している。すでに述べたように、何晏の『論語集解』は、「道」の重要性をその解釈の中心に置き、この章において顔淵が「聖道に庶幾《ちか》」いことをその論拠の一つとする。『論語義疏』は、「幾を庶《こひねが》ひ聖を慕《した》」ったとする王弼の『論語釈疑』を引用するが、そこでは肝心な「道」を欠く。これに対して、『論語注疏』は「聖道に庶幾《ちか》」いことを何晏の注文のままに引用する。また、第二の解釈についても、『論語義疏』が『世説新語』に残る王弼の言葉を踏まえて説明することに対して、空を「虚中」とする何晏の注文に沿った解釈を継承しているのである。

このように邢昺の『論語注疏』は、皇侃の『論語義疏』が玄学的解釈を継承したことを受け継いでいる。ただし、ここで検討した事例では、皇侃が王弼に依拠することに対して、邢昺は何晏の解釈をそのまま継承しようとする。実は、次のように『論語義疏』の仏教的・玄学的解釈を継承しない場合も多い。

**仏教的・玄学的解釈への批判**

『論語』衛霊公篇の「吾の人に於けるや、誰をか毀《そし》り誰をか誉めん。如《も》し誉む可き者有らば、其れ試みる所あらん。斯《こ》の民や、三代の直道にして行ふ所以なり」という孔子の言葉について、何晏の『論語集解』は、「誉むる所の者は、輒《すなは》ち試みるに事を以てし、空しくは誉めざるのみ」という包咸《ほうかん》の説を引用するだけである。これに対して、『論語義疏』は、「誰をか毀り誰をか誉めん」について、次のような注釈を付けている。

孔子曰く、「我の世に於けるや、平等なること一の如く、憎愛・毀誉の心有る無し」と。故に云ふ、「誰をか毀り誰をか之を誉めんや」と。

孔子は、「わたしは世においては、平等であること一のようであり、憎愛や毀誉の心はない」と言っている。このため、「誰をか毀り誰をか之を誉めんや」と言ったのである。

孔子は、人々を「平等なること一の如く」見なしているため、「憎愛・毀誉の心がない」というのである。皇侃はこのように『論語』の解釈を通じて、仏教に由来する「平等」という理想を孔子も抱いていた、とするのである。

これに対して、邢昺の『論語注疏』は、ここを次のように解釈する。

> 此の章は、正直の道を論ずるなり。子曰く、吾の人に於けるや、誰をか毀り誰をか誉めん者《とは》、毀は譖害するを謂ひ、誉は称揚するを謂ふ。言ふこころは我の人に於けるや、誰に於て毀り、誰に於て誉むるも、毀誉するに私無きなり。如し誉むる所の者有らば、其れ試みる所有らん者《とは》、言ふこころは称誉する所の者は、輒ち試すに事を以てし、虚しく誉めざるのみ。
>
> この章は、正直の道を論ずる。「子曰く、吾の人に於けるや、誰をか毀《そし》り誰をか誉めん」とは、毀は譖害することで、誉は称揚することである。言いたいことはわたしは人に対して、誰かを毀り、誰かを誉めるにしても、毀誉褒貶する際に私が無いということである。「如し誉むる所の者有らば、其れ試みる所有らん」とは、言いたいことは誉める者には、そのたびに事実により試し、虚しく誉めないということである。

このように『論語注疏』は、皇侃の仏教的解釈を全く継承することはない。そして、この章の孔子の言葉を毀誉褒貶に無私であること、証拠なく褒めないことと解釈する。何晏が注に引く包咸が述べる証拠なく褒めないことに、毀誉褒貶に無私であることを加え、全体の文意を分かりやすくしているのである。

また、邢昺は、皇侃の玄学的解釈にも従わない。『論語集解』の泰伯篇の孔子が尭の徳を称える次の章で検討しよう。なお、集解の入る場所を［番号］で示した。

子曰く、「大なるかな、尭の君為《た》るや。巍巍乎として、唯だ天を大と為し、唯だ尭 之に則る［一］。蕩蕩乎《たうたうこ》として、民 能く焉《これ》を名づくること無し［二］。巍巍乎として、其れ成功有るなり［三］。煥乎《かんこ》として、其れ文と章有り」と［四］。

孔子が言った、「偉大だな、尭の君主としてのさまは。（その徳は）高大であり、ただ天だけを偉大とし、尭はこの天道に則った。（尭の布いた徳は）広遠であり、民草はそれを名づけようもなかった。（その統治は）高大であり、功績があった。輝かしく、文化と制度を立てた」と。

何晏は［二］の場所に次のように包咸の説を引用する。

蕩蕩は、広遠の称なり。言ふこころは其の徳を布くこと広遠にして、民 能く焉《これ》を識り名づくること無し。

蕩蕩は、広遠さの呼称である。徳を広く遠くまで布き、民はそれを知ることも名づけることもできなかったことをいう。

これに対して、皇侃の『論語義疏』は、［二］の場所に、次のように王弼を引用して説明する。

王弼曰く、「聖人は天に則るの徳有り。唯だ尭のみ之に則ると称する所以の者は、唯だ尭のみ時に於て全く天の道に則ればなり。蕩蕩は、無形・無名の称なり。夫れ名の名づくる所の者は、善の章《あらは》るる所有りて、恵の存する所有るに生ず。善悪 相 傾きて、而して名分形《あら》はる。若し夫れ大いに愛して私無ければ、恵 将た安くにか在らん。至美 無偏なれば、名 将た何くにか生ぜん。故に天に則り化を成し、道 自然に同ず。其の子を私せずして、而して其の臣を君とす。凶者は自ら罰し、善者は自ら功して、功 成るも而も其の誉を立てず、罰 加ふるも而も其の刑を任ぜず。百姓 日々に用ひて然る所以を知らず。夫れ又 何をか名づく可へんや」と。

王弼は、「聖人は天に則る徳がある。「唯だ尭のみ之に則る」という理由は、ただ尭だけがその当時完全に天の道に則っていたからである。蕩蕩は、無形・無名の称である。そもそも名が（その名として）名づけられるのは、善の表れる所があり、恵の存在する所があることで生ずる。善悪がそれぞれ傾いて（相対的に比べられるようになって）、名分が現れるのである。もし大いに愛して私が無ければ、恵はどこにあるのであろうか。美の究極で偏りがなければ、名はどこに生ずるのであろうか。このため（尭は）天に則って化を成し、道は自然と同じであった。その子を私のもの（のように継がせて帝位）とせず、その臣（である舜）を君とした。凶者は自分から罰せられ、善者は自分から功績をあげており、（尭は）功が成ってもその名誉を立てず、罰を加えてもその刑を行わなかった。人々はいつも（尭の道を）用いていたが（自分達が）そのようにしている理由を知らなかったのである。そもそもまた何と名づけることができようか」と言っている。

このように皇侃は、王弼の『論語釈疑』を引用することで、尭の偉業を説明している。そこでは、

「無形」「無名」などを中心とする王弼の玄学的解釈が展開されている。これに対して、邢昺の『論語注疏』は、次のように述べている。訳は省略して、書き下し文に、波線で本文、傍線で注を示す。

此の章、尭を歎美するなり。子曰く、「大なるかな、尭の君為《た》るや。巍巍乎として、惟だ天を大と為し、唯だ尭 之に則る者《とは》、則は、法なり。言ふこころは大なるかな、尭の君為るや、聡明文思、其の徳 高大なり。巍巍然として有形の中、唯だ天を大と為し、万物始めに資り、四時 行はる。唯だ尭 能く此の天道に法りて其の化を行ふなり。蕩蕩乎として、民 能く焉《これ》を名づくること無し者《とは》、蕩蕩は、広遠の称なり。言ふこころは其の徳を布くこと広遠にして、民 能く焉《これ》を識り名づくること無し。巍巍乎として、其れ成功有るなり者《とは》、言ふこころは其の民を治め功は成り化は隆《さか》んにして、高大なること巍巍たり。煥乎《かんこ》として、其れ文と章有り者《とは》、煥は、明なり。言ふこころは其の文を立て制を垂るること又 著明なり。

このように『論語注疏』は、皇侃『論語義疏』が注と関係なく採用した王弼の玄学的解釈を全く用いない。しかも、波線で本文、傍線で注との同一の字句を示したように、邢昺は、ほぼ何晏の『論語集解』の諸注を継承して、それが分かりにくい場合には、説明を加えるという注に沿った解釈を心がけているのである。

## 注に寄り添う

このように注に寄り添う『論語注疏』は、皇侃の『論語義疏』公冶長篇《こうやちょう》の冒頭に引く、公冶長が鳥語を解したという物語も否定する。

皇侃『論語義疏』は、『論釈《ろんしゃく》』を引いて、公冶長が鳥の言葉を理解したことを次のように記す。長文であるため、現代語訳だけを掲げよう。

公冶長が衛《えい》から魯《ろ》に帰る途中、国境で鳥たちが人の死肉を清渓に食べに行こうと話しているのが聞こえた。しばらくして、一人の老婆が路上で泣いていたので、訳をたずねると、「我が子が出かけたきり帰ってこない。死んでしまったのだろうが、遺体がどこかもわからない」と話した。公冶長は、「先ほど鳥が、清渓に肉を食いに行こうと話していました。恐らくそれがお子さんでしょう」と言った。老婆が見に行くと、息子が死んでいた。

老婆が村長にこのことを告げると、村長はどうやって息子の死に場所を知ったのかと老婆に尋ねた。老婆は、「公冶長に会ったら、そのように話しておりました」と言った。役人は、「公冶長が子を殺していないのなら、どうして場所を知っていたのだ」と言い、公冶長を取り調べて獄に捕らえた。獄主がなぜ殺したかを尋ねると、公冶長は、「鳥の言葉が分かるだけで、人は殺していません」と答えた。獄主は、「もし本当に分かるというのなら、放免してやろう。分からなければ、死んで償ってもらうぞ」と言って、公冶長を六十日間監獄に拘留した。

その最終日、雀が檻の上でチュンチュンと鳴きあい、公冶長は微笑んだ。獄吏は、公冶長が雀の鳴き声を聞いて笑っている、鳥の言葉が分かるのではなかろうかと獄主に報告した。獄主は、

「雀がなんと言っていたから笑ったのだ」と公冶長に質問させた。公冶長は、「雀がチュンチュン鳴いて、「白蓮川《びゃくれん》のほとりに牛車が横転して、（積み荷の）穀物をひっくり返した。牡牛は角を折っているし、こぼした荷は集めきれない。さぁ啄《ついば》みに行こう」と言い合っていたのです」と答えた。獄主は信じなかったが、人を行かせて確認すると、果たしてその通りであった。こうして放免されたのである。

もちろん皇侃の『論語義疏』も、「この話は雑書に出ており、必ずしも信じることはできない。しかし古くから、公冶長が鳥の言葉を理解したという話が伝わっており、それでとりあえず記しておく」と述べている。邢昺『論語注疏』は、この話について、次のように評価する。

旧説に、冶長 禽語を解す。故に之を縲絏《るいせつ》に繫《つな》ぐと。其の不経《ふけい》なるを以て、今 取らざるなり。

むかしの説には、公冶長が動物の言葉を理解した。そのため牢獄に繫がれたとある。それは「不経」であるため、今は採用しない。

「不経」、この言葉に『論語注疏』の立場は、集約される。南朝における仏教の流入と義疏学の展開、そして魏晉以来の「小説」の隆盛などにより、経学にもそうした異端の要素が混入していた。ことに、『論語』は、一話で完結し、事柄の本末を備えない章も多いため、解釈や物語を自由に展開できる。そうした多様・雑多な解釈を集めた皇侃の『論語義疏』に対して、邢昺は経に、そして注に忠実に『論語』を解釈したのである。

## 全体性の欠如

清の紀昀《きいん》の『四庫全書総目提要《しこぜんしょそうもくていよう》（四庫提要）』は、邢昺の『論語注疏』を評して、皇侃の『論語義疏』のように冗漫《じょうまん》でなく、より義理をもって解釈しており、漢学と宋学の転換点にあたると言っている。何晏の『論語集解』によく寄り添い、注に忠実な解釈を目指した『論語注疏』は、「漢学」と『四庫提要』が呼ぶ、漢から唐の訓詁学の集大成と言うことができよう。事実、邢昺の『論語注疏』によって、皇侃の『論語義疏』は、中国では失われるほどに廃《すた》れた。

しかし、注に従って一つひとつの章を丁寧に解釈する邢昺の『論語注疏』は、鄭玄の『論語注』における「鄭玄学」の展開、何晏の『論語集解』における道の重視、皇侃の『論語義疏』における仏教的解釈の導入といった、明確な特徴を持つことがなかった。ただし、それらの「古注」の特徴は、『論語』全体を通じて、主張できたわけではない。そうした『論語』の全体的な主張のなさを理由として、邢昺の『論語注疏』には際立った特徴的な解釈がないうえに、全体的な主張もない。

多くの人々により、長い期間をかけて、異なる思想的状況の中で著されてきた『論語』全体が抱える矛盾を解決し、統一した孔子像を『論語』から描く試みは、朱熹《しゅき》の『論語集注』に代表される「新注」より始まる。『四庫提要』がいう、「宋学」への出発点は、邢昺の『論語注疏』に求めることはできないのである。

# 終章　「古注」と「新注」

## ――朱熹『論語集注』と江戸儒学

本書はここまで、朱熹《しゅき》が出現するまでの「古注」を扱った。朱熹と『論語集注』に関しては、土田健次郎『論語集注』（平凡社 東洋文庫、二〇一三〜一五年）という決定版があり、そこで伊藤仁斎も荻生徂徠も扱われているので、新たに付け加えることはない。そこで、土田著書によりながら、本書で扱った「古注」との比較において、朱熹の『論語集注』と江戸儒学の解釈の特徴を整理しておきたい。

## 朱熹と朱子学

朱熹は、字を元晦《げんかい》（のちに仲晦）といい、建炎《けんえん》四（一一三〇）年、福建省南剣州尤渓《ゆうけい》に生まれた。時あたかも、南宋の初代皇帝である高宗《こうそう》が、金《きん》軍に追われて各地を転々としていたころである。父の朱松《しゅしょう》は、金との抗戦を主張したが、当時の国策とは合わず、失意の日々を送っていた。朱熹十四歳のとき父は卒し、朱熹は、その遺託により胡籍渓《こせきけい》・劉白水《りゅうはくすい》・劉屏山《りゅうへいざん》の三人に師事した。朱熹は、十九歳で科挙に合格したが、成績は三三〇人中の二七八番であった。二十四歳になり、泉州同安県の主簿《しゅぼ》（帳簿の主任）を拝命した。その赴任途中、朱熹が生涯の師と仰いだ李侗《りとう》（李延平）に出会い、これまで惹かれていた禅宗《ぜんしゅう》と決別して道学《どうがく》（宋学、朱子が集大成）に目覚めた。三十四歳で師を失うと、張栻《ちょうしょく》（張南軒）と知り合い、心の働きと修養法に大きな影響を受けた。そして、四十歳のとき、「理気《りき》二元《にげん》」論を中核とする、いわゆる「朱子学」の大綱を確立する。

朱熹自身は、自らの教義を「道学」「理学《りがく》」などと呼んだが、それは本来北宋に興った新儒教の一派の自称で、朱熹はその正統な後継者と自任した。周敦頤《しゅうとんい》・張載《ちょうさい》・程顥《ていこう》（程明道）・程頤《ていい》（程伊川）などがその先駆者たちである。かれらは、皇帝と人民に対して責任を持つ士大夫として、「修身治国《しゅうしんちこく》」に努めた。朱熹は、かれらの学問を「理《り》」と「気《き》」による世界の把握として継承する。「気」は、宇宙に充満するガス状の連続的物質で、物を形づくる基体であり、「理」は、そこに内在する秩序ないし法則性である。朱熹は、森羅万象《しんらばんしょう》の錯綜する世界をこの二つの原理に収斂《しゅうれん》することにより、宇宙から人間に至る天地間の一切の現象を統一的に捉えることに成功した。

存在論（宇宙論）：宇宙は最初、混沌《こんとん》とした気によって充たされているが、やがて気の大回転により中央部に気が凝結して大地ができ、そのまわりを軽い気がめぐって天となる。ついで陰（地）の気と陽（天）の気の交合によって、万物が生み出される。その場合、気があればかならず理がそこに内在して気に秩序を与える。理と気とは密接に結合するが、両者はあくまで別個の存在である。

自然学：雨や風などの自然現象は、陰陽の気の運動により生じる。そこに内在するメカニズムが「陰陽の理」である。

倫理学：理と気の関係は、理と「事」との関係に転移する。「事」とは、具体的には君臣・親子といった人間関係であり、そこに存在する理は、仁・義・礼・智・信の五つに分節される。そしてこれらは、本来的に人間の中に備わっている。現実の人間関係の場でそれが完全に発現しないのは、後天的な障害のためであり、その克服が各人の課題となる。

人間観：人間も気により形づくられるが、同時に理も賦与される。この内在する理を「性《せい》」と呼び、仁・義・礼・智・信に細分される。したがって、人間の本性は善である。ところが、気により理の発現が阻害されると、十二分に自己を現実化できない。それは宝玉が濁った水の底に沈む様子に似ている。この宝玉を「本然《ほんぜん》の性」（本来的な善性）、宝玉と濁水の総体を「気質《きしつ》の性」（現実態としての性）と呼ぶ。また、宝玉を「天理《てんり》」「道心《どうしん》」、濁水を「人欲」「人心」という。さらに前者を「天理の公《こう》」、後者を「人欲の私《し》」と公私により捉えることもある。悪は後者から生まれるので、人間は善性をもちながらも、悪に赴く危険性に晒《さら》される。そこで、人欲の私に打ち勝って天理の公に復帰するための「工夫《くふう》」（修業）が要請される。

概念ばかりを並べるのはしんどいので、『論語』の解釈を具体的に示そう。すでに「古注」の解釈で扱っている顔淵《がんえん》篇の「克己復礼為仁」である。朱子は、「己に克《か》ちて礼に復すを仁と為す」と読み、それを次のように説明する（土田健次郎の現代語訳にほぼ従った。以下同）。

「仁」とは本来の心に具《そな》わる徳の総体。「克」は勝つこと。「己」は自分の身にある私欲を言う。「復」は復帰すること。「礼」とは天理に則《のっと》った人間の秩序である。「仁を為す」とは心に具わる徳の全体を表現する手だてである。心に具わる徳の総体は、天理そのものである。しかしまた人欲によって破られないで済むことは無い。それゆえ仁を実践する者は、それにより私欲に勝って礼に復帰できれば、その人の営為はすべて天理に則り、本来の心の徳は、元どおり自分に完備する。……日々私欲に打ち勝ち、それを困難な事として臆《おく》することが無ければ、私欲はきれいに無くなり、天理は行きわたり、仁は用いきれないほどになる。……

## 朱子学の全体性

朱熹の解釈は、常に明解で合理的であるが、実は一読して分かるものではない。朱子学の概念を把握して初めて明確な理解が可能になるような全体性を持つことが、「古注」たとえば邢昺の『論語注疏』との圧倒的な違いである。清までの知識人であれば、朱子学を理解しなければ科挙に合格できなかったので、朱熹の『論語集注』に邢昺の『論語注疏』が駆逐されたのは、当然であろう。あえて、「古注」の中で、並べ得るものを挙げれば、「鄭玄学」の理解を前提とする鄭玄の『論語注』であろう。ただ、鄭玄は、すべての章で「鄭玄学」を展開するわけではない。これに対して、朱熹は、『論語』の全体を朱子学で解釈する。したがって、朱子学の概念理解が不可欠となるのである。続けよう。

心理学∴人間の心も、気によって作られている。しかし、心の最奥に理、すなわち性がある。心が外物に触れて動く（未発《みはつ》から已発《いはつ》になる）と、性は心の深層から気に乗って表層へ浮かび出る。これが「情」である。性の動きはすべて情であるが、これは四端《したん》と七情《しちじょう》に定式化される。四端とは、惻隠《そくいん》・（仁の表れ）・羞悪《しゅうお》（義の表れ）・辞譲（礼の表れ）・是非（智の表れ）の四つ、七情とは、喜・怒・哀・楽・愛・悪《お》（憎しみ）・欲の七つをいう。性は善であるから、それが動いて情となっても、善はそのまま実現されるはずであるが、已発の過程で気によって歪《ゆが》められるので完全な善として発出しない。そこで考え出されたのが「未発の涵養《かんよう》」と「已発の省察《せいさつ》」である。前者は、情を正しく発見させるため、静座《せいざ》によって心の本源を養う工夫であり、後者は、已発の瞬間に情の正・不正を省察して、不正ならばそれを除去し、正しければそれを拡充してゆく工夫である。この二つを止揚したものが「居敬《きょけい》」（心の集中）である。

認識論：事物に宿る理を追究することを「窮理《きゅうり》」または「格物致知《かくぶつちち》」という。一事一物の窮理を積み重ねると、突如「豁然貫通《かつぜんかんつう》」（一種の悟り）が訪れる。

宗教哲学：人間は、気によって作られているが、気の中に霊妙な働きをするものがあり、それを「魂《こん》」と「魄《はく》」と呼ぶ。魂は精神的、魄は肉体的なものに関わるが、人が死ぬと魂は天に登って「神《しん》」（祖霊）となり、魄は地に下って「鬼《き》」となる。子孫が祖先を祀《まつ》る廟《びょう》でお祭りをすると、天上の「神」は子孫の真心に感応して祭場に降りてくる。しかし、長い時間が経つと、気である「神」はやがて跡形もなく消滅する。

宗教哲学は、中国では「鬼神」論という。『論語』において「鬼神」は、積極的には扱われない。子路が「鬼神」に仕えることを尋ねた先進篇の「季路《きろ》 鬼神に事《つか》ふるを問ふ。子曰く、「未だ人に事ふる能はず、焉《いづく》んぞ能く鬼に事へん」と。曰く、「敢て死に事ふるを問ふ」と。曰く、「未だ生を知らず、焉んぞ死を知らん」と」についての朱熹の解釈を掲げよう。

鬼神に仕える事を問うたのは、なぜ祭祀に奉仕するか、ということの意義を求めたのである。また死は人が逃れられないものであって、知られなくてはならないことである。これらはみな切実な問いである。しかし、誠や敬の心で、生きている人に仕えるのが十分でなければ、霊魂に仕えることなどできるものではない。自分の始まりを探求し、なぜ生まれてきたかを知るのでなければ、ふりかえって人生の終局を見て、なぜ死んでいくのかを知ることなどできるものではない。やはり、幽と明、始と終には、本来二つの理は無いのである。ただ、これを学ぶのには順序があり、段階を飛ばしてはならない。それゆえ孔子はこのように告げたのである。

朱子学は、ここに掲げた以上の体系性を持つが、朱熹が最も重要視したものは、人間と社会の問題であった。北宋の道学者たちが唱えた「聖人、学んで至るべし」（学問修養を積むことにより、人は聖人になりうる）というスローガンを高々と掲げて、朱熹は士大夫たちを鼓舞した。そのための修養法が「居敬窮理《きょけいきゅうり》」である。朱熹は、「居敬」だけでは現実世界の筋道が見えず、「窮理」だけでは主体性のある心を保持しがたいと考えた。簡単に言えば、秀才であると共にすぐれた人格を持つことを朱熹は士大夫に求めたのである。そのうえで、朱熹は、「践履《せんり》」（社会的実践）を要求する。朱熹自身も、官僚として地方に赴き、民生の安定に全力を傾注した。門人に対する熱心な教育も、朱熹の社会的実践の現れである。

しかし、朱熹の生存中、朱子学は有力な一地方学に止まり、朱熹の晩年には「偽学《ぎがく》の禁」により、絶学の危機に追い込まれる。それでも、門人の活躍により次第に社会的地歩を固め、元の延祐《えんゆう》元（一

日本で読まれてきた『論語』

三一四）年、朱熹の定めた経典解釈が、科挙の教科書に採用される。これより以後、六百年余にわたり朱子学は官学となった。しかし、ひとたび権威化すると、朱子学は朱熹が嫌ったはずの立身栄達の手段となった。その一方で、朱子学を活性化させた陽明学《ようめいがく》に支持が集まった。日本では、さらに朱子学への対抗の中から、独自の学派が形成された。「仁斎《じんさい》学」と「徂徠《そらい》学」である。

### 伊藤仁斎の『論語古義』

伊藤仁斎は、寛永《かんえい》四（一六二七）年、京都の上層町衆に生まれ、親族・姻族には、角倉了以《すみのくらりょうい》・本阿弥《ほんあみ》光悦《こうえつ》・尾形光琳《おがたこうりん》らがいる。仁斎は、独学で朱子学を修め、その理気二元論に傾倒する。だが、主観的・直観的な思考を重視する仁斎は、やがて客観的な認識を前提とする朱子学から遠ざかり、仏教や道家の説に傾倒する。しかし、やがて儒教を再肯定し、「仁斎学」を確立した。

仁斎学は、朱子学の克服を目指し、朱子の『論語集注』など先行する注解を排除して、直接『論語』や『孟子』を熟読することを求める。仁斎の家塾と学説を古義堂《こぎどう》、古義学《こぎがく》（仁斎学）と呼ぶのは、仁斎が朱子の注釈を排除して本文を読解し、聖人の原義を求めよと主張したためである。そうして聖人の意思と文脈を知り、それを通じて儒教の「意味」（経書各部分の個別的な趣旨）と「血脈《けつみゃく》」（正統思想）の理解を行う。これを「意味血脈」論という。具体的には、『論語』・『孟子』を構成上の特徴や形態上の相違から上下に分類し、『中庸』を聖人の教えに一致する部分と他の書物が誤って入りこんでいる部分とに区別し、『大学』を儒教の正統思想に背く書と断罪する。

また、朱子学の理気二元論を否定して、理は実体でなく法則にすぎないとし、天地の間を満たしているものは一元の気であり、その運動によって万物が生成されるとした。これを「気一元《きいちげん》」論という。天道（自然界）と天（世界の支配的存在）と人道（人間社会）とを区分し、天道の展開は気の運動法則を通じて認識可能、天の意思は不可知でひたすら受容すべきもの、人道の法則は気の運動ではなく人間固有の仁義（道徳）と捉えることを命じた。仁義は、人が持つ自然の本性を拡充して社会の習慣や人情と合一させることによって達成されるが、その際、個人的な生活条件を尊重することが必要で、至公《しこう》（一律の普遍性）を強調するだけでは弊害があるという。この道徳論を「人情《にんじょう》」説と呼ぶ。

したがって、伊藤仁斎は、『論語』の解釈においても、個人が踏み行う日常道徳にすべての関心を集中させた。何晏の『論語集解』では、「孝悌《こうてい》なる者は、其れ仁の本たるか」と読む学而篇を事例に仁斎の解釈を掲げよう。

朱子が「体用《たいよう》」論に基づき、道徳的実践である「孝悌《こうてい》」（用）を根拠づける理を「仁」（体）であるとして、「孝悌なる者は、其れ仁を為《な》すの本か」と読むことは誤りである。仁は、あくまでも日常における実践道徳そのものであるから、「孝悌」であることが「仁」の実現につながっていくのである。それゆえここは、「孝悌なる者は、其れ仁の本たるか」と読むべきである。

仁斎の読み方は、結果としては何晏と同じである。それでも仁斎は、天と人とに一貫する理の思想を背景に「仁」を解釈する朱熹を否定している。このように、朱熹の宇宙論的意味づけを否定して、仁斎は「仁」を日常の実践道徳に限定しようとしたのである。そうした理解に対して、仁斎は「仁」が天下統治の道であることを理解していない、「孝悌」の実践は、天下全体の秩序維持のためなのであり、個人道徳のレベルではない、と批判した者が、荻生徂徠である。

## 徂徠の『論語徴』

荻生徂徠は、寛文《かんぶん》六（一六六六）年に、将軍綱吉《つなよし》の侍医荻生方庵《おぎゅうほうあん》の次男として江戸で生まれた。将軍綱吉からの政治上の諮問に与《あずか》り、綱吉の学問相手も務めた。四十歳のころ、発憤して古文辞《こぶんじ》研究に志し、山県周南《やまがたしゅうなん》・服部南郭《はっとりなんかく》・太宰春台《だざいしゅんだい》らも入門した。堀河学派《ほりかわがくは》（伊藤仁斎）や新井白石《あらいはくせき》・室鳩巣《むろきゅうそう》らに対抗しながら、徂徠は、古文辞学によって儒教的観念を再解釈しつつ、朱子学に代わるべき「徂徠学」と呼ばれる独自の儒教体系を構想した。

徂徠学の独創性は、「道」の定義にもっともよく表れる。徂徠によれば、「聖人の道」とは、天下を安んずる営みのことであり、具体的には、尭・舜など古代中国の理想的君主たち（先王）の制定した政治制度を指すとした。そのとき、徂徠は、道徳のような個人の内面にかかわる問題を儒学の管轄範囲から外した。この結果、徂徠学は、強い政治志向性と、道徳を論じないことに由来する人間性への寛容という二つの特徴を有した。この主張に基づいて、徂徠はみずからの制度改革論を展開した『政《せい》談《だん》』を著して将軍吉宗《よしむね》に献上している。

荻生徂徠は、『論語』学而篇冒頭の「学びて時に之を習ふ、亦た悦《よろこ》ばしからずや」について、次のような解釈を展開する。

朱子の言う「学」の内容は、心に具わる性を中心とするが、「学」とはこのような個々人の心性問題を解決するものではなく、あくまで「先王の道」を学ぶことであり、その「先王の道」とは「民を安んずる道」、つまり天下統治の道なのである。まず『論語』の各章の冒頭にある「子曰く」の「子」は、男子の美称であり、同時に大夫《たいふ》の美称である。王や諸侯は世襲であるが、大夫や士《し》はそうではなく、士が能力や功績によって取り立てられて大夫になる。孔子は士の出身であり、それが大夫にまでなったのであって、それゆえ「先王の道」を実現する立場ではない。あくまでも「先王の道」を学び、それを伝える存在であった。それゆえ『論語』の冒頭に孔子の学の性格を的確にまとめたこの語が置かれた。ちなみに本章のように「学」の対象が特に書かれていない場合は、「先王の道」を学ぶことを指している。

このように徂徠は、「学」について、朱熹がそれぞれ自己の内面の善性を開発していくものとすることに対して、あくまで天下の民を安んずる「先王の道」を学ぶこととするのである。

本当であろうか。孔子は、そうしたことを考えて、「学びて時に之を習ふ、亦た悦《よろこ》ばしからずや」と言ったのであろうか。朱子学やそれに反発する伊藤仁斎や荻生徂徠の解釈で『論語』を読むことにわたしが尻込みする理由である。東アジアでは、西欧哲学のように、独自の著作を著して、自己の思想を述べるのではなく、古典への注釈として自らの思想を表白した。それは、一つの表現方法であり、否定すべきものではない。だが、翻って、古典はそう読まれたいのであろうか、と考えたとき、あまりにも自らの体系に固執しながら、古典を解釈する「新注」の解釈方法は、わたしには賛同できない。一つひとつの章に向き合う「古注」で、『論語』を読んできた理由である。

## 「古注」を知ることの意義

「古注」は、体系性を持たない。理と気によって宇宙論・人性論・道徳論を一貫させ、宇宙に根拠づけられた道の完全な体現者として孔子を見る朱熹、宇宙的原理を排斥し個人が踏み行う日常道徳に全関心を集中する仁斎、先王が制作した天下全体の統治の道を孔子が伝えたとする徂徠のように、『論語』全体の特徴を考えることはないのである。

鄭玄の「鄭玄学」による『論語』解釈、何晏の道の重視と舜の無為の実践、皇侃の仏教的な解釈は、五百章弱の『論語』の中の、十にも満たない章で展開されるだけである。それ以外の章について、「古注」は書かれた時代と人に寄り添い、その執筆意図を探ろうとする。それがすべて成功している訳ではない。朱熹の『論語集注』の方が合理的な解釈を展開していることもある。

それでも「古注」は、多くの人々により、長い期間をかけて、異なる思想的状況の中で著されてきた『論語』が抱える矛盾をそのままにわれわれに伝える。われわれは、それを解きほぐしていくことで、『論語』の形成過程に思いを致し、孔子の本来の教えを探ることができるのではないか。

本書は、そのささやかな試みである。

# 『論語集解』抄訳

本書で扱った論語の各章を何晏の『論語集解』に基づき、訓読し、現代語を添えた。なお、本書を通じて、分かりやすさのために、漢字は正字ではなく、表現できるところは常用漢字を使用している。算用数字は、それぞれ各篇の何章であるかを示す。

## 学而篇第一

1子曰く、「学びて時に之を習ふ、亦た悦《よろこ》ばしからずや。朋有り遠方より来たる、亦た楽しからずや。人知らずして慍《いきどほ》らず、亦た君子ならずや」と。

孔子《こうし》が言った、「学んで適切な時期にこれを復習する、喜ばしいことではないか。朋《とも》がおり遠方から訪ねてくる、楽しいことではないか。人が（自分を）知らなくとも慍《いきどお》ることがない、君子ではないか」と。

2有子曰く、「其の人と為りや孝悌にして、上を犯すを好む者は鮮《すくな》し。上を犯すを好まずして、乱を作すを好む者は、未だ之れ有らざるなり。君子は本を務む。本立ちて道生ず。孝悌なる者は、其れ仁の本たるか」と。

有子《ゆうし》が言った、「その人柄が孝悌でありながら、上に逆らうことを好む者は少ない。目上に逆らうことを好まないのに、乱を起こすことを好む者は、決して存在しない。（このようであるから）君子は根本のことに努力する。根本が確立した後に（その人は）大成するのである。孝悌というのは、まさしく仁の根本であろう」と。

3子曰く、「巧言令色、鮮《すくな》きかな仁」と。

孔子が言った、「言葉を巧みにして顔つきを飾る人には、少ないものだな仁は」と。

13有子曰く、「信 義に近ければ、言 復す可きなり。恭 礼に近ければ、恥辱に遠ざかる。因《した》しむところ其の親とするところを失はざれば、亦た宗《たふと》ぶ可きなり」と。

有子《ゆうし》が言った、「信が義に近ければ、（その）言葉は繰り返すことができる。恭が礼に近ければ、恥辱から遠ざかる。親近する相手がその親近する者を失っていないことは、また尊ぶことができる」と。

15子《し》貢《こう》曰く、「貧しくして諂《へつら》ふこと無く、富みて驕《おご》ること無きは、何如《いかん》」と。子曰く、「可なり。未だ貧しくして道を楽しみ、富みて礼を好む者には若《し》かざるなり」と。子貢曰く、「詩に云ふ、『切するが如く磋《さ》するが如く、琢《たく》するが如く磨するが如し』とは、其《こ》れ斯れの謂か」と。子曰く、「賜《し》や、始めて与《とも》に詩を言ふ可きのみ。諸《これ》に往《わう》を告げて来を知る者なり」と。

子貢が言った、「貧乏でもへつらうことなく、金持ちでも奢ることがないのは、いかがでしょうか」と。孔子は答えた、「まあよかろう。（しかし）貧乏でも道を楽しみ、金持ちでも礼を好む者には及ばない」と。子貢が言った、「『詩経』（衛風　淇奥）に、「（骨を）切るように（象牙を）磋《と》ぐように、（玉を）琢《う》つように（石を）磨くように」とあるのは、まさにこのことを言うのでしょうね」と。孔子が言った、「賜よ、いまこそ一緒に詩の話ができるな。先に話したことで（まだ話さない）後のことまで分かる者となっている」と。

## 為政篇第二

1子曰く、「政を為すに徳を以てすれば、譬《たと》へば北辰の其の所に居りて、衆星の之に共するが如し」と。

孔子が言った、「政治をするのに無為を方法とすれば、たとえば北極紫微星がその場所にありながら、多くの星がそれに敬意を表わすかのようである」と。

3子曰く、「之を導くに政を以てし、之を斉《ととの》ふるに刑を以てすれば、民免《まぬか》れて恥づること無し。之を導くに徳を以てし、之を斉ふるに礼を以てすれば、恥づること有りて且《か》つ格《ただ》し」と。

孔子が言った、「法律で導き、刑罰で統制すれば、民は（罪を）免れて恥じることがない。道徳で導き、礼で統制すれば、恥じるようになり正しくなる」と。

4子曰く、「吾 十有五にして学に志す。三十にして立つ。四十にして惑はず。五十にして天命を知る。六十にして耳順《みみしたが》ふ。七十にして心の欲する所を 縦《ほしいまま》にするも矩《のり》を踰《こ》えず」と。

孔子が言った、「わたしは十五歳で学問を志した。三十歳で（学問を）打ち立てた。四十歳で疑い惑うことがなくなった。五十歳で天命を知った。六十歳で言葉を素直に聞くようになった。七十歳で思うがままにあっても規範から外れないようになった」と。

9子曰く、「吾 回と言ふこと終日、違《たが》はざること愚の如し。退きて其の私を省《み》れば、亦た以て発するに足れり。回や愚ならず」と。

孔子が言った、「わたしは顔回《がんかい》と話すこと終日、（顔回は）疑問に思って質問することがなく（黙っていて）愚者のようであった。（しかし、顔回が）退いてから個人的に朋友と会話しているのを観察すると、わたしの話を十分に明らかにしている。回は愚者ではないのだ」と。

16子曰く、「異端を攻《をさ》むるは、斯れ害あるのみ」と。

孔子が言った、「異端を修めることは、ただ害があるばかりである」と。

24子曰く、「其の鬼《き》に非ずして之を祭るは、諂《へつら》へるなり。義を見て為さざるは、勇無きなり」と。

孔子が言った、「自分の先祖の霊でもないのに祭るのは、諂っているのである。なすべきことを見ながら実行しないのは、勇気がないのである」と。

## 八佾篇第三

1孔子 季氏を謂ふ、「八佾の舞 庭に於てす。是れをも忍ぶ可くんば、孰《たれ》をか忍ぶ可からざらん」と。

孔子が季氏《きし》を批判した、「（陪臣であるのに、天子や魯君にしか許されない）八佾《はちいつ》の舞を（家廟の）庭で舞わせている。これを許せるのであれば、誰が許されないというのか」と。

16子曰く、「射は皮を主とせず。力を為《をさ》むるに科を同じくせず。古の道なり」と。

孔子が言った、「射では的中を第一とはしない。労役を治めるには等級を同じにしない。（それが）古の道であった」と。

21 哀公 社を宰我に問ふ。宰我 対《こた》へて曰く、「夏后氏は松を以てし、殷人は柏を以てし、周人は栗を以てす。曰《おも》へらく民をして戦栗せしむるなり」と。子 之を聞きて曰く、「成事は説かず、遂事は諫めず、既往は咎めず」と。

哀公《あいこう》が社（に植える樹木）のことを宰我《さいが》に尋ねた。宰我は答えて言った、「夏王朝は松《しょう》を使い、殷王朝は柏《はく》を使い、周王朝は栗《りつ》を使います。思うに（栗を使うのは）民を戦慄させる（ためな）のでしょう」と。孔子はこれを聞いて言った、「成ってしまったことは説明できない、終ってしまったことは諫められない、過ぎ去ってしまったことは咎められない」と。

25 子 韶を謂ふ、「美を尽くせり、又 善を尽くせり」と。武を謂ふ、「美を尽くせり、未だ善を尽くさず」と。

孔子が（舜《しゅん》の楽である）韶《しょう》を批評した、「美を尽くしている、さらに善を尽くしている」と。（周の武王《ぶおう》の楽である）武《ぶ》を批評した、「美を尽くしてはいる、まだ善を尽くしてはいない」と。

## 里仁篇第四

1 子曰く、「里に仁あるものを善と為す。択びて仁あるに処《を》らずんば、焉《いづく》んぞ智あるを得ん」と。

孔子が言った、「里に仁者がいるのがよいことである。（自ら）選んで仁者の居るところにいなければ、どうして智があるとできようか」と。

4子曰く、「苟《まこと》に仁に志せば、悪しきこと無し」と。

孔子は言った、「本当に仁を志しているのならば、悪いことなどない」と。

8子曰く、「朝《あした》に道を聞かば、夕《ゆふべ》に死すとも可なり」と。

孔子が言った、「朝に道を聞くことができれば、その晩に死んでもよい」と。

15子曰く、「参や、吾が道は一以て之を貫く」と。曾子曰く、「唯《ゐ》」と。子出づ。門人問ひて曰く、「何の謂ひぞや」と。曾子曰く、「夫子の道は、忠恕のみ」と。

孔子が言った、「参《しん》よ、わたしの道は一つのことで貫かれている」と。曾子は、「はい」と答えた。孔子は出て行った。門人が尋ねた、「どういう意味でしょうか」と。曾子は言った、「先生の道は、まごころだけである」と。

18子曰く、「父母に事ふるには幾《ひそ》かに諫め、志を見て従はざれば、又敬して違はず、労して怨みず」と。

孔子が言った、「父母に仕えるには（その悪いところを見たときには）それとなく諫め、（それでも父母の）心を見て従いそうにないならば、その上でつつしみ深くして逆らわず、苦労しても怨みには思わない」と。

## 公冶長篇第五

1子　公冶長を謂ふ、「妻《めあは》す可きなり。縲紲の中に在りと雖も、其の罪に非ざるなり」と。其の子を以て之に妻す。

孔子《こうし》が公冶長《こうやちょう》について言った、「（わたしの娘を）妻にやってもいい。（罪人として）黒い縄に繋がれていたが、かれの罪ではなかったのだから」と。自分の娘をかれに嫁がせた。

4子貢　問ひて曰く、「賜や何如」と。子曰く、「汝は器なり」と。曰く、「何の器ぞや」と。曰く、「瑚璉なり」と。

子貢《しこう》が質問して言った、「賜《わたくし》はどうでしょう」と。孔子が言った、「おまえは器《うつわ》だね」と。（子貢が）「何の器でしょうか」と言った。（孔子は）言った、「（宗廟祭祀で穀物を盛るための貴重な器である）瑚璉《これん》だ」と。

7子曰く、「道　行はれず、桴に乗りて海に浮かばん。我に従ふ者は、其れ由なるか」と。子路　之を聞きて喜ぶ。子曰く、「由や、勇を好むこと我に過ぎたり。材を取る所無からん」と。

孔子が言った、「（わたしの理想とする）道は行われないし、（いっそ小さな）桴《いかだ》に乗って海を行こう。わたしについて来てくれる者は、由《ゆう》であろうか」と。子路《しろ》はこの言葉を聞いて喜んだ。孔子が言った、「由よ、勇敢さを好む点はわたし以上だね。（しかし桴の）材料を調達できないだろう」と。

9子　子貢に謂ひて曰く、「汝と回とは孰《いづ》れか愈《まさ》れる」と。対へて曰く、「賜や何ぞ敢て回を望まん。回や一を聞きて以て十を知る。賜や一を聞きて以て二を知る」と。子曰く、「如かざるなり。吾と汝とは如かざるなり」と。

孔子が子貢に言った、「おまえと（顔）回とではどちらが勝っているかな」と。（子貢は）答えて言った、「賜《わたくし》はどうして回（のようであること）を望みましょう。回は一を聞いたなら十をさとります。賜は一を聞いて二がわかる（だけな）のです」と。孔子が言った「及ばないな。わたしとお前は（ともに回には）及ばないな」と。

23子　陳に在りて曰く、「帰らんか、帰らんか。吾が党の小子、狂簡斐然として章を成すも、之を裁する所以を知らざるなり」と。

孔子は陳に居たときに言った、「帰ろうか、帰ろうか。わが郷党の後輩たちは、大道へと進取してあや模様を織りなしているが、これを仕立てる方法を知らない（帰ってかれらを仕立ててやろう）」と。

24子曰く、「伯夷・叔斉、旧悪を念《おも》はず。怨み是《ここ》を用《もっ》て希なり」と。

孔子が言った、「伯夷《はくい》・叔斉《しゅくせい》は、昔の忌まわしい出来事を思わなかった。だから怨むことはほとんどなかった」と。

## 雍也篇第六

3哀公　問ひて曰く、「弟子　孰《たれ》か学を好むと為す」と。孔子対《こた》へて曰く、「顔回なる者有り、学を好めり。怒りを遷さず、過ちを弐《ふたた》びせず。不幸短命にして死せり。今や則ち亡《な》し。未だ学を好む者を聞かざるなり」と。
（魯の）哀公は（孔子に）尋ねた、「（あなたの）弟子の中でだれが学問を好むのですか」と。孔子は答えた、「顔回という者がおり、学問を好みました。怒りを（理から）移さず、過ちを繰り返しません。（しかし）不幸にも年若くして死にました。（なので）今ではいないでしょう。学問を好む者（がいること）を聞いておりません」と。

22樊遅 知を問ふ。子曰く、「民の義を務め、鬼神を敬して之に遠ざく。知と謂ふ可し」と。仁を問ふ。子曰く、「仁者は難を先にして獲を後にす。仁と謂ふ可し」と。
樊遅《はんち》が知を尋ねた。孔子が言った、「民（の教導）のためにすべきことに務め、鬼神《きしん》については恭敬して疎遠にする。知と言ってよい」と。（樊遅は）仁を尋ねた。（孔子が）言った、「仁者は面倒事を先にやって（功績を）得るのは後にする。仁と言ってよい」と。

24子曰く、「斉 一変せば魯に至らん。魯 一変せば道に至らん」と。
孔子が言った、「斉《せい》が（名君によって）一変すれば魯《ろ》のようになろう。魯が一変すれば大道《たいどう》（の行われた時代）のようになろう」と。

30子貢曰く、「如し能く博く民に施して、能く衆を済へば、何如。仁と謂ふべきか」と。子曰く、「何ぞ仁を事とせん。必ずや聖か。尭・舜も其れ猶ほ諸を病めり。夫れ仁者は、己 立たんと欲して人を立て、己 達せんと欲して人を達す。能く近く譬《たと》へを取る。仁の方と謂ふべきのみ」と。

子貢が言った、「もし広く人々に（恩恵を）施すことができ、民衆を（患難から）救うことができたとしたら、いかがでしょうか。仁と言うことができるでしょうか」と。孔子が言った、「仁どころの話ではない。聖と言えよう。尭や舜であってもやはりこれに頭を悩ませていた。そもそも仁者は、自分が立とうと思う時には他人を立て、自分が栄達しようと思う時には他人を栄達させる。（他人に対しては、自分の）身近な事柄に譬えて考えることができる。（それらこそが）仁を実践する方法ということができるのだ」と。

## 述而篇第七

1子曰く、「述べて作らず、信じて古を好む。竊かに我を老彭に比《なぞら》ふ」と。

孔子《こうし》が言った、「著述するが制作せず、信じてむかしのことを愛好する。ひそかにわたし自身を老彭《ろうほう》になぞらえている」と。


5子曰く、「甚だしきかな、吾の衰へたるや。久しきかな、吾 復た夢に周公を見ざるなり」と。

孔子が言った、「甚だしいな、わたしが衰えたことも。久しいな、わたしはもはや夢に周公《しゅうこう》を見なくなった」と。


6子曰く、「道を志《した》ひ、徳に拠り、仁に依り、藝に遊ぶ」と。

孔子が言った、「道を慕い、徳をつかみ、仁者に依拠し、六藝に遊ぶ」と。

15冉有曰く、「夫子 衛君を為《たす》けんか」と。子貢曰く、「諾。吾 将に之を問はんとす」と。入りて曰く、「伯夷・叔斉は何人ぞや」と。曰く、「古の賢人なり」と。曰く、「怨むか」と。曰く、「仁を求めて仁を得たり。又 何ぞ怨まんや」と。出でて曰く、「夫子は為けざるなり」と。

冉有《ぜんゆう》が言った、「先生は（出奔した）衛の君主（出公《しゅつこう》）をお助けになるのだろうか」と。子貢《しこう》が言った、「よろしい。わたしが尋ねてみよう」と。（室に）入って言った、「（孤竹国から出奔した）伯夷《はくい》・叔斉《しゅくせい》はどのような人物ですか」と。（孔子が）言った、「古《いにしえ》の賢人である」と。（子貢が）言った、「（出奔したことに）怨みを抱いたのでしょうか」と。（孔子が）言った、「仁を求めて仁を得たのだ。どうして怨むことがあろうか」と。（子貢が室より）退出して言った、「先生は（衛君を）お助けしないだろう」と。

17子曰く、「我に数年を加へ、五十にして以て易を学べば、以て大過無かる可し」と。

孔子が言った、「わたし（の年齢）に数年を加え、五十歳にして易を学べば、大きな過ちをせずにすむであろう」と。

26子曰く、「聖人は、吾 得て之に見《まみ》えず。君子なる者に見《まみ》ゆるを得なば、斯《そ》れ可なり」と。

孔子が言った、「聖人には、わたしはお目にかかれない。君子とされる人にお目にかかれれば、それでよい」と。

27子曰く、「善人は、吾 得て之を見ず。恒《つね》有る者を見るを得なば、斯《そ》れ可なり。亡くして有りと為し、虚しくして盈《み》てりと為し、約《つづま》やかにして泰《ゆた》かと為す。難きかな、恒有ること」と。

孔子が言った、「善人には、わたしは会えない。常のある人に会えれば、それでよい。（常のない人々は）ないのにあるように見せ、空っぽなのにいっぱいだと見せ、吝嗇なのに余裕があるように見せている。難しいな、常があるというのは」と。

## 泰伯篇第八

3曾子　疾有り。門弟子を召して曰く、「予《わ》が足を啓《ひら》け、予が手を啓け。詩に云ふ、「戦戦兢兢として、深淵に臨むが如く、薄氷を履《ふ》むが如し」と。而今而後《じこんじご》、吾　免《まぬか》るるを知るかな、小子」と。

曾子《そうし》が病気で重篤となった。一門の弟子たちを呼び寄せて言った、「（ふとんをのけて）わたしの足を開き、わたしの手を開け。『詩』（小雅《しょうが》　小旻《しょうびん》）に、「恐れてびくびくしながら（慎重に）、深き淵をのぞくようにし、薄い氷の上を踏み歩くようにする」とある。今日より後、わたしは（そのような心配を）もうしなくて済むことを知ったのだよ、諸君」と。

9子曰く、「民は之を由《もち》ひしむ可し。之を知らしむ可からず」と。

孔子が言った、「民草には道を用いさせることはできるが、それを理解させることはできない」と。

18子曰く、「巍巍乎《ぎぎこ》たり、舜・禹の天下を有《たも》つや。而して与《あづか》らず」と。

孔子が言った、「高大なことだな、舜《しゅん》と禹《う》が天下を治めたのは。それでいて（自分から天下を）求めなかった」と。

19子曰く、「大なるかな、尭の君為《た》るや。巍巍乎として、唯だ天を大と為し、唯だ尭 之に則る。蕩蕩《たうたう》乎《こ》として、民 能く焉《これ》を名づくること無し。巍巍乎として、其れ成功有るなり。煥乎《かんこ》として、其れ文と章有り」と。

孔子が言った、「偉大だな、尭の君主としてのさまは。（その徳は）高大であり、ただ天だけを偉大とし、尭はこの天道に則った。（尭の布いた徳は）広遠であり、民草はそれを名づけようもなかった。（その統治は）高大であり、功績があった。輝かしく、文化と制度を立てた」と。

## 子罕篇第九

16子 匡に畏れ、曰く、「文王 既に没するも、文 茲《ここ》に在らずや。天の将に斯《こ》の文を喪《ほろ》ぼさんとするや、後死の者は斯の文に与《あづ》かるを得ざるなり。天の未だ斯の文を喪ぼさざるや、匡人 其れ予《われ》を如何せん」と。

孔子は匡《きょう》の地で危難に遭遇し、（次のように）言った、「文王《ぶんおう》はすでに亡くなったが、（周の）文はわたしの身にあるではないか。天がこの文を滅ぼそうとしているのであれば、後世のわたしはこの文に関与できなかったはずだ。（つまり）天がこの文を滅ぼそうとしていないのだから、匡人がわたしをどうできようというのか」と。

31「唐棣の華、偏として其れ反《かへ》せり。豈に爾《なんぢ》を思はざらんや、室 是れ遠ければなり」と。子曰く、「未だ之を思はざるなり。夫れ何の遠きことか之れ有らん」と。

（詩に）「唐棣《とうてい》の花が、ひとえに反りかえる。あなたを思わぬことなどないが、家が遠すぎて」とある。孔子が言った、「まだ（本当に）思っていないね。（思っているのなら）何も遠くはない」と。

## 先進篇第十一

2子曰く、「我に陳・蔡に従ふ者は、皆 門に及ばざる者なり」と。徳行には、顔淵・閔子騫・冉伯牛・仲弓。言語には、宰我・子貢。政事には、冉有・季路。文学には、子游・子夏なり。

孔子が言った、「わたしに陳《ちん》と蔡《さい》（の厄）の際に従った者たちは、みな仕官ができなかった者である」と。徳行では、顔淵《がんえん》と閔子騫《びんしけん》と冉伯牛《ぜんはくぎゅう》と仲弓《ちゅうきゅう》。言語では、宰我《さいが》と子貢《しこう》。政事では、冉有《ぜんゆう》と季路《きろ》。文学では、子游《しゆう》と子夏《しか》である。

6季康子問ふ、「弟子 孰《たれ》か学を好むと為す」と。孔子対へて曰く、「顔回なる者有り。学を好めり。怒りを遷さず、過ちを弐《ふた》びせず。不幸 短命にして死せり。今や則ち亡《な》し。未だ学を好む者を聞かざるなり」と。

季康子《きこうし》が（孔子に）尋ねた、「（あなたの）弟子の中でだれが学問を好むのですか」と。孔子が答えた、「顔回という者がおり、学問を好みました。怒りを（理から）移さず、過ちを繰り返しません。（しかし）不幸にも年若くして死にました。（なので）今ではいないでしょう。学問を好む者（がいること）を聞いておりません」と。

9顔淵死す。子 之を哭して慟す。従者曰く、「子 慟せり」と。子曰く、「慟すること有るか。夫《か》の人の為めに慟すに非ずして誰《たれ》が為めに慟せん」と。
顔淵が死んだ。孔子はこれを哀哭《あいこく》して号泣した。従者が言った、「先生は号泣されておりました」と。孔子が言った、「号泣していたか。あの人（顔淵）のために号泣するのでなければ誰のためにするというのか」と。

11季路 鬼神に事《つか》ふるを問ふ。子曰く、「未だ人に事ふる能はず、焉《いづく》んぞ能く鬼に事へん」と。曰く、「敢て死に事ふるを問ふ」と。曰く、「未だ生を知らず、焉んぞ死を知らん」と。
季路《きろ》（子路）が鬼神《きしん》に仕えることを尋ねた。孔子が言った、「まだ人に仕えられていないのに、どうして鬼に仕えられよう」と。（季路が）言った、「失礼ながら死に仕えることをお尋ねします」と。（孔子が）言った、「まだ生を知らないのに、どうして死を知ることができよう」と。

12閔子騫 側に侍《はべ》り、誾誾如《ぎんぎんじょ》たり。子路、行行如たり。冉子・子貢、侃侃如《かんかんじょ》たり。子 楽しむ。曰く、「由の若《ごと》きは、其の死に然を得ず」と。
閔子騫は（孔子の）側に侍り、厳正な様子であった。子路は、勇猛な様子であった。冉子・子貢は、和《なご》やかな様子であった。孔子は楽しんだ。（孔子が）言った、「由《ゆう》（子路）のようでは、その死に方はまともではないな」と。

17柴や、愚なり。参や、魯なり。師や、僻なり。由や、喭なり。子曰く、「回や、其れ庶《ちか》からんか。屡《しば》々空し。賜は命を受けずして貨殖し、憶へば則ち屡々中たる」と。
柴《さい》（高柴《こうさい》）は、愚直である。参《しん》（曾参《そうしん》）は、魯鈍である。師（子張）は、よこしまである。由（子路）は、不作法である。孔子が言った、「回（顔回）は、（聖道に）近いだろう。しばしば貧窮している。賜《し》（子貢《しこう》）は（わたしの）命を受け入れずに稼いで、憶測すればしばしば的中する」と。

## 顔淵篇第十二

1顔淵 仁を問ふ。子曰く、「己を剋《つつし》みて礼に復《かへ》るを仁と為す。一日 己を剋みて礼に復れば、天下 仁に帰す。仁を為すは己に由る。人に由らんや」と。顔淵曰く、「請ふ其の目《もく》を問はん」と。子曰く、「礼に非ざれば視ること勿かれ、礼に非ざれば聴くこと勿かれ、礼に非ざれば言ふこと勿かれ、礼に非ざれば動くこと勿かれ」と。顔淵曰く、「回 不敏なりと雖も、請ふ斯の語を事とせん」と。

顔淵《がんえん》が仁《じん》について尋ねた。孔子は言った、「自分自身を慎んで礼《れい》にかえることを仁とみなせる。一日でも自分自身を慎んで礼にかえれば、天下（の人々）は仁に帰す。仁を行うのは自分による。どうして他人によろうか」と。顔淵は、「その条目をお聞かせください」と言った。孔子は、「礼に外れたことは見てはならない、礼に外れたことは聞いてはならない、礼に外れたことは言ってはならない、礼に外れたことはしてはならない」と言った。顔淵は、「回《わたし》は愚かではございますが、このお言葉に専念させていただきます」と言った。

2仲弓 仁を問ふ。子曰く、「門を出でては大賓を見るが如くし、民を使ひては大祭を承《う》くるが如くす。己の欲せざる所は人に施すこと勿かれ。邦に在りても怨まるること無く、家に在りても怨まるること無し」と。仲弓曰く、「雍 不敏なりと雖も、請ふ斯の語を事とせん」と。

仲弓《ちゅうきゅう》（冉雍《ぜんよう》）が仁について尋ねた。孔子は言った、「家の門を出るときには大切なお客さまに会うかのようにし、民を使うときには大祭を執り行うかのようにする。自分の望まないことは人にしてはならない。（そうであれば）邦《くに》にいても怨まれることなく、家にいても怨まれることはない」と。仲弓は、「雍《わたし》は愚かではございますが、このお言葉に専念させていただきます」と言った。

20 子張問ふ、「士 何如《いか》なれば斯れ之を達と謂ふ可きか」と。子曰く、「何ぞや、爾《なんぢ》の謂ふ所の達なる者は」と。子張 対へて曰く、「邦に在りても必ず聞こえ、家に在りても必ず聞こゆ」と。子曰く、「是れ聞なり。達に非ざるなり。夫れ達なる者は、質 直にして義を好み、言を察して色を観、慮りて以て人に下る。邦に在りても必ず達し、家に在りても必ず達す。夫れ聞なる者は、色は仁を取るも行へば違ひ、之に居りて疑はず。邦に在りても必ず聞こえ、家に在りても必ず聞こゆ」と。
子張《しちょう》が尋ねた、「士はどのようであれば達といえるでしょうか」と。孔子は、「おまえのいう達とはどのようなものか」と言った。子張は答えて、「邦《くに》にいても必ず聞こえ、家にいても必ず聞こえることです」と言った。孔子は、「それは聞である。達ではない。達である者は、性は正直で義を好み、言葉を察して顔色を見抜き、慮《おもんぱか》って人に謙《へりくだ》る。（人に謙るから）邦にいても必ず達し、家にいても必ず達するのである。聞である者は、仁らしく見せかけているが行動すれば間違え、偽りの姿に落ち着いて自分を疑わない。（しかしこのような人は多く、互いに顕彰しあうので）邦にいても必ず聞こえ、家にいても必ず聞こえるのである」と言った。

22 樊遅 仁を問ふ。子曰く、「人を愛す」と。智を問ふ。子曰く、「人を知る」と。樊遅 未だ達せず。子曰く、「直きを挙げて諸を枉《まが》れるに錯《お》けば、能く枉れる者をして直からしむ」と。樊遅 退き、子夏を見て曰く、「嚮《さき》に吾れ夫子に見《まみ》えて智を問ふ。「子曰く、直きを挙げて諸を枉れるに錯けば、能く枉れる者をして直からしむ」と。何の謂ひぞや」と。子夏曰く、「富めるかな是の言や。舜 天下を有《たも》ち、衆より選びて、皐陶を挙ぐれば、不仁の者は遠ざかれり。湯 天下を有《たも》ち、衆より選びて、伊尹を挙ぐれば、不仁の者は遠ざかれり」と。

樊遅《はんち》が仁について尋ねた。孔子は、「人を愛することである」と答えた。智について尋ねた。孔子は、「人を知ることである」と答えた。樊遅はまだよく分からなかった。孔子は言った、「正直の人を起用して邪佞《じゃねい》の人（の代わり）におけば、邪佞の人を直にすることができる」と。樊遅は退出して、子夏に会《し》って言った、「先ほどわたしは先生にお会いして知をお尋ねした。先生は「正直の人を起用して邪佞の人（の代わり）におけば、邪佞の人を直にすることができる」とおっしゃった。どういう意味であろうか」と。子夏は、「偉大なお言葉ですね。舜《しゅん》が天下を保っているとき、大勢の中から選んで、皐陶《こうよう》をひきたてたところ、仁でない者は遠ざりました。湯王《とうおう》が天下を保っているとき、大勢の中から選んで、伊尹《いいん》をひきたてたところ、仁でない者は遠ざりました」と言った。

## 子路篇第十三

3子路曰く、「衛君 子を待ちて政を為さば、子 将に奚《いづれ》をか先にせんとす」と。子曰く、「必ずや名を正さんか」と。子路曰く、「是れ有るかな、子の迂《う》なるや。奚《なん》ぞ其れ正さん」と。子曰く、「野なるかな、由や。君子は其の知らざる所に於て、蓋し闕如たり。名 正しからざれば則ち言 順ならず、言 順ならざれば則ち事 成らず、事 成らざれば則ち礼楽 興らず、礼楽 興らざれば則ち刑罰 中《あ》たらず、刑罰 中たらざれば則ち民は手足を錯《お》く所無し。故に君子 之に名づくれば必ず言ふ可きなり。之を言へば必ず行ふ可きなり。君子 其の言に於て、苟《いやし》くもする所無きのみ」と。

子路が言った、「衛《えい》の君主が先生を遇して政事を行うことになったとしたら、先生はまず何からなさいますか」と。孔子は言った、「きっと（あらゆるものの）名を正すであろう」と。子路が言った、「これですからね、先生の迂遠《うえん》さは。どうして正そうとするのですか」と。孔子は言った、「分かっていないな、由《ゆう》（子路）は。君子は知らないことについては、そのままにして何も言わないものだ。名が正しくなければ言葉は順序立たず、言葉が順序立たなければ政事は達成されず、政事が達成されなければ礼楽は興らず、礼楽が興らなければ刑罰は適切に行われず、刑罰が適切に行われなければ民は手足を置く所もな（く安心できな）い。だから君子は名づければ必ず明言できる。明言すれば必ず実行できる。君子はその言葉について、いいかげんにすることはない」と。

9子 衛に適《ゆ》き、冉子 僕たり。子曰く、「庶《おほ》きかな」と。冉有曰く、「既に庶し。又 何をか加へん」と。曰く、「之を富まさん」と。曰く、「既に富めり。又 何をか加へん」と。曰く、「之を教へん」と。

孔子が衛に行き、冉有《ぜんゆう》が御者《ぎょしゃ》となった。孔子が言った、「(民が) たくさんいるな」と。冉有が言った、「すでに多くおります。さらに何を加えますか」と。(孔子が) 言った、「これを豊かにしよう」と。(冉有が) 言った、「豊かになったとします。さらに何を加えますか」と。(孔子が) 言った、「これを教化しよう」と。

## 憲問篇第十四

26子曰く、「古の学者は己の為にし、今の学者は人の為にするなり」と。

孔子が言った、「昔の学者は自分のために学問し、今の学者は人のために学問する」と。

## 衛霊公篇第十五

2子曰く、「賜や、汝は予《われ》を以て多く学びて之を識る者と為すか」と。対へて曰く、「然り。非なるか」と。曰く、「非なり。予 一 以て之を貫く」と。

孔子が言った、「賜《し》よ、お前はわたしを多くのことを学んで様々なことを識っているものと思っているのか」と。子貢《しこう》は答えた、「そうです。違うのでしょうか」と。孔子が言った、「そうではない。わたしは一によってすべてを貫いている」と。

4子曰く、「無為にして治まる者は、其れ舜なるか。夫れ何をか為さんや。己を恭々しくして正しく南面するのみ」と。

孔子が言った、「無為によって治めたのは、舜であろう。では何をしたのか。己をつつしみ正しく南を向いていただけである」と。

5子張 行はれんことを問ふ。子曰く、「言《ことば》忠信、行《おこなひ》篤敬《とくけい》なれば、蛮貊《ばんぱく》の邦と雖《いへど》も行はれん。言 忠信ならず、行 篤敬ならざれば、州里と雖も行なはれんや。立ちては則ち其の参として前に於けるを見、輿《くるま》に在りては則ち其の衡《こう》に倚《よ》るを見るなり。夫《そ》れ然る後に行なはれんや」と。子張 諸《これ》を紳《しん》に書す。

（弟子の）子張が（自分の思うとおりに）行われる（にはどうしたらよいかと）尋ねた。孔子が言った、「言葉が忠実で信用がおけ、行動が真面目で鄭重であれば、野蛮な国々でも行われる。言葉が忠実でなく信用がおけず、行動が真面目でなく鄭重でなければ、（国内の）州や里でも行われようか。立っているときにはそれがちらちらと目の前にあるように見え、車中にいるときにはそれが軛《くびき》に寄り掛かっているように見える。まあそのくらいになれば行われよう」と。子張はこの言葉を紳《しん》（大帯）に書き留めた。

19子曰く、「君子は世を没《を》へて名の称せられざるを疾《うれ》ふ」と。
孔子が言った、「君子は生涯を終えてから名が称えられなくなることを憂う」と。

23子貢 問ひて曰く、「一言にして以て終身 之を行ふ可き者有るか」と。子曰く、「其れ恕か。己の欲せざる所、人に施すこと勿かれ」と。
子貢が尋ねて言った、「一言で一生行うことができるものがあるでしょうか」と。孔子は言った、「まあ恕《じょ》だね。自分の望まないことは、人にも行うべきではない」と。

24子曰く、「吾の人に於けるや、誰をか毀《そし》り誰をか誉めん。如し誉む可き者有らば、其れ試みる所あらん。斯の民や、三代の直道にして行ふ所以なり」と。
孔子が言った、「わたしは人に対して、誰を誹ったり誰を誉めたりしようか。もし誉めることのできる者がいたとすれば、それは検証したうえのことだ。このような対応が民について、夏・殷・周の時代のようにまっすぐな道によって行っている（と言える）理由である」と。

## 陽貨篇第十七

3子曰く、「唯だ上智と下愚とは移らず」と。
孔子が言った、「ただ上智《じょうち》と下愚《かぐ》は変わらない」と。

19宰我 問ふ、「三年の喪は、期にして已《すで》に久し。君子 三年 礼を為さざれば、礼 必ず壊《やぶ》る。三年 楽を為さざれば、楽 必ず崩る。旧穀 既に没《つ》き、新穀 既に升《みの》る。鑽燧《さんすい》して火を改む。期にして可なるのみ」と。子曰く、「夫《か》の稲を食らひ、夫の錦を衣るや、女《なんぢ》に於て安からんや」と。曰く、「安し」と。「女 安ければ則ち之を為せ。夫《そ》れ君子の喪に居るや、旨《うま》きを食らへども甘《うま》からず、楽を聞けども楽しからず、居処に安からず、故に為さざるなり。今 女 安ければ則ち之を為せ」と。宰我出づ。子曰く、「予の不仁なるや。子 生まれて三年にして、然る後に父母の 懐《ふところ》を免《まぬが》る。夫れ三年の喪は天下の通喪なり。予や、三年の愛 其の父母より有らんか」と。
宰我が尋ねた、「三年の喪については、一年でもすでに長いものです。君子が三年間礼を行なわなければ、礼は必ず壊れます。三年間楽を行なわなければ、楽は必ず崩れます。去年の穀物は尽きて、今年の穀物が実っております。鑽燧《さんすい》して火（おこしに用いる木）を新たにします（が、その種類も一年で一巡します）。一年でよろしいでしょう」と。孔子は言った、「（一年経ったら）うまい米を食べ、美しい錦を着て、お前にとって平気なのか」と。（宰我は）言った、「平気です」と。（孔子は言った）「お前が平気ならばそれをしなさい。そもそも君子が喪に服していることは、うまいものを食べてもうまくない、音楽を聞いても楽しくない、居るべき所にいても落ち着かない、だからそれをしないのだ。おまえが平気ならばそれをしなさい」と。宰我が退出した。孔子は言った、「予《よ》（宰我）の不仁なことよ。子が生まれて三年経って、その後に父母の懐《ふところ》を離れる。そもそも（父母への）三年の喪は天下の（身分を）貫く喪礼である。予《よ》も三年の愛をその父母から（受けたことが）あるだろうに」と。

## 微子篇第十八

7子路 従ひて後るるや、丈人の杖を以て篠《あじか》を荷《にな》ふに遇ふ。子路問ひて曰く、「子 夫子を見るか」と。丈人曰く、「四体 勤めず、五穀 分かたず、孰《たれ》をか夫子と為さん」と。其の杖に植《よ》りて芸《くさぎ》る。子路拱して立つ。子路を止めて宿せしめ、雞を殺し黍を為《つく》りて之に食はしめ、其の二子を見えしむ。明日、子路 行《さ》りて以て告ぐ。子曰く、「隠者なり」と。子路をして反《かへ》りて之に見えしむ。至れば則ち行る。子路曰く、「仕へざれば義無し。長幼の節は、廃す可からざるなり。君臣の義は、之を如何ぞ其れ廃す可けんや。其の身を潔くせんと欲して大倫を乱る。君子の仕ふるや、其の義を行ふなり。道の行はれざるや、已に之を知れり」と。

子路が（孔子に）付き従うも遅れ、杖をつき篠《あじか》を背負った老人に出会った。子路が尋ねて言った、「あなたは先生を見かけましたか」と。老人が言った、「四肢を働かせず、五穀の種まきもしない（ような男について）、誰を先生というのか」と。その杖によって草取りをした。子路は拱手して立った。（老人は）子路を引き止めて宿泊させ、鶏を殺して黍《きび》（の飯）を作ってかれに食べさせ、二人の子を会わせた。翌日、子路は立ち去って（孔子に）告げた。孔子が言った、「（その老人は）隠者である」と。子路に引き返して老人に会わせようとした。行ってみると（老人は）立ち去っていた。子路が言った、「仕えなければ（君臣の）義はありません。（ですが）長幼の節義は、棄てることができません。（それならば）君臣の義は、どうして棄てられましょうか。（ご老人は）その身を清潔にしようとして大いなる道理を乱しています。君子が出仕するのは、義を行うためです。道が行われていないことは、すでに承知しています」と。

## 堯曰篇第二十

3．孔子曰く、「命を知らざれば、以て君子為《た》ること無きなり。礼を知らざれば、以て立つこと無きなり。言を知らざれば、以て人を知ること無きなり」と。

孔子が言った、「（貧賤と富貴についての定めは）天命（によるものであること）を知らなければ、君子たり得ない。礼を知らなければ、（身を）立てることはできない。言葉を知らなければ、人（の善し悪し）を知ることはできない」と。

# 参考文献

本書の基本となった論文は次の七本である。また、何晏の『論語集解』は、汲古書院より全訳を刊行した。なお、「古典中国」に関する時代背景は、次の著作を参照されたい。


[論文]

渡邉義浩「『論語義疏』における平等と性三品説」（『激突と調和――儒教の眺望』明治書院、二〇一三年）

渡邉義浩「鄭玄『論語注』の特徴」（『東洋の思想と宗教』三一、二〇一四年）

渡邉義浩「定州『論語』と『斉論』」（『東方学』一二八、二〇一四年）

渡邉義浩「『史記』仲尼弟子列伝と『孔子家語』」（『中国――社会と文化』二九、二〇一四年）

渡邉義浩「何晏『論語集解』の特徴」（『東洋の思想と宗教』三三、二〇一六年）

渡邉義浩「中国古典と津田左右吉」（『津田左右吉とアジアの人文学』四、二〇一八年）

[訳注]

渡邉義浩（主編）『全譯論語集解』上下巻（汲古書院、二〇二〇年）

［参考書］

渡邉義浩『儒教と中国——「二千年の正統思想」の起源』（講談社選書メチエ、二〇一〇年）
渡邉義浩『春秋戦国』（洋泉社、二〇一八年）
渡邉義浩『始皇帝 中華統一の思想』（集英社、二〇一九年）
渡邉義浩『漢帝国——400年の興亡』（中央公論新社、二〇一九年）
渡邉義浩『「古典中國」の形成と王莽』（汲古書院、二〇一九年）


『論語』に関する参考文献は、きわめて多く挙げきれない。ここに掲げたものは、あくまで本書が参照したものに過ぎない。

［『論語』の代表的な注釈］

①（後漢）鄭玄《じょうげん》『論語注《ろんごちゅう》』～敦煌・吐魯番《トルファン》出土（全体の約二分の一）。

鄭玄（一二七～二〇〇年）が著した『論語』の注釈書。古注の中で最も思想的な内容が深く、鄭玄学全体の中で『論語』が解釈される。月洞譲《つきほらゆずる》『輯佚論語鄭氏注』（私家本）は、『論語集解』その他の文献から、鄭玄の注を拾い集めた労作。このほか、仏のペリオによって敦煌石窟から四篇弱が発見され、英のスタイン、日の大谷光瑞によっても、数行ずつ発見されている。さらに、トルファンの墓地から、卜天寿という十二歳の少年の筆による写本が、四篇弱発見された。これらをあわせると、全体の半分近くとなる。それらをまとめたものが、金谷治（編）『唐抄本 鄭氏注論語集成』（平凡社、一九七八年）であり、王素『唐写本論語鄭氏注及其研究』（文物出版社、一九九一年）、李方『敦煌《論語集解》校証』（江蘇古籍出版社、一九九八年）、許建平『敦煌経部文献合集』第四冊（中華書局、二〇〇八年）にも『論語注』が輯佚されている。

②（魏）何晏《かあん》『論語《ろんご》集解《しっかい》』～孔安国《こうあんこく》・鄭玄など八家の説に自説を加える。

曹魏の何晏（?～二四九年）が著した『論語』の注釈書。『論語』の完全な注釈として現存最古のもの。宋の朱熹の『論語集注』（新注）に対して古注とよばれ、古義を知るための最善の書である。漢から魏までの孔安国・包咸《ほうかん》・馬融《ばゆう》・周氏（名は不明）・鄭玄・陳羣《ちんぐん》・王粛《おうしゅく》・周生烈《しゅうせいれつ》の八家の説を抜粋して集め、自説を加えている。日本には正和《せいわ》四（一三一五）年の抄本（写本、公益財団法人東洋文庫蔵。重要文化財）、また正平《せいへい》十九（一三六四）年の抄本が現存する。

③（梁）皇侃《おうがん》『論語《ろんご》義疏《ぎそ》』～中国では滅び、日本に残存。仏教的・玄学的解釈。

梁の皇侃（四八八～五四五年）が著した『論語』の注釈書。何晏の『論語集解』に、それ以後の説を集めて解釈したもの。古義を知るのに貴重で、また仏教や玄学（老荘思想）の盛んな時代の解釈として特色がある。中国では滅んだが、日本に伝わっていたものを江戸時代に根本遜志《ねもとそんし》（武夷、荻生徂徠門下）が校刻、これが逆輸出され、中国を驚かせた。武内義雄の校定した懐徳堂本《かいとくどうぼん》、それに依拠して校点した高尚榘『論語義疏』（中華書局、二〇一三年）が見やすい。

④（北宋）邢昺《けいへい》『論語《ろんご》注疏《ちゅうそ》』～十三経注疏の一。古注を集大成。

北宋《そう》の邢昺（九三二～一〇一〇年）が、北宋の真宗《しんそう》の命を受けて『孝経《こうきょう》』『爾雅《じが》』の疏と共に編纂した。皇侃の『論語義疏』のほか、「五経正義」や隋《ずい》の劉炫《りゅうげん》の『論語述議《ろんごじゅつぎ》』の説を取捨選択する。南宋末に刊行された「十三経注疏《じゅうさんけいちゅうそ》」に含まれ、清の阮元《げんげん》の校訂した刊本、それに依拠した李学勤（主編）の標点本「十三経注疏」に収録される。

⑤（南宋）朱熹《しゅき》『論語集注《ろんごしっちゅう》』～新注。朱子学の立場からの解釈。

南宋の朱熹（一一三〇～一二〇〇年）が著した「四書《ししょ》集注」の一つ。理《り》と気《き》により宇宙論・人生論・道徳論を一貫させた。聖人孔子の人格と結びついて、『論語』を人々の現実的な実践目標を明示する厳しい倫理的要請の書とする。五経に代わって四書が重視され、『論語』はその筆頭として絶対の権威を持つようになった。清の呉志忠の校刊本がよく、それに依拠して校点した新編諸子集成『四書章句集注』（中華書局、一九八三年）、現存最古の宋当塗郡斎刻本に依拠して校勘した「朱子全書」『四書章句集注』（上海古籍・安徽教育出版社、二〇〇二年）がある。

⑥（清）劉宝楠《りゅうほうなん》『論語正義《ろんごせいぎ》』～新注・古注の折衷

清の劉宝楠（一七九一～一八五五年）が著した『論語』の注釈書。何晏の『論語集解』をもとに諸家の研究を加える。その一方で、いたずらに朱熹の『論語集注』を否定しない。解釈は、詳しく明解であるため、近世の『論語』注釈書の中で最も評価が高い。

⑦（江戸）伊藤仁斎《いとうじんさい》『論語古義』～最上至極宇宙第一の書

伊藤仁斎（一六二七～一七〇五年）の著した『論語』の注釈書。『論語』を「最上至極宇宙第一の書」と尊重して、『孟子』をその補助とする。この二書により、古義学《こぎがく》を構築した。朱子学に反対し、日常道徳に関心を集中させる。そして、その姿勢の持つ意味を解明し、体現した存在を孔子とする。

⑧（江戸）荻生徂徠《おぎゅうそらい》『論語徴』〜特色のある解釈

荻生徂徠（一六六六〜一七二八年）の著した『論語』の注釈書。「古言に徴した」ことから書名が出ており、徂徠の古《こ》文辞《ぶんじ》学《がく》の方法に従った、特色のある解釈が示される。朱熹と伊藤仁斎に反対して、先王が制作した天下全体の統治の道こそ、儒教の道であるとした。時に奇矯に過ぎる解釈もあるが、多くの注の中でも優れたものとして、中国でも引用される。

⑨（江戸）松平頼寛『論語徴集覧』〜『論語徴』を読むために

松平頼寛（一七〇三〜六三年）が編纂した『論語』の注釈書。経文ごとに、何晏の『論語集解』、朱子『論語集注』、伊藤仁斎の『論語古義』を全録し、それに荻生徂徠の『論語徴』をあげ、徂徠が諸家の説を論義指摘したところを示す。

〔訳本〕

1. 諸橋轍次『論語の講義』（大修館書店、一九五三年）

『大漢和辞典』を編纂した碩学の論語講義。はじめ携帯に便利な小型本『掌中論語の講義』として世に出された。『諸橋轍次著作集』五（大修館書店、一九七六年）に再録。

2. 宇野哲人『論語』（明徳出版社、一九六七年）

東京大学の中国哲学の基礎を築いた宇野哲人の『論語』。東京の湯島聖堂構内で行った、毎月一回の連続講義を記録し活字に起こしたものである。口演筆録の性格上、内容は分かりやすい。

3. 吉川幸次郎『論語』（朝日新聞社、一九五九～六三年／一九九六年）
京都大学で中国文学の基礎を築いた吉川幸次郎の『論語』。諸説を吟味しつつ、一条一条著者自身の言葉で読み説くのを、弟子の尾崎雄二郎が聞き役を兼ね筆記した。本文・書き下し・注釈と並び、現代感覚を持つ名訳とされる。文学としての論語・散文詩としての論語の持つリズムの美しさを説く。『吉川幸次郎全集』四（筑摩書房、一九六九年）に再録。

4. 貝塚茂樹『論語』（中央公論社、二〇〇二～〇三年）
中国古代史学者として、「孔子や弟子たちの生きていた紀元前五、六世紀の春秋末期の時代を明らかにし、その背景のうえに彼らの人間を浮かびあがらせたいと企てた」歴史的解釈が特徴。

5. 倉石武四郎『口語訳論語』（筑摩書房、一九七〇年）
朱子の「集注」に沿った口語訳で、論語の口語訳としては最も古い。直訳の部分が大字、注の部分が小字で構成され、同じ文章の流れとして工夫されていて読み易い。「はしがき」の解説は恰好な入門手引で、巻末の漢語・漢字索引も便利である。

6. 武内義雄『論語』（岩波書店、一九三三年）
著者六十年の論語研究の上に立つ厳密な校訂を経た本文に書き下し文と訳注を附す。『武内義雄全集』二（角川書店、一九七八年）に再録。

7. 土田健次郎『論語集注』1～4（平凡社、二〇一三～一五年）
朱子の集注の訳注の決定版。仁斎・徂徠の解釈を補説に附す。

[研究]

1. 武内義雄『論語之研究』（岩波書店、一九三九年）
精緻な文献批判の下に、論語の各篇を一まとまりと考え、それを古伝承と結びつけ解釈することによって成立事情を明らかにし、現在の論語は河間七篇本・斉魯二篇本・斉人の伝えた七篇・季氏以下の三篇に分解できるとし、無批判で論語の内容を受けとることができないことを論証した。『武内義雄全集』一（角川書店、一九七八年）に再録。

2. 津田左右吉『論語と孔子の思想』（岩波書店、一九四六年）
津田は武内の方法に反対して、論語をさらに一章ごとに分解する。そして孔子なり弟子なりの語録を、後代の文献『孟子』・『荀子』などに見える言葉と、一つ一つ対応させ、比較検討する。その結果、論語は孔子の言葉をそのまま記録したものでなく、後代の文献から拾われ再編集されたものが中心であるとする。『津田左右吉全集』十四（岩波書店、一九六四年）に再録。

3. 木村英一『孔子と論語』（創文社、一九七一年）
師の武内義雄の説を受け、発展させた労作である。論語各篇がどのような脈絡を持つかを明らかにしつつ、各篇の構造と性格を実証的に追求している。

4. 渡辺卓『古代中国思想の研究』（創文社、一九七三年）
津田の影響を受け、孔子やその弟子たちにまつわる説話がどのように形成されていったかを追う。

5. 宮崎市定『論語の新研究』（岩波書店、一九七四年）

新規な解釈を目指す。
6. 高橋均『論語義疏の研究』（創文社、二〇一三年）
日本に伝存した『論語義疏』に関する研究。
7. 高橋均『経典釈文論語音義の研究』（創文社、二〇一七年）
『経典釈文』にみえる『論語』のほか、定州『論語』・『論語鄭玄注』などの研究。

渡邉義浩（わたなべ・よしひろ）

一九六二年、東京都生まれ。筑波大学大学院博士課程歴史・人類学研究科史学専攻修了。現在、早稲田大学理事・文学学術院教授。三国志学会副会長事務局長。専攻は中国古代史。文学博士。後漢国家と儒教の関わりや『後漢書』の翻訳などに取り組む一方、「三国志」についての一般向け解説、啓蒙も精力的におこない、映画『レッドクリフ』日本語版監修などを手がける。著書に、『儒教と中国 「二千年の正統思想」の起源』『「三国志」の政治と思想 史実の英雄たち』（ともに講談社選書メチエ）をはじめ、『漢帝国 400年の興亡』（中公新書）、『「古典中國」の形成と王莽』（汲古書院）、訳書に『全譯 論語集解 上・下』『全譯 後漢書（全一九冊）』（ともに主編、汲古書院）など多数。

# 『論語《ろんご》』
## 孔子《こうし》の言葉《ことば》はいかにつくられたか

二〇二一年　二月一〇日　第一刷発行

著者　渡邉《わたなべ》義浩《よしひろ》



発行者　渡瀬昌彦
発行所　株式会社 講談社
東京都文京区音羽二丁目一二―二一　〒一一二―八〇〇一
電話（編集）〇三―三九四五―四九六三
（販売）〇三―五三九五―四四一五
（業務）〇三―五三九五―三六一五

装幀者　奥定泰之
本文データ制作　講談社デジタル製作
本文印刷　信毎書籍印刷 株式会社
カバー・表紙印刷　半七写真印刷工業 株式会社
製本所　大口製本印刷 株式会社



ISBN978-4-06-522379-6　Printed in Japan
N.D.C.123.8　309p　19cm

# 講談社選書メチエの再出発に際して

講談社選書メチエの創刊は冷戦終結後まもない一九九四年のことである。長く続いた東西対立の終わりはついに世界に平和をもたらすかに思われたが、その期待はすぐに裏切られた。超大国による新たな戦争、吹き荒れる民族主義の嵐……世界は向かうべき道を見失った。そのような時代の中で、書物のもたらす知識が一人一人の指針となることを願って、本選書は刊行された。

それから二五年、世界はさらに大きく変わった。特に知識をめぐる環境は世界史的な変化をこうむったとすら言える。インターネットによる情報化革命は、知識の徹底的な民主化を推し進めた。誰もがどこでも自由に知識を入手でき、自由に知識を発信できる。それは、冷戦終結後に抱いた期待を裏切られた私たちのもとに差した一条の光明でもあった。

その光明は今も消え去ってはいない。しかし、私たちは同時に、知識の民主化が知識の失墜をも生み出すという逆説を生きている。堅く揺るぎない知識も消費されるだけの不確かな情報に埋もれることを余儀なくされ、不確かな情報が人々の憎悪をかき立てる時代が今、訪れている。

この不確かな時代、不確かさが憎悪を生み出す時代にあって必要なのは、一人一人が堅く揺るぎない知識を得、生きていくための道標を得ることである。

フランス語の「メチエ」という言葉は、人が生きていくために必要とする職、経験によって身につけられる技術を意味する。選書メチエは、読者が磨き上げられた経験のもとに紡ぎ出される思索に触れ、生きるための技術と知識を手に入れる機会を提供することを目指している。万人にそのような機会が提供されたとき初めて、知識は真に民主化され、憎悪を乗り越える平和への道が拓けると私たちは固く信ずる。

この宣言をもって、講談社選書メチエ再出発の辞とするものである。

二〇一九年二月　　野間省伸